KB177313

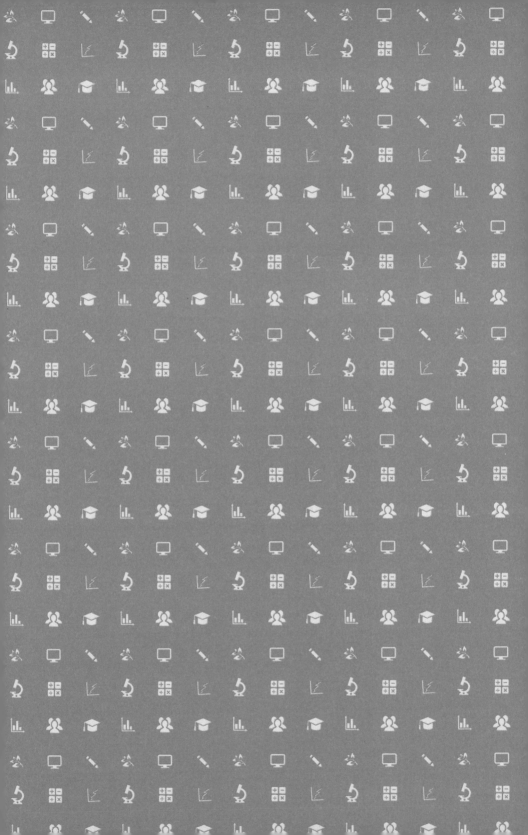

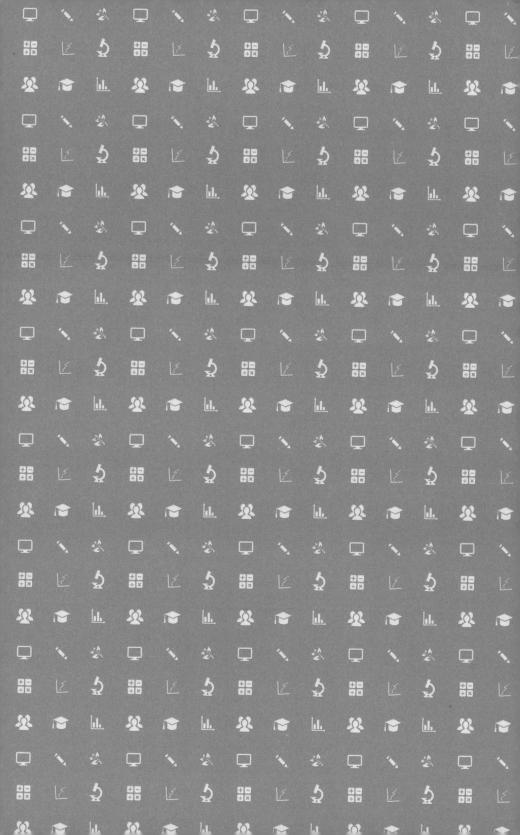

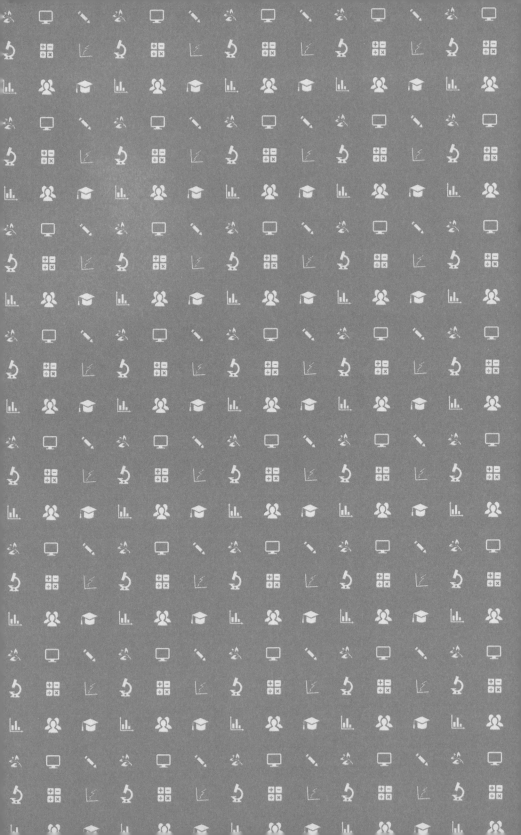

나의 첫
과정중심평가

나의 첫
과정중심평가

발행일 2020년 3월 16일 개정판 1쇄 발행
지은이 고영희·윤지영·이루다·이성국·이승미·정영찬 / 감수 및 지도_허숙(경인교육대학교 명예교수)
발행인 방득일
편 집 신윤철, 박현주, 정미정, 문지영
디자인 강수경
마케팅 김지훈

발행처 맘에드림
주 소 서울시 도봉구 노해로 379 대성빌딩 902호
전 화 02-2269-0425
팩 스 02-2269-0426
e-mail momdreampub@naver.com

ISBN 979-11-89404-31-4 93370

※ 책값은 뒤표지에 있습니다.
※ 잘못된 책은 구입처에서 교환하여 드립니다.
※ 이 책은 저작권법에 의하여 보호를 받는 저작물이므로 무단 전재와 무단 복제를 금합니다.
※ 이 책은 〈평가의 재발견〉 개정판입니다.

평가의 재발견

나의 첫 과정중심평가

고영희·윤지영·이루다·이성국·이승미·정영찬 지음
감수 및 지도_허숙(경인교육대학교 명예교수)

맘에 드림

다른 학교급에 비하여 초등학교의 평가는 비교적 무풍지대라고 이야기합니다. 그러나 초등학교에서는 이후의 학습에 기반이 되는 기초 학력을 다루는 한편 학생들의 성장이 크게 도약하는 시기입니다. 따라서 초등교육 시기의 평가는 결코 소홀히 다루어져서는 안 될 것입니다. 다른 학교급과 비교할 때 평가를 어떻게 바라보고 어떻게 평가할 것이며 평가 결과를 어떻게 활용할 것인가에 대하여 더욱 근본적으로 생각하고 실천에 옮겨야 할 것입니다.

2015 개정 교육과정이 현장에 적용되기 시작하면서 그에 따른 과정 중심 평가가 새로운 교육 평가 정책으로 확산되고 있습니다. 이 책은 2015 개정 교육과정을 학교 현장에서 적용하는 데 요구되는 초등 평가의 이해와 그 실제를 다루고 있습니다. 이를 구체적으로 살펴보면 다음과 같습니다.

먼저, '초등 평가의 이해'에서는 교육 현장에서 평가 계획을 수립하기 위하여 필요한 다음의 세 주제를 다루었습니다.

첫째, 급변하는 사회는 어떠한 평가의 관점을 요구하는가?
어떤 평가를 도입할 것인가의 문제는 단순히 평가의 유형에 대한 질문이 아닙니다. 이는 왜 평가를 해야 하며 그 평가를 어떻게 활용해야 하는가에 대한 고찰에서 시작됩니다. 이에 이 책에서는 시대의 변화 요구에 따른 교육의 변화 방향과 그에 따른 평가관의 전환을 제시하고 있습니다.

　둘째, 국가 교육과정에서는 어떠한 평가를 지향하는가?

　평가는 교육에서 나 홀로 존재하는 것이 아닙니다. 교육과정, 교수·학습, 평가가 일관성을 가질 때 교육은 의도하는 방향으로 움직여 나아갈 수 있습니다. 이에 이 책에서는 2015 개정 교육과정 총론의 측면에서 교육과정의 방향, 학교 교육과정 편성·운영의 기준, 교수·학습 및 평가의 방향을 요약하여 다루었습니다.

　셋째, 평가의 유형에는 무엇이 있으며 각 유형에 따라 어떻게 문항을 개발할 수 있는가?

　본격적으로 평가 계획을 수립하고 실천하기에 앞서 구체적인 평가 유형과 그에 따른 평가 문항 개발 방식을 익힐 필요가 있습니다. 이에 이 책에서는 구체적으로 교수·학습 과정에 따른 평가 유형의 구분인 진단평가, 형성평가, 총합평가, 채점자의 주관성 개입 여부에 따른 평가 유형의 구분인 주관식 평가, 객관식 평가,

2015 개정 교육과정에서 강조하고 있는 수행평가, 논술평가를 소개하였습니다.

다음으로 '초등 평가의 실행'에서는 통합교과, 국어, 사회, 수학, 과학의 평가 계획 사례를 제시하였는데 그 특징은 다음과 같습니다.

첫째, 성취기준 중심의 평가 계획 수립

초등학교의 교과서 중에서 통합교과, 국어, 사회, 수학, 과학과의 교과서는 국정 교과서입니다. 이에 이 책에서는 성취기준을 국정 교과서와 연계하여 평가 계획을 수립하였습니다. 이 책의 사례를 바탕으로 검정 교과서를 활용하는 이 외의 교과들의 경우에도 성취기준 중심의 평가 계획을 수립하여 활용할 수 있습니다,

둘째, GRASPS를 활용한 평가 계획 수립

백워드 설계는 국가 교육과정이 주어진 상황에서 학교 교육과정을 편성·운영하기 위해 개발된 학교 교육과정 설계 방안입니다. 이에 이 책에서는 백워드 설계의 GRASPS를 사용하여 평가 계획을 수립하되 세부 절차와 내용은 초등학교의 교과와 학년에 적

합하게 재구성하였습니다.

셋째, 평가지와 후속 지도 방안제시

이 책에서는 성취기준 중심으로 평가 계획을 수립하면서 평가 계획 부분에 관련된 평가지와 후속 지도 방안 등을 제시하였습니다.

한 권의 책으로 초등학교 평가의 모든 것을 담기는 어려웠습니다. 그러나 이 책이 초등학교 평가의 발전에 작은 돌을 쌓는 것이기를 바랍니다. 감사합니다.

2018년 7월

글쓴이들이 함께

목차 ···

1부

초등 평가의 이해

1장

평가의 관점

사회와 교육의 변화

4차 산업혁명과 사회 변화

세상이 참 빠르게 변하고 있다. 요즘 우리 사회의 여러 분야에서 일어나고 있는 변화와 발전 양상을 보면 그야말로 정신을 차릴 수 없을 정도의 속도로 모든 것이 변하고 있다. 첨단 과학기술 분야에 종사하는 사람이 아닌 나로서도 일상적인 생활에서 그 변화의 자투리나마 따라가기가 여간 어려운 것이 아니다. 예전에는 한 세대를 30년 단위로 잡고 '세대 차이'니 '세대 갈등'이니 하는 말들을 하였지만, 지금은 1년이면 세상이 뒤바꾸는 현상을 경험하게 된다. 지금으로부터 십수 년 전 1900년대를 마감하고 2000년이 막 시작되던 때가 생각난다. 21세기라는 새천년이 시작되는 해여서 전 세계적으로 많은 축하 행사가 벌어졌고, 사람들은 희망에 찬 예언들을 쏟아냈다. 사람들은 21세기를 지식사회 또는 정보사회라고 불렀지만, 21세기가 시작된 지 불과 십수 년 만에 우리는 이미 지식사회를 거쳐 스마트 시대에 들어섰고, 이제는 또 다른 모습으로 새로운 변화가 진행되고 있다.

요즘 우리 사회에선 '4차 산업혁명'이라는 단어가 뜨거운 화두로 떠오르고 있다. 산업혁명 하면 1780년대 중기기관의 발명으로 인한 제조업에서의 획기적인 발전을 떠올리게 되는데, 그렇다면 4차 산업혁명은 무엇을 의미하는 것인가? 일부 학자들은 다음과 같이 설명한다. 즉 1차 산업혁명은 중기기관의 발명과 함께 제조업에서의 기계화로 생산성이 획기적으로 향상된 변화이며, 2차 산업혁명은 전기를 산업에 활용하면서 본격적인 대량생산이 촉발된 변화를 가리키고, 3차 산업혁명은 전자기술과 정보기술을 바탕으로 한 디지털화가 이룩한 변화를 일컫는 것이다. 그리고 4차 산업혁명은 지능 정보화 사회가 될 것이라고 예상하였다.

지능 정보화란 인공지능, 지능로봇, 사물인터넷, 자율주행자동차, 나노기술 등 지능 정보 기술이 스스로 모든 것을 판단하고 처리하는 능력을 갖게 되는 변화를 의미한다. 현재의 디지털 ICT(정보통신기술)가 물리학이나 생물학과 결합되어 인간과 인간의 연계를 넘어 인간과 사물이 네트워크로 연결되고, 시간과 공간을 넘어서서 현실과 가상세계가 융합되는 세계가 도래하고 있는 것이다.

4차 산업혁명이 무엇인지 잘 이해하지 못하던 일반인들도 2016년 3월 '알파고'라고 하는 인공지능 바둑 프로그램이 바둑계의 고수인 우리나라 이세돌 9단을 이기는 모습을 보면서 인공지능의 시대가 도래하고 있음을 실감하게 되었다. 그뿐인가? 그다음 해,

바둑계의 황제라고 일컬어지는 중국의 커제 9단이 알파고와의 대국에서 완패하고 나서, 마치 신(神)과 바둑을 두는 것 같았다고 한 고백은 이제 기계가 인간의 능력을 넘어서고 있음을 보여준다고 하겠다. 2016년 1월 개최된 다보스포럼에서도 세계 주요국의 정상들은 이제 우리 사회가 4차 산업혁명 시대에 진입하고 있음을 확인하고, 4차 산업혁명은 융합된 기술혁명을 통해 우리 사회에 혁신적이고 파괴적인 변화를 가져올 것이라고 예견했다.

정보 지능화로 특징지어지는 4차 산업혁명은 우리 사회를 어떻게 바꾸어놓을 것인가? 분명한 것은 4차 산업혁명은 단순히 과학기술의 진보적인 발전에만 그치지 않고 우리의 삶의 양식을 크게 바꾸어놓는 패러다임적 변화를 가져올 것이다. 1차 산업혁명이 인간의 육체적 노동을 기계로 대체시켰고, 2차 산업혁명은 자동화에 의한 대량생산으로 분업이라는 노동 형태를 만들어냈다면, 4차 산업혁명 시대에는 생산을 위한 노동의 형태나 직업의 유형이 크게 달라질 것으로 보인다. 과학과 정보통신기술의 가속적인 발전은 직업 속성의 빠른 변화를 가져올 것이기에 한 번 배운 지식이나 기술을 오랫동안 써먹는 일은 불가능해질 것이다. 또한 세계적으로 연결된 지구촌 네트워크를 통해 집단지성화가 이루어지기 때문에 혼자서 특정 분야만을 전문으로 하는 일도 어렵게 될 것이다. 의학기술의 발전으로 초고령화 사회가 되고 직업의 세계 역시 빠르게 변화하기 때문에 그에 따른 학습이나 교육의 형태도 크게 달라지지 않을 수 없을 것이다.

교육 패러다임의 변화

　활자가 없던 고대 시대에는 말을 잘하도록 가르치는 수사학이 주된 교육내용이었다. 이후 중세로 들어와 활자가 발명되며 읽기와 쓰기가 교육의 중심으로 변화된 것과 같이 교육의 형태나 내용은 사회의 변화에 부응하여 변화하기 마련이다. 더구나 현대사회에서는 교육이 단순히 전통적인 문화의 유지, 계승만이 아니라 그 사회가 요구하는 인력 양성이라는 기능과 책무를 갖고 있기 때문에 사회 변화와 교육은 더욱 밀접한 관련성을 갖게 된다. 전통적인 농경사회에서의 교육이 정선된 지식과 정보를 열심히 외우고 받아들여 더 많이 머릿속에 저장해두는 것을 일차적인 목적으로 삼았다면, 산업사회에서는 생산성과 효율성이라는 원칙에 따라 객관적이고 표준화된 지식과 기능을 갖추도록 하는 것이 중요한 역할이었다.

　그러나 디지털 사회의 도래와 함께 지식은 학교 교실이나 교과서에만 있지 않고 온 세상 공중 구름(cloud) 속에 무한대로 퍼져있다. 언제 어디서나 손가락만 움직이면 원하는 지식이나 정보를 마음대로 얻을 수 있을 만큼 이제 더 이상 지식이나 정보를 암기하여 머릿속에 넣고 다닐 필요가 없게 된 것이다. 지식이 부족하거나 몰라서 문제가 되는 것이 아니라, 넘쳐나는 지식을 어떻게 자기에게 맞도록 관리하고 활용하는가 하는 것이 중요하게 되었다. 더구나 지능 정보화로 특징지어지는 4차 산업혁명 사회에서는 지식과 정보의 저장은 물론 어려운 문제의 해결과 풀이까지도 인공지능이 더 잘 처리해줄 것이기 때문에 이제는 주어진 문제를 해결하는 수준의 문제 풀이 능력도 필요없게 되었다. 주어진 문제에 대한 답을 찾기보다는 오히려 무엇이 문제인지를 찾아내고 스스로 문제를 만들어낼 줄 아는 문제 제기 능력 또는 문제 창출 능력이 필요한 시대가 되었다.

지능 정보 사회에서는 지식의 양만 증가하는 것이 아니라 새로운 지식의 생산과 소멸의 속도 역시 훨씬 빨라진다. 하루에도 수많은 지식이 만들어지고 또 사라진다. 오늘 알고 있던 지식이 내일이면 쓸모없는 것이 되기도 한다. 이제는 학교에서 배운 지식을 몇 년 또는 몇십 년 뒤 사회에 나가 써먹는다는 생각은 할 수도 없게 되었다. 전통적으로 교육은 아동을 가르치는 일(Pedagogy)로 여겨졌지만 이제는 그 중심축이 성인교육 또는 평생교육(Andragogy)으로 이동하고 있으며, 앞으로의 지능 정보 사회에서는 자기주도교육(Heutagogy)의 필요성이 점점 강해질 것으로 예상된다. 자기주도교육이란 학습자 스스로 주체가 되어 자기에게 필요한 지식과 정보를 찾거나 또는 직접 만들고 활용하며 동시에 타인과 공유해나가는 학습 체제를 의미한다. 자기주도교육은 정해진 계획표에 따라 교육이 이루어지는 것이 아니라 주어진 상황과 필요에 따라 학습자 스스로 만들어가는 학습 체제라고 할 수 있다.

4차 산업혁명 사회는 초첨단, 초연결, 초가상의 지능 사회가 될 것이다. 이러한 사회에서는 지식을 암기하고 주입하는 교육이나 문제 풀이식의 교육은 존재할 수 없다. 수많은 지식과 정보의 바닷속에서 자기에게 필요한 지식을 선택하고 활용하여 문제를 해결하고 자기주도적으로 학습을 이어가기 위해서는 창의적인 문제해결력과 의사소통 능력 그리고 스스로 학습을 이끌어갈 수 있는 자기관리 능력이 필수적으로 요청된다. 무엇보다 스스로 문제를 창출하고 관련 지식을 모아 문제를 해결해가는 창의적인 능력은 미래 교육의 핵심적인 요소라고 할 수 있다. 또한 지식과 정보를 다루는 일이나 문제해결 또는 타인과의 소통은 모두 디지털 정보를 매체로 이루어지기 때문에 디지털 정보 처리 능력은 모든 능력의 기본 바탕이 되는 것이다.

앞으로의 교육체제는 학교라는 울타리를 넘어 점점 더 개방적인 체제로 변모해갈 것이다. 시간이나 장소 또는 나이에 관계없이 누구나, 언제 어디서나 자기가 알고 싶은 내용을 학습할 수 있는 체제로 발전해나갈 것이다. 이미 세계의 많은 대학은 그 대학의 저명 교수 강의를 온라인으로 전 세계에 배포함으로써 수십만 명의 사람들이 동시에 수강할 수 있게 하고 있다. 그뿐 아니라, 쌍방향 통신을 이용해 질의응답이나 집단 토론도 이루어지고 있다. 또한 학습 체제는 더욱 개별화되어갈 것이 분명하다. 각자의 학습목표에 따라 자기에게 적합한 내용이나 정보를 취사선택해 스스로 학습 계획을 마련하고 자기주도적으로 학습하는 형태로 이루어질 것이다. 물론 교사나 지도자가 있겠지만, 그들은 학생들의 자기 학습을 도와주고 안내해주는 역할을 주로 하게 될 것이다.

학교교육의 변화 방향

이제 학교교육의 문제로 이야기를 돌려보자. 이러한 급격한 사회 변화 속에서 가장 큰 도전을 받고 있는 곳은 학교라고 할 수 있다. 전통적으로 지식 교육을 주된 임무로 수행해오던 학교는 이제 큰 혼란에 직면하게 된 것이다. 학교에서 학생들에게 새로운 지식이나 정보를 가르친다고 해도 어차피 컴퓨터나 인터넷 또는 인공지능이 가지고 있는 지식의 양이나 속도와 싸워서 이길 수도 없고, 학생들 역시 이제 더 이상 학교로부터 자기에게 필요한 지식이나 정보를 얻을 것이라고 생각하거나 기대하지 않는다. 질문이 생기면 선생님을 찾아가 묻기보다 손에 들고 있는 스마트 기기를 통해 즉각적으로 답을 찾아낸다. 학교는 이제 지식 교육을 포기하고 문을 닫거나, 아니면 획기적인 변화를 통해 새로운 모습으로 바뀌지 않으면 안 되는 운명에 놓이게 되었다.

4차 산업혁명 시대에 학교가 할 일은 무엇인가? 학교가 계속 살아남기 위해서는 어떻게 변화해야 할 것인가? 무엇보다 학교는 암기식 지식을 주입하는 교육으로부터 과감하게 탈피해야 한다. 암기된 단순 지식은 아무 쓸모가 없는 시대이다. 열심히 외워서 시험지에 답을 쓰고 나면 모두 필요 없는 지식이 되고 만다. 지식의 암기나 저장은 물론 단순 조작은 기계에게 넘기고, 이제 사람이 할 일은 그 지식을 다루고 조작할 수 있는 창의적인 능력을 기르는 일이다. 학교교육의 중심 목표는 당연히 창의성 함양으로 모아져야 할 것이다. 창의적인 문제해결 능력이 없이는 지능 정보화 사회를 이끌어갈 수 없을 뿐 아니라 적응하고 생존하기도 쉽지 않게 될 것이기 때문이다.

학교교육의 목표를 창의성 교육으로 전환하기 위해서는 먼저 획일적 평등주의의 한계를 극복해나갈 필요가 있다. '평등 교육'이란 모든 사람이 똑같은 내용을 똑같은 방식으로 똑같은 수준에서 교육받는 것을 의미하지 않는다. 오히려 각자 자신의 적성과 진로 또는 문제에 따라 서로 다른 내용을 자기의 능력과 계획에 따라 학습해나가도록 하는 것이 진정한 평등 교육이 될 것이다. 모든 학생에게 동일한 교육목표를 달성하도록 요구하면서 동일한 시험으로 평가하여 학생들을 한 줄로 세워 서열화하는 방식으로는 창의성 교육이 이루어질 수 없다. 더구나 산업사회의 산물인 객관식 선다형 검사는 교육의 목적이나 타당성보다 객관성만을 중시하고 정답 찾기식의 단순 암기만을 요구하는 형태로서, 창의성 교육을 위해서는 적합하지 못한 방식이라고 할 수 있다.

다가올 지능 정보화 사회의 학교교육에서는 지식 교육보다 정의적 인성 교육이 더 중요하게 여겨질 것이다. 지식 교육의 많은 부분은 컴퓨터나 인공지능이 맡게 될 것이고, 사람들에게는 상호

소통과 협동 작업을 통한 집단지능이 절실히 필요해질 것이기 때문이다. 대부분의 기본 학습은 인터넷이나 디지털 매체를 이용하여 개별적으로 이루어지며, 문제를 창출하거나 해결해나가는 작업은 네트워크를 통하거나 아니면 직접 얼굴을 맞대고 공동 작업을 통해 이루어지는 경우가 많아질 것이다. 이를 위해서는 타인과 소통하고 협동하는 대인관계 능력이나 다른 사람과 더불어 살아가는 태도가 중요하게 여겨진다. 또한 점점 기계화되고 자동화되는 사회체제 속에서 인간의 의미를 찾는 정의적 측면의 교육을 바라는 요구가 증대되어갈 것으로 보인다.

4차 산업혁명 시대에는 학교라는 개념 자체가 크게 바뀔 것이다. 학교는 '교사가 교과서를 가지고 학생들에게 지식을 가르치고 전달하는 곳'이라는 틀에 박힌 인식에서 벗어나야 한다. 지능 정보 사회에서는 교사는 가르치기만 하고 학생은 배우기만 하는 것이 아니라, 학생들이 스스로 모여서 문제를 제시하고 교사의 지도 아래 상호 협동적으로 문제해결에 필요한 지식을 찾고 해결해가는 학습 광장 또는 학습 공동체라는 개념과 인식이 정착될 것이다. 졸업장이나 법적 출석 일수라는 강제적 수단으로 학생들을 학교에 붙들어놓기보다 학생들 스스로의 필요에 따라 찾고 모이는 장소가 되어야 할 것이다. 교육은 이제 학교에서만 이루어지는 것이 아니며, 어린 시절에만 배우는 것이 아니기 때문이다.

4차 산업혁명 시대가 도래함에 따라 우리의 학교는 모든 것을 바꾸고자 노력해야 한다. 사실 지금까지의 학교는 전통적이고 보수적인 조직으로서, 학교교육이 사회의 변화를 선도하기보다 변화에 가장 둔감한 분야로 여겨져왔던 것도 사실이다. 하지만 오늘날은 변화의 시대이다. 사회가 빠르게 변화하는 만큼 학교도 변화해야만 살 수 있다. 변화에 적응하고 대처해야만 살아남을 수 있고, 변화를 선도해야만 발전을 기약할 수 있다. 학교가 변화하기 위해서는 학교교육의 목표나 내용 및 방법도 변화해야겠지만, 무엇보다 학교교육의 발목을 잡고 있는 교육평가 제도나 방식 역시 변화되어야 하며, 이를 위해서는 먼저 교육평가에 대한 우리의 관점부터 바꾸는 것이 필요하다.

2 평가관의 변화

교육평가란 무엇인가?

"교육평가란 무엇인가?"이런 질문을 받으면 많은 사람은 학교에서 치르는 '시험'을 생각할 것이다. 평가는 곧 시험이요, 시험이라고 하면 시험지를 받아 답을 써야 하는 지필고사를 떠올리게 된다. 시험을 보고 나면 점수라는 숫자가 주어지고, 점수에 따라 석차라고 하는 등수가 매겨지며, 그 결과 공부를 잘하는 학생과 못하는 학생으로 나누어지게 마련이다. 물론 요즘 초등학교 현장에서는 지필고사 이외에도 다양한 평가 방법들이 사용되고 있고, 석차를 매기지도 않으며, 또 숫자로 점수를 주기보다 문장 기술식의 결과 보고 방식을 사용하고 있다. 그런데도 여전히 평가라고 하면 시험부터 생각하게 되는 것은 사실이다.

우리는 초등학교를 시작으로 중학교와 고등학교를 거쳐 대학에 이르기까지 학교생활을 하면서 시험이라는 것에 아주 익숙해 있다. 따라서 평가라고 하면 많은 사람은 학교가 행하는 한 가지 당연한 교육활동으로 생각하며, 학교에서 시험이라는 이름 아래 행해지는 일들이 교육평가의 전부인 것처럼 생각하기도 한다. 심지어 '성적 처리'라는 말이 학교 일선에서 공공연히 사용되는 데서도 알 수 있듯이, 일부 교사에게 평가란 시험문제를 출제하고 학생들의 답안지를 채점해서 점수를 부여하면 끝나는 일종의 잡무 비슷한 일로 여겨지기도 한다.

그렇다면 평가란 무엇인가? 학자들의 이론적인 설명을 거론하기 전에 우리는 낱말의 뜻부터 이해할 필요가 있다. '평가(評價)'란 말 그대로 '가치(價値)를 평(評)하는 일'이다. 어떤 물건이 좋은지 나쁜지, 아름다운지 추한지, 아니면 옳은지 잘못된 것인지를 판단하는 일이 곧 평가이다. 평가를 뜻하는 영어의 'evaluation'이란 단어 속에는 가치를 의미하는 'value'라는 요소가 들어 있다. 이는 라틴어의 'exvalere'에서 유래한 것으로, 그 본래의 의미도 가치의 유무를 따지는 일을 뜻했다. 따라서 교육평가의 어의적 의미는 분명 교육의 가치를 따지고 판단하는 일이다. 우리는 교육평가라는 말이 갖는 이러한 어의적 의미로부터 몇 가지 교육평가의 본래적 개념과 의미를 도출해볼 수 있다.

첫째, 교육평가는 교육의 평가이다. 즉, 학생을 평가하는 일이 아니라, 교육 활동을 평가하는 일이라는 점이 강조되어야 한다.

교육평가는 교육의 평가라고 말하는 것이 너무나 당연하게 들릴지 모른다. 그러나 지금까지 학교의 교육평가는 교육 활동을 평가하기보다 학생들의 학업성적을 평가하고 점수를 매기는 일에만 많은 관심을 두어왔던 것도 사실이다. 곧 교육평가는 학생들의 학업성취도 평가와 동의어로 사용되어왔던 것이다. 이런 까닭에 많은 사람이 교육평가는 곧 시험이요, 시험은 곧 성적이고, 성적은 곧 석차를 의미하는 것으로 받아들였고, 교사들조차 교육평가는 시험문제를 출제하고, 시험을 감독하고, 채점을 하는 일쯤으로 여기는 경향이 많은 것이다.

그러나 교육은 가르치고 배우는 과정이다. 교육에서 가르치는 일과 배우는 일은 서로 떨어질 수 없는 관계이며, 그 어느 한쪽이 없는 교육이란 생각할 수도 없다. 비록 교사와 학생이 얼굴을 맞대고 직접 만나지 않는다 하더라도, 교육 속에는 다양한 모습의 가르침과 배움이 함께 있는 것이다. 배우는 사람이 없다면 가르침이란 말이 성립될 수 없고, 가르침이 없는 배움이란 생각하기 어렵다. 독학이나 자습의 경우라 하더라도 거기에는 책이나 자연의 가르침이 있는 것이다.

따라서 교육평가란 교육을 평가하는 일이라고 볼 때, 그것은 곧 가르치고 배우는 일에 대한 평가이며, 평가의 표적은 학생이 아니라 바로 교육 활동이다. 교육 활동에서 선행적인 변인은 가르치는 일이며, 교육평가는 그 의미상 가르치는 일에 관련된 평가인 것이다. 교육이 없다면 교육평가도 있을 수 없다. 평가가 있으려면 그전에 반드시 교육 활동이 전제되어야 하며, 교육평가는 어떠한 모습으로든 이 교육 활동과 관련되어야 하는 것이다.

교육평가는 곧 교육 활동의 평가라는 의미에서 볼 때, 교육평가는 이제 교육에 영향을 주는 모든 요인들에 대한 평가로 그 범위가 넓어지게 된다. 교육평가가 단순히 학생들의 학업성적을 평가하고 점수를 매기는 일만이 아니라, 교육목표에 대한 타당성을 점검하는 일부터 교육과정이나 수업 활동의 적절성 판단 그리고 교육의 제반 여건이나 학교 내 인간관계에 이르기까지 학교교육의 모든 측면이 바로 교육평가의 대상이 되는 것이다.

　둘째, 교육평가와 시험은 같은 의미가 아니다. 시험은 교육의 결과를 측정하는 일이고, 평가는 그 결과에 대해 가치를 판단하는 일이다.

　어떤 일이나 사물에 대해 아무런 가치판단도 이루어지지 않는다면 우리는 그것을 평가라고 말할 수 없다. 예컨대 한 학생의 키를 재어보니 150cm가 나왔다고 말할 때, 그것은 신장에 관한 사실만을 이야기하고 있을 뿐이지, 어떤 가치를 판단한 것이 아니다. 150cm의 키는 농구 선수가 되기에는 너무 작다든가, 또는 초등학생으로서는 큰 키라든가 하는 판단이 따랐을 때 우리는 그것을 신장에 대한 평가라고 말할 수 있다. 마찬가지로 학교에서 시험을 보고 채점을 해서 학생들의 성적표에 나온 점수대로 적어주고 끝났다면, 우리는 그것 또한 평가라고 부를 수 없다. 그것이 평가가 되려면 시험의 결과로 나온 점수에 대해 어떤 형식으로든 가치판단이 이루어져야 한다. 잘했다든가 못했다든가, 어떤 것이 좋다든가 나쁘다든가, 또는 무엇이 만족스럽다든가 혹은 부족하다든가 등 판단이 주어져야 평가라고 할 수 있다.

교육평가 이론에서는 이것을 '측정(measurement)'과 '평가
(evaluation)'의 개념으로 구분한다. 측정은 말 그대로 '재는 활동'
이다. 길이를 재고 무게를 재고 사람이 가진 특성이나 능력을 재
는 활동인 것이다. 측정에는 얼마나 정확하게 잘 재느냐 하는 기
술적인 문제가 있지만, 가치판단의 개념은 들어 있지 않다.

평가를 가치판단 활동이라고 이해한다면, 평가에는 반드시 일
정한 기준이 있어야 한다는 것도 개념적으로 쉽게 이해할 수 있
다. 일정한 기준 없이 어떤 것의 가치를 판단한다는 것은 생각할
수 없기 때문이다. 신장이 150cm인 학생의 키가 큰지, 아니면 작
은지에 대한 판단은 어떤 기준에 비추어서만 말할 수 있다. 물론
그 기준은 보는 사람의 관점에 따라 달라질 수 있다. 주관적인 것
(주관적 평가)일 수도 있고, 누가 평가하던 같은 결과를 가져오는
객관적인 기준(객관적 평가)일 수도 있다. 또한 그 기준이 다른 사
람과 서로 비교해서 판단되는 것(상대적 평가)일 수도 있고, 아니
면 어떤 일정하게 정해진 목적에 비추어 판단되는 것(절대적 평가)
일 수도 있다. 어떤 경우이든 간에 교육평가에는 반드시 교육적
가치를 판단하는 기준이 있어야 하는 것이다.

셋째, 평가를 통해 가치를 판단하였다면 그 판단 결과에 따른
조치를 취해야만 완벽한 평가라고 말할 수 있다.

가치판단이란 어떤 목적이나 의도를 가지고 행동할 때에 이루
어지는 행위이다. 예컨대 부산에서 서울로 올라오는 길이나 방법

에는 여러 가지가 있다. KTX나 비행기를 타고 빨리 올라올 수도 있고, 자동차를 운전하며 쉬엄쉬엄 올 수도 있다. 심지어 몇 달을 걸려서 도보로 이곳저곳을 돌아보며 올 수도 있다. 어떤 것이 가장 좋은 방법인가 하는 것은 부산에서 서울로 올라오는 목적이 무엇인가에 따라 판단될 것이다. 시간을 다투는 급한 일이라면 KTX나 비행기를 타고 와야 할 것이고, 경치를 구경하기 위한 여행길이라면 완행열차를 타거나 도보 여행이 더 합당할 것이다. 가치판단이란 주어진 목적에 비추어 가장 타당한 것을 선택하는 행위이며, 그 목적을 성취하기 위하여 취하는 행위를 포함해야 한다.

따라서 가치만 판단하고 아무런 대안을 마련하지 않았다면 그것은 진정한 가치판단이라고 보기 어렵다. 만약 의사가 환자를 진찰하고 어떤 병이 있는 것으로 판단 또는 확인이 되었음에도 아무런 조치를 취하지 않고 환자를 돌려보냈다면, 우리는 그를 의사라고 할 수 있는가? 의사는 환자를 진찰하여 병이 있는 것으로 판단하면, 마땅히 그 병이 나을 수 있도록 수술을 하거나 혹은 약국에 가서 이러이러한 약을 구해 복용하도록 처방전이라도 써주어야 하는 것이다. 만약 교사가 성적표에 학생들의 점수만 적어 보내고 모든 것이 끝났다고 여긴다면, 그러한 활동을 교육평가라고할 수 있겠는가? 진정한 교육평가라면 교사는 마땅히 학생의 점수가 의미하는 가치를 판단해야 하고, 그 판단 결과에 대해 어떤 방식으로든 지도나 처방을 해주어야 하는 것이다. 학생의 수학 점수를 보고 나서, 너는 특히 수학의 인수분해에 대한 이해가 부족하니 이러한 책을 더 공부하도록 하라든가, 또는 너는 그만하면 되었으니 다음 단계의 학습을 하라든가 하는 식의 판단과 교육적인 처치를 해주었을 때 우리는 그것을 교육평가라고 부를 수 있는 것이다.

왜 평가하는가?

우리는 초등학교를 시작으로 중등학교를 거쳐 대학에 이르기까지 학교생활을 하면서 몇 번의 시험을 보았을까? 아마 그 횟수를 기억하고 있는 사람은 아무도 없을 것이다. 수백 번, 아니 수천 번의 시험을 보면서 학교에서 왜 시험을 보는지에 대해서는 생각해볼 기회가 많지 않았을 것이다. 그냥 학교교육에는 응당 시험이라는 것이 있고, 시험 결과에 따라 공부를 잘하는 학생과 못하는 학생이 갈라지게 된다는 생각을 당연하게 받아들여왔는지도 모른다. 교사들조차 평가를 학교가 타성적으로 행하는 일종의 필요악과 같은 제도로 받아들이거나, 심지어 학생들에게 성적표를 주거나 학생생활기록부에 기록하기 위해 평가가 실시되는 것으로 생각하기도 한다.

우리는 정말 왜 학교에서 학생들에게 시험을 보게 하고 평가를 하는 것일까? 평가도 교육적 행위가 분명하고 분명 어떤 목적이 있어서 하는 것이다. 교육평가의 목적은 무엇인가? 교육평가의 이론서를 보면 많은 학자가 각기 교육평가에 대한 정의를 내리고 또 평가 활동의 목적이나 과정에 대해 설명하고 있다. 그러나 나는 이 책이 교육평가의 이론서이기보다는 현장 교사들을 위한 실천서라는 생각에서 교육평가의 목적에 대한 이론적 논의를 하기보다는, 교육평가라는 제도가 갖는 기능적 측면을 2가지 입장으로 나누어 논의하고자 한다.

① 선발적 교육관과 교육평가

학교교육에서 학생들에게 시험을 보게 하고 평가를 하는 목적은 학생들의 능력을 변별해서 잘하는 사람과 못하는 사람을 나누고 상위 교육을 받을 사람을 선발해내기 위한 것이라고 보는 입장이 있을 수 있다. 물론 이러한 생각은 교육평가의 이론서나 공식적인 문서에 제시되어 있는 것은 아니지만, 우리의 학교교육이 갖는 사회적, 잠재적 기능과 관련되어 있다고 말할 수 있다. 이러한 입장의 저변에는 우리 사회는 경쟁적 구조를 갖고 있으며, 교육은 그러한 경쟁적 사회구조 속에서 학생들의 사회적 지위를 배분하는 기능을 하고 있다고 보는 생각이 담겨 있다. 사회적 요구와 기능에 따라 학생들을 변별하여 적절히 배분하는 것이 교육의 하나이기 때문에 어떻게 해서든 학생들을 서열화해서 갈라내야 하는 것이다.

이러한 생각은 우리의 과거 역사 속에서 더욱 증폭되어왔다. 전통사회에서는 아무나 교육을 받을 수 없었다. 양반의 자제로서 남자아이들만 교육을 받고 사회적 지위를 높일 수 있었다. 8.15 광복 이후 서구 사상의 도입과 함께 계급사회에서 벗어나 평등사회로 접어들었으며, 오직 교육만이 사회적 지위를 상승시킬 수 있는 역할을 담당하게 되었다. 따라서 교육 속에는 치열한 경쟁 구조가 형성되었고, 학교교육의 역할은 수많은 지원자 중에서 소수의 인원을 선발해내는 일이 되고 말았다. 우리나라의 1950년대에서 1970년대를 보면, 급격한 교육 인구의 팽창으로 초등학교에서는 2부제 또는 3부제 교육을 실시하였지만 그중 대학까지 진학하는 인구는 10% 미만이었다. 교육 속에서의 경쟁이 얼마나 치열했을까를 짐작할 수 있는 대목이다.

이러한 사회 분위기 속에서 자랐기 때문일까? 우리는 경쟁에 대해서 상당한 정도로 허구적인 믿음을 갖고 있다. 그중 대표적인 한 가지는 어떤 주어진 목표의 성취란 곧 다른 사람을 이기는 것으로 생각하고, 목표를 성취하지 못하였다는 것은 다른 사람에게 졌다는 것으로 생각한다. 즉, 성공과 성취의 기준이 어떤 객관적인 준거나 자기 자신에게 있는 것이 아니라, 다른 사람이 어떻게 생각하는가, 또는 다른 사람은 얼마만큼 했느냐의 타인 지향적인 성취기준인 것이다. 따라서 '잘했다'는 말은 언제나 '다른 사람보다 잘했다'는 의미로 이해되고, 학생의 성적표를 받아보는 학부모는 비록 점수는 지난번보다 낮아졌어도 석차가 올랐으면 잘했다고 칭찬을 하게 된다.

이러한 믿음 아래에서 평가란 학생들이 배워야 할 것을 얼마나 잘 배웠는가 하는 것을 알아보는 일이 아니라, 언제나 '누가누가 잘하나'의 줄다리기와 같은 싸움이 되고 만다. 교사의 입장에서 보면 모든 학생이 만점을 받는 평가 결과가 나오면 뭔가 잘못된 것으로 생각하고, 학생들 역시 내가 좋은 성적을 얻기 위해서는 다른 사람이 나보다 못하기를 소망한다. 시험이나 평가와 관련된 한에서는 학우란 학업의 성취를 위하여 서로 협동해야 할 친구가 아니라, 시기와 질투와 경쟁으로 얽힌 관계가 되고 만다.

이러한 입장은 교육평가의 이론에서도 지원되고 있다. 시험문제를 출제할 때 그 문항의 좋고 나쁨을 판단하는 기준은 소위 '문항 곤란도'와 '문항 변별도'라는 것이다. 문항 곤란도란 그 문항이 얼마나 쉬운지 어려운지를 말하는 것이지만, 모든 학생이 다 맞히거나 모든 학생이 다 틀리는 문제는 좋은 문제가 될 수 없다. 이론적으로 말하면 절반의 학생은 맞고 절반의 학생은 틀리는 문제, 즉 공부를 잘하는 학생과 못하는 학생을 잘 변별해주는 문제가 좋은 문제가 되는 것이다. 문항 변별도란 말뜻 그대로 상위 집단의 학생들과 하위 집단의 학생들을 얼마나 잘 변별해주는가의 정도를 나타내는 것이니, 다른 설명이 필요 없을 것이다.

이러한 입장에서 보면 학교의 주된 기능은 학생들의 능력을 변별해서 사회가 필요로 하는 인원을 선발해내는 역할로, 시험이나 평가는 결국 학생들을 어떻게 해서든 서열화하고 변별해서 갈라내는 일을 하게 되는 것이다. 우리는 이러한 교육의 관점을 '선발적 교육관'이라 부를 수 있다.

② 발달적 교육관과 교육평가

오늘날 우리의 교육 환경은 1900년대와는 많이 달라졌다. 폭증하는 교육 인구를 감당할 수 없어 2부제, 3부제 수업을 하고, 한 교실에 80명 이상을 수용하여 교육하던 모습을 이제는 찾아볼 수 없다. 오히려 교육 인구가 줄면서 폐교하는 학교가 늘어나고, 대학들은 입학 정원을 채울 수 없어 고민을 한다. 초등학교에서 중등학교로의 진학은 말할 것도 없고 고등학교 졸업생의 80% 이상이 대학에 진학하는 시대가 되었다.

아직도 우리 사회에는 소위 일류 대학을 가기 위한 경쟁이 남아 있다고 하지만, 학교 교실에서는 경쟁이나 선발이라는 개념은 더 이상 의미가 없게 되었다. 더구나 초등학교의 경우 학생들을 변별하여 서열화하는 일은 무의미하다고 할 수 있다. 공부 잘하는 학생과 못하는 학생을 갈라내서 무엇을 하겠다는 것인가? 공부를 잘하는 학생에게 우등상장을 주는 것이 무슨 효과가 있는가? 선발적 교육관에서는 소수 학생의 성공을 위해 다수의 학생이 희생되는 것을 당연하게 받아들이지만, 그러한 생각은 더 이상 우리의 교육 현실에 적용될 수 없다.

오늘날과 같은 사회 변화나 교육 상황에서는 공부 잘하는 학생과 못하는 학생을 변별해내는 일보다는, 오히려 어떻게 하면 학생들이 모두 그들의 능력에 따라 성취할 수 있는 최대의 결과를 가져오도록 할 수 있을까 하는 것이 주된 관심이 되어야 한다. 우수한 소수의 학생을 이끌어주는 일도 중요하지만, 그보다 더 중요한 것은 오히려 뒤처지는 학생이 능력껏 소기의 성취를 이룰 수 있도록 지도하는 일일 것이다. 교육은 이제 소수의 학생을 선발해내는 일이 아니라, 모든 학생이 각자 자기의 능력에 따라 최대한의 성취를 이룰 수 있도록 돕는 활동으로 그 의미와 역할이 바뀌게 된 것이다.

교육의 이론적 논의에서 보더라도 학생들의 학업성취는 개인이 갖는 능력뿐 아니라 학습에 주어진 시간과 교사의 지도 방식에 따라 결정된다고 본다. 교육이 학생들이 갖고 있는 선천적 능력에만 의지한다면 교육 활동은 아무 의미가 없다. 교육의 힘은 오히려 타고난 능력이 부족한 학생들을 대상으로 적절한 지도 방법을 사용하여 필요한 학습 시간을 투입함으로써 목적한 소기의 학업성취를 이루도록 하는 데 있다. 더구나 학습이 더욱 개별화되고 학습방법도 다양화되는 지능 정보화 사회에서 이러한 교육적 관점의 변화는 당연한 것이다.

이러한 교육을 위해서 무엇보다 필요한 것은 교사가 갖는 '불완전 학습의 미신'을 버리는 일이다. 불완전 학습의 미신이란 우리 학급의 학생들 중에는 공부를 잘하는 학생과 못하는 학생이 있게 마련이며, 시험을 보면 모두 100점을 받을 수는 없고, 점수는 언제나 '정상분포곡선'으로 나오게 되며, 또 그렇게 나와야만 된다고 믿는 생각이다. 그러니 교사가 아무리 열심히 가르쳐도 못하는 학생은 언제나 있게 마련이라 생각하고, 교사는 애당초 수업에서 모든 학생이 제대로 수업을 이해하고 소기의 학업성취를 이루기를 기대조차 하지 않게 되는 것이다. 이러한 불완전 학습의 미신 또는 정상분포곡선의 믿음으로부터 벗어나, 교사가 적절히 지도하면 우리 학급의 학생 모두가 다 목적한 소기의 학업성취를 성공적으로 이룰 수 있다는 생각으로 우리의 믿음 자체가 바뀌어야 한다. 교육은 이제 더 이상 학생들을 갈라내서 변별하고 소수의 성공자를 선발해내는 일이 아니라, 모든 학생이 각자 자신의 능력에 따라 최대한의 성취를 이룰 수 있도록 돕는 일이다. 우리는 이러한 입장을 '발달적 교육관'이라고 부를 수 있다.

교육평가 관점의 전환

교육평가는 시험문제를 출제하고 채점하여 점수를 주는 일이 아니다. 평가는 그 이상의 개념이며, 용어의 뜻 그대로 가치의 판단 활동이라는 점을 앞에서 강조하였다. 가치판단에는 기준이 있어야 하며, 그 기준은 응당 평가자가 가지는 교육적 관점 또는 철학에서 나올 수밖에 없는 것이다. 따라서 평가는 주어진 매뉴얼에 따라 움직이는 기술적 행위가 아니라, 평가자의 관점이나 철학에 따라 이루어지는 규범적 행위인 것이다. 우리는 교육평가를 이야기할 때 "어떻게 평가할 것인가?"와 같은 방법적인 측면에 많은 관심을 갖지만, 그에 앞서 "왜 평가하는가?"라는 질문을 먼저 생각해보아야 한다. 교육평가를 제대로 수행하기 위해서는 평가

의 방법이나 기술도 중요하지만, 그에 앞서 평가자가 자신의 평가
관을 분명하게 확립하는 일이 무엇보다 중요하다고 할 수 있다.

교육의 관점이 선발적 교육관에서 발달적 교육관으로 바뀌어
가고 있다. 그렇게 바뀌는 것이 옳다고 생각하는 사람들이 많지
만, 평가와 관련해서는 아직도 많은 사람이 선발적 평가관에 몰입
되어 있는 경우를 자주 본다. 시험이라고 하면 응당 변별력이 있
어야 한다고 여전히 믿는다거나, 무엇을 평가하는지는 따져보지
도 않으면서 무조건 객관성과 공정성만을 중요시하는 경향이 있
다. 교육에서의 시험이나 평가를 교육적 활동으로 보기보다 기술
적이고 관리적인 행위로만 보는 것이다.

우리는 여기서 시험이나 평가의 목적이 선발을 위한 것인지, 아
니면 교육을 위한 것인지를 분명히 구별해야 할 필요가 있다. 즉,
'선발평가'와 '교육평가'를 분리하자는 것이다. 선발평가는 나쁘고
교육평가는 좋다는 것이 아니라, 각각의 목적과 기능이 다르다는
것을 분명히 하자는 것이다. 예컨대, 어느 회사에서 신입사원을
뽑기 위해 평가를 하거나 대학이 신입생 선발을 위해 시험을 본다
면, 이것은 선발을 위한 평가이지 교육평가는 아니다. 교육평가
는 "교육 속에서 교육을 위해 교육적으로 이루어지는 평가"라고
말할 수 있다. 교육평가는 반드시 교육 활동과 연계되어야 하며,
교육 활동을 더 잘하기 위해서 이루어지는 것이며, 교육평가도 교
육 활동의 일부이기 때문에 교육적으로 이루어져야 하는 것이다.
교육평가의 관점이나 방법론에 자꾸 선발평가의 관점을 결부시

켜 생각하는 것은 피해야 할 것이다.

이제 우리는 학교교육에서 이루어지는 평가를 진정한 의미의 교육평가로 정립해나갈 필요가 있다. 교육평가에서 선발적 관점을 털어내고 우리 학생들이 모두 자신의 능력을 최대한 발휘하여 목적한 학업성취를 이룰 수 있도록 돕는 발달적 평가관을 정립하고, 그에 상응하는 방법과 절차를 마련해나가야 한다. 4차 산업혁명에서 요구하는 창의적 인재를 양성하기 위해서도 학교 현장에서 올바른 평가 철학을 정립하고 새로운 방향으로 평가관을 전환해야 할 시점이라고 하겠다.

2장

2015 개정
교육과정의 이해

교육과정의 방향

2015 개정 교육과정 총론은 다음과 같은 목차로 구성되어 있다.[1]

---

1. 교육부, 〈초·중등학교 교육과정 총론〉, 교육부 고시 제2015-74호[별책 1], 2015

    교육과정 총론 문서에는 앞에 제시된 목차 이전에 '교육과정의 성격'이 나와 있다. 이 부분에는 국가 교육과정의 법적 근거와 이 교육과정의 성격이 다음과 같이 제시되어 있다.[2]

  가. 국가 수준의 공통성과 지역, 학교, 개인 수준의 다양성을 동시에 추구하는 교육과정이다.

  나. 학습자의 자율성과 창의성을 신장하기 위한 학생 중심의 교육과정이다.

  다. 학교와 교육청, 지역사회, 교원·학생·학부모가 함께 실현해 가는 교육과정이다.

  라. 학교 교육 체제를 교육과정 중심으로 구현하기 위한 교육과정이다.

  마. 학교 교육의 질적 수준을 관리하고 개선하기 위한 교육과정이다.

---

2. 교육부, 〈초·중등학교 교육과정 총론〉, 교육부 고시 제2015-74호[별책 1], 2015

이 부분에서 우리는 국가 교육과정이 추구하는 교육의 기본 방향을 찾아볼 수 있다. 즉, 국가 교육과정에서는 국가 수준의 공통성과 학교의 다양성을 추구하고자 하였고, 학습자의 자율성과 창의성을 중요시하며, 학교와 교육청, 지역사회, 교원·학생·학부모의 협업을 통한 교육과정의 실현을 지향하고 있다. 나아가 교육과정 중심의 학교교육 체제를 구현하며 학교교육의 질적 수준 향상을 지향하고 있다.

2015 개정 교육과정 문서의 공식적인 첫 부분은 '추구하는 인간상'이 차지하고 있다.[3]

가. 전인적 성장을 바탕으로 자아 정체성을 확립하고 자신의 진로와 삶을 개척하는 자주적인 사람

나. 기초 능력의 바탕 위에 다양한 발상과 도전으로 새로운 것을 창출하는 창의적인 사람

다. 문화적 소양과 다원적 가치에 대한 이해를 바탕으로 인류 문화를 향유하고 발전시키는 교양 있는 사람

라. 공동체 의식을 가지고 세계와 소통하는 민주 시민으로서 배려와 나눔을 실천하는 더불어 사는 사람

추구하는 인간상은 교육과정 재·개정 시기마다 조금씩 업그레이드된 것으로, 현재 우리나라가 지향하고 있는 교육의 방향을 총

---

3. 교육부, 〈초·중등학교 교육과정 총론〉, 교육부 고시 제2015-74호[별책 1], 2015

합한 것이라 할 수 있다. 추구하는 인간상의 전체 의미를 충분히 이해하기 위해서는 각각 제시된 문구 하나하나를 신중히 읽을 필요가 있다. 예를 들어 추구하는 인간상 '다'항에서 '다원적 가치'와 '인류 문화'가 등장하게 된 것은 2009 개정 교육과정부터이다.[4] 그 이전까지는 '우리 문화에 대한 이해'가 제시되어 있었다.[5]

2015 개정 교육과정은 다음과 같은 구성으로 이해될 수 있다. 첫째, 추구하는 인간상의 2가지 항목에는 서로 대립되는 교육 방향의 조화를 지향하고 있다. 구체적으로 '가'항에서는 전인적 성장과 진로를, '나'항에는 기초 능력과 창의력의 조화를 지향하고 있다. 둘째, 추구하는 인간상의 각 항목을 종합하면, 국가 교육과정이 자주적이면서도 더불어 살고, 창의적이면서도 교양 있는 사람을 지향하고 있다는 큰 그림이 도출된다.

추구하는 인간상은 학교급별 교육목표와 교과 목표로 구체화된다. 그리고 더 나아가 교과 교육내용의 선정 및 조직, 교과의 교수·학습 및 평가 방향으로 구체화된다.

---

4. 교육과학기술부, 〈초·중등 교육과정 총론〉, 교육과학기술부 고시 제2009-41호[별책 1], 2009

5. 교육인적자원부, 〈초등학교 교육과정〉, 교육인적자원부 고시 제 2007-79호[별책 2], 2007

초등학교 교육과정 편성·운영의 기준

2015 개정 교육과정 총론 문서의 II장에는 학교급별 교육과정 편성·운영의 기준이 제시되어 있다. 이는 크게 학교급별 편제와 시간 배당 및 이를 바탕으로 학교 교육과정을 편성·운영할 때 지켜야 할 사항들이 규정되어 있다. 2015 개정 교육과정에는 초등학교 교육과정 편성·운영의 기준으로 10개 항목이 제시되어 있는데, 이 중에서 2개 항목만 살펴보면 다음과 같다.[6]

2) 학교는 학년군별로 이수해야 할 교과를 학년별, 학기별로 편성하여 학생과 학부모에게 안내한다.

3) 학교는 각 교과의 기초적, 기본적 요소들이 체계적으로 학습되도록 교육과정을 편성·운영한다. 특히 국어 사용 능력과 수리 능력의 기초가 부족한 학생들을 대상으로 기초 학습 능력 향상을 위한 별도의 프로그램을 편성·운영할 수 있다.

6. 교육부, 〈초등학교 교육과정〉, 교육부 고시 제2015-74호[별책 2], 2015

첫째, 앞에서 언급한 바와 같이 국가 교육과정에서 교육과정 편제 및 시간 배당은 학년군별, 교과군별로 제시되어 있다. 그리고 그 규정을 지키는 범위 안에서 학교에서는 집중 이수를 통해 학기별로 교과를 선정하여 편성할 수 있다. 매 학년, 매 학기 특정 교과를 편성할 필요는 없다.

물론 대부분의 학교에서는 2009 개정 교육과정 이전, 즉 2007 개정 교육과정에서 규정했던 학년별 교과 편제와 시수 배당을 그대로 따르는 경우가 많다. 그리고 충실한 기초 기본 교육이 중요한 초등학교 시기에 모든 교과를 집중 이수로 배치하는 것은 매우 위험하다. 따라서 실습이나 실험 등을 강화하거나 다른 교과와의 연계 융합을 원활하게 하기 위해 필요하다고 판단되는 경우 학교는 1~2개의 교과를 집중 이수로 편성할 수 있다. 이 맥락에서 학교는 학기 초에 학부모 및 교사를 대상으로 한 학교 교육과정에 대한 안내에 학년별, 학기별 교과 편성을 소개하여야 할 것이다.

둘째, 초등학교 교육은 기초 기본 교육에 해당한다. 따라서 학교 교육과정 설계에는 각 교과의 기초적, 기본적 요소들이 체계적으로 학습될 수 있는 방안을 포함해야 한다. 학교 교육과정에서 이 부분은 별도의 항목으로 다루어질 수도 있고 교과 교육과정에 대한 계획안에 녹여낼 수도 있다.

또한 학교는 필요한 경우 기초 학습 능력의 향상을 위한 별도의 프로그램을 편성하거나 활용할 수 있다. 예를 들어 국가 수준의 기초학력 향상 지원 사이트 꾸꾸(www.basics.re.kr)와 각 시도 교육청 수준의 기초학력 향상 지원 시스템 등에서 제공하는 다양한 학습 자료를 활용하여 프로그램을 편성할 수 있다. 아무리 시대가 변했다고 해도 초등학교 학습자는 소위 3R's로 불리는 국어 사용 능력과 수리 능력을 갖추어야 할 필요성은 줄어들지 않는다. 너무 억압적으로 국어 사용 능력과 수리 능력을 강요하다 보면 오히려 마음의 상처를 줄 수 있을 뿐 아니라 초등학교 입학 이전의 사교육 요구 증대와 같은 큰 부작용이 따를 수 있지만, 모든 학생의 개별 발달 단계에 맞게 한글 해득 또는 기본 수학의 원리를 깨칠 수 있도록 기초 학습을 충분히 제공해야 한다. 3R's는 그 시기부터 학생들의 교과 교육 이해 및 활용도 향상에 기반이 될 뿐 아니라 나아가 학교교육에 대한 흥미와 만족도 등을 높일 수 있는 중요한 수단이 된다는 점도 간과되어서는 안 될 것이다.

교육과정 총론의 'III. 학교 교육과정 편성·운영'에는 모든 학교급의 학교 교육과정 편성·운영에서 고려해야 할 기본 사항, 교수·학습 및 평가에 대한 지침, 지원이 필요한 학생에 대한 지침 등이 제시되어 있다. 이 중에서 모든 학교급의 학교 교육과정 편성·운영에서 고려해야 할 기본 사항으로는 학교 교육과정 편성·운영 과정에의 민주적인 절차, 지역 및 학부모의 지원 및 참여, 학교 교육과정 평가 등이 제시되어 있다.

교수·학습 및 평가의 방향

2015 개정 교육과정 총론에는 'Ⅲ. 학교 교육과정 편성·운영'의 2절과 3절에 '교수·학습' 및 '평가'에 대한 기준이 각각 제시되어 있다. 이 중에서 먼저 교수·학습의 일부를 살펴보면 다음과 같다.[7]

1) 교과의 학습은 단편적 지식의 암기를 지양하고 핵심 개념과 일반화된 지식의 심층적 이해에 중점을 둔다.

2) 각 교과의 핵심 개념과 일반화된 지식 및 기능이 학생의 발달 단계에 따라 그 폭과 깊이를 심화할 수 있도록 수업을 체계적으로 설계한다.

3) 학생의 융합적 사고를 기를 수 있도록 교과 내, 교과 간 내용 연계성을 고려하여 지도한다.

4) 실험, 관찰, 조사, 실측, 수집, 노작, 견학 등의 직접 체험활동이 충분히 이루어지도록 한다.

---

7. 교육부, 〈초·중등학교 교육과정 총론〉, 교육부 고시 제2015-74호[별책 1], 2015

5) 개별 학습활동과 함께 소집단 공동 학습활동을 통하여 협력적으로 문제를 해결하는 협동학습 경험을 충분히 제공한다.
6) 학생이 능동적으로 수업에 참여하고 자신의 생각을 표현하는 기회를 가질 수 있도록 토의·토론 학습을 활성화한다.
7) 학생에게 학습내용을 실제적 맥락 속에서 적용하고 활용할 수 있는 기회를 충분히 제공한다.
8) 학생이 스스로 자신의 학습 과정과 학습 전략을 점검하고 개선하며 자기주도적으로 학습할 수 있도록 지도한다.

이를 요약하면 다음과 같다.

첫째, 교수·학습에서는 교과 핵심 개념의 심층적이고 체계적인 이해와 더불어 학생의 융합적 사고로 이르게 할 수 있는 학교 교육과정의 설계를 지향하고 있다.

둘째, 교육내용에 적합한 체험활동 및 협동학습 등과 더불어 실제 맥락에서의 적용과 활용을 강조하고 있다. 즉, 교육내용에 적합한 교수·학습 방법을 활용하여 학생이 교과마다 핵심이 되는 개념을 충분하게 이해할 수 있는 학습 기회를 제공해야 한다. 더 나아가 그것을 교과 내 다른 단원이나 다른 교과에서도 함께 활용하며, 일상생활에서 적용할 수 있도록 지도할 필요가 있다.

2015 개정 교육과정 총론에 제시되어 있는 평가에 대한 기준은 왜 평가하는가, 무엇을 평가하는가, 어떻게 평가하는가의 3가지 측면을 담고 있다. 이 3가지 측면에 따라 다음의 기준을 살펴보자.[8]

가. 평가는 학생의 교육목표 도달도를 확인하고 교수·학습의 질을 개선하는 데에 주안점을 둔다.

1) 학교는 학생에게 평가 결과에 대한 적절한 정보 제공과 추후 지도를 통해 학생이 자신의 학습을 성찰하고 개선할 수 있도록 지도한다.

2) 학생 평가 결과를 활용하여 수업의 질을 지속적으로 개선한다.

나. 학교와 교사는 성취기준에 근거하여 학교에서 중요하게 지도한 내용과 기능을 평가하며 교수·학습과 평가 활동이 일관성 있게 이루어지도록 한다.

1) 학생에게 배울 기회를 주지 않은 내용과 기능은 평가하지 않도록 한다.

2) 학습의 결과뿐만 아니라 학습의 과정을 평가하여 모든 학생이 교육목표에 성공적으로 도달할 수 있도록 한다.

3) 학교는 학생의 인지적 능력과 정의적 능력에 대한 평가가 균형 있게 이루어질 수 있도록 한다.

다. 학교는 교과의 성격과 특성에 적합한 평가 방법을 활용한다.

1) 서술형과 논술형 평가 및 수행평가의 비중을 확대한다.

2) 정의적, 기능적, 창의적인 면이 특히 중시되는 교과는 타당한 평정기준과 척도에 따라 평가를 실시한다.

3) 실험·실습의 평가는 교과목의 성격을 고려하여 합리적인 세부 평가 기준을 마련하여 실시한다.

4) 창의적 체험활동은 내용과 특성을 고려하여 평가의 주안

---

8. 교육부, 〈초·중등학교 교육과정 총론〉, 교육부 고시 제2015-74호[별책 1], 2015

점을 학교에서 결정하여 평가한다.

이를 요약하여 제시하면 다음과 같다.

첫째, 평가의 목적은 학생의 교육목표 도달도를 확인하여 학생의 학습과 수업의 질을 개선하는 데 있다.

둘째, 평가의 내용은 학생에게 배울 기회를 준 성취기준(교육 내용과 기능)이며, 학습의 결과뿐 아니라 학습의 과정도 평가해야 한다.

셋째, 평가의 방법은 교과의 성격과 특성에 맞게 선택되어야 하는데, 이를 위해 서술형 및 논술형 평가와 수행평가의 비중을 높여야 하며, 이때 타당한 평정기준과 평정척도를 갖추어야 한다.

이 3가지를 포함한 2015 개정 교육과정에 따른 평가 정책을 '과정 중심 평가'라고 한다. 이에 위의 3가지 내용을 조금 더 설명하면 다음과 같다.

첫째, 한 번의 평가가 개인의 인생을 결정하는 것도 어떤 시기에는 피할 수 없는 일이다. 또한 어느 시기가 되면 학기말에 시험을 치르고 한 학기 동안 배운 것을 진지하게 공부해 자신의 것으로 만들 수 있는 기회가 주어질 필요도 있다. 다만 어떠한 경우든 간에 학생들에게 가르침을 제공하는 학교 교육과정에서의 평가는 교육목표를 달성하는 수단이 되어야 하며, 그 평가 결과를 통해 교사의 수업도 개선될 수 있어야 한다.

둘째, 평가의 목적을 구현하기 위해서 결과뿐 아니라 과정도 평가해 학생들이 학습을 성찰하고 개선할 수 있는 기회를 제공할 수 있어야 한다.

셋째, 결과뿐 아니라 과정도 평가할 수 있기 위해서는 서술형과 논술형 평가 및 수행평가의 비중을 확대할 필요가 있다. 그러나 2015 개정 교육과정에서 과정 중심 평가를 위해 특정 평가 유형만을 사용해야 한다는 규정은 제시되어 있지 않다.

그런데 초등학교는 이미 수행평가가 많은 비중을 차지하고 있다. 이 점에서 현재 적용되고 있는 수행평가가 수행평가 도입의 의의에 부합하는 것인지 다음과 같이 되돌아볼 필요가 있다.

첫째, 수행평가의 비중을 늘리는 것이 평가 횟수의 증대로 오해되어서는 안 될 것이다. 수행평가의 본질로 돌아가서 하나의 성취기준을 제대로 잘 익히고 있는지의 과정과 결과 전반을 포함하는 평가 문항 하나를 설정하여 하나의 성취기준을 가르치는 기간 동안 지속적으로 평가하는 과정을 거치는 것도 좋은 방안이 될 수 있다. 또한 성취기준 한 개당 반드시 하나의 수행평가 문항을 만들 필요는 없다. 성취기준 간 연계와 융합을 통해 2개 이상의 성취기준으로 하나의 수행평가 문항을 만들 수도 있다. 이렇게 되면 해당 성취기준을 다루는 1~2개월 동안 해당 성취기준에 대한 수업을 진행하는 과정에서 교사는 학생들의 발달 정도와 목표 도달도를 꾸준히 그리고 면밀히 다룰 수 있게 된다.

둘째, 수행평가를 계획하고 수립하는 과정에서 평가의 기준이나 척도 구성에 유의해야 한다. 2015 개정 교육과정 총론에 따르면 정의적, 기능적, 창의적인 면이 특히 중시되는 교과는 타당한 평정기준과 척도에 따라 평가해야 하며, 실험 또는 실습 평가의 경우에는 합리적인 세부 평가 기준을 마련해야 한다고 규정하고 있다.

셋째, 단위학교 내 특정 교사 또는 개별 교사가 한꺼번에 모든 수행평가 계획을 수립하고 문항을 개발하기보다는, 학년 교육과정 진도표 등을 편성하는 과정에서 동학년 교사들은 작년에 혹은 다른 학교에서 이미 개발된 문항을 살펴보며 어떻게 발전시킬 것인지 함께 논의할 필요가 있다. 예를 들어 올해는 기존의 교과별로 개발된 수행평가 문항을 통폐합하여 그 수를 줄이고 질적인 면을 개선하여 내실화할 방안에 초점을 두어 논의하고, 다음 해에는 수행평가 결과를 어떻게 기술할 것인가에 초점을 두어 논의하는 식의 순차적인 접근을 꾀할 필요가 있다.

이 부분에서는 2015 개정 교육과정 총론의 대략적인 부분만 요약하여 제시하였다. 이에 이 책에 제시된 내용을 바탕으로 2015 개정 교육과정 총론과 교과 교육과정을 면밀히 읽고 학교 교육과정 편성·운영 및 평가를 일관된 관점에서 이해하고 적용할 수 있기를 기대한다.

3장

평가의 유형

진단평가, 형성평가, 총합평가

진단평가

진단평가는 수업이 시작되기 전에 학습자의 출발점 행동을 측정하고 확인하는 평가 활동으로, 적절한 수업 전략을 동원하기 위한 정보를 수집할 목적으로 실시한다. 진단평가의 목적은 크게 3가지이다. 첫째, 수업이 시작되기 전 학습자의 출발점 행동을 진단하고, 확인하기 위해 실시한다. 선수학습을 제대로 못해 출발단계에 미달되어 있는 학습자를 확인하고 적절한 교수방법을 제공하는 데 주된 목적이 있다. 맥밀란은 수업이 시작되기 전 수집해야 할 정보를 다음과 같이 정리했다.[1]

① 학생들의 이전 학습 성취 결과, 시험 점수 등

---

1. 맥밀란(McMillan, 2007); 김진규·윤길근, 《교육평가의 탐구》, 동문사, 2014, 51쪽에서 재인용

② 학생들의 자발적 참여 의지 관찰 정보

③ 학생 기록, 특수교육 담당 교사와의 협의에서 얻은 정보

④ 전반적인 학생들의 강점과 요구, 이전 담당 교사의 평가 결과

⑤ 학생들의 진전 상태와 이해 수준 등

둘째, 수업 중일 때 실시하는 것으로 학습장애의 여러 요인을 밝히기 위함이다. 학습자의 학습 실패 요인을 찾아 부모와 협조 체제를 구축한다. 셋째, 출발점 행동의 진단에 따라 학습전략이 가장 극대화될 수 있도록 학생을 정치(定置)하기 위해 실시한다. 출발점 행동의 진단 결과에 따라 학습자들을 능력별로 분류하여 지도하는 것이다.[2] 진단평가는 주로 학습자의 선행 기능 및 능력을 진단하기 위해 실시하는 평가이므로 문항 곤란도 65% 이상의 용이한 문항으로 하는 것이 이상적이며, 규준지향평가에 의해 이루어진다.

형성평가

형성평가는 주로 교수·학습이 진행 중일 때 교과과정과 수업 방법을 개선하기 위해 실시하는 평가이다. 학습 및 교수 과정이

---

2. 강승호·김명숙·김정환·남현우·허숙, 《현대교육평가의 이론과 실제》, 양서원, 2000, 54~87쪽

진행되고 있고, 유동적인 상태에서 학생에게 피드백 효과를 주고, 교과과정을 개선하며, 수업 방법을 개선하기 위해 실시한다.[3]

형성평가의 핵심 특징은 다음과 같다.[4] 첫째, 학습 정보의 피드백과 교정에 있다. 학생에게 오류가 발생했을 때 즉시 알려주는 피드백과 교정을 제공함으로써 교사는 수업을 수정할 수 있고 좋은 성적을 보이는 학생은 누적된 성공 경험을 통해 긍정적인 자아개념을 형성할 수 있다. 둘째, 교수·학습이 유동적으로 진행되고 있는 시기에 교과내용, 교수·학습의 개선을 의도하기 위해 실시하는 평가이다. 즉, 학생의 학습을 증진시키기 위해 무엇을 개선해야 할지를 찾으려는 개선 추구의 평가이다. 셋째, 지금 진행 중인 수업에 관해 필요한 모종의 정보를 얻으려는 것이므로 가르치는 교사 자신이 제작하는 것이 원칙이다. 넷째, 수업목표에 기초한 평가를 한다. 설정된 수업목표에 따라 학생의 성취 여부를 확인하는 것이다.

모스와 브룩하트는 형성평가의 개념에 대한 올바른 전략적 관점을 3가지로 요약했다.[5] 첫째, 형성평가는 검사 문항, 검사, 또는 일련의 검사가 아니다. 둘째, 형성평가는 교사들이 학습 도중 성취도를 개선하는 정보를 수집하기 위해 학생들을 참여시키는 의도적 학습 과정이다. 셋째, 형성평가는 교사와 학생들이 학습목

---

3. 황정규, 《학교학습과 교육평가》, 교육과학사, 2005, 263쪽
4. 황정규, 같은 책, 263~267쪽
5. 모스·브룩하트(Moss & Brookhart, 2009); 김진규, 《형성평가 101가지 기법》, 교육과학사, 2016, 15쪽에서 재인용

표와 관련 있는 활동에 동참하는 학습 파트너십이다.

　김진규는 형성평가의 기본 원리와 전략의 공통점을 크게 4가지로 요약했다.[6] 첫째, 명확한 학습목표를 제시하는 것이다. 둘째, 질문과 대화, 토의, 피드백 등과 같은 다양한 형성평가 기법을 활용하는 것이다. 셋째, 자기평가와 동료평가 기법을 적극 활용하는 것이다. 넷째, 학생의 적극적 참여를 유도하여 자기주도적 학습활동을 전개하는 것이다.

　결국 형성평가는 학습자 개개인의 학습 속도와 수준에 맞게 개별화하여 학습 곤란도를 진단하고 교정하여 학습자에게는 학습 진전의 효율화를 꾀하는 것이므로 평가에 대한 공포, 불안 등을 유발하지 않아야 하고, 문항의 난이도를 미리 구체화할 수 없다. 그러나 황정규는 형성평가의 경우 개인에게는 90% 수준의 정답률, 집단에게는 80% 수준의 정답률이 나올 수 있는 문항 곤란도를 제안했다.[7] 형성평가는 교수자에게는 교수·학습 방법을 개선할 수 있는 질적 관리 지향의 평가이며, 목표지향 또는 준거지향 평가에 의한다.

---

6. 김진규, 《형성평가 101가지 기법》, 교육과학사, 2016
7. 황정규, 같은 책, 320쪽

총합평가

  총합평가는 일정한 기간 동안의 수업이나 일정한 단원의 학습 지도가 종결되었을 때 해당 단원, 학기, 학년 등의 학업에 관하여 성취도를 총합적으로 검사하여 성적을 평가하고 판정하며, 그 결과를 행정적 의사 결정에 반영하고, 학생이나 학부모에게 통지하려는 것이 목적이다. 형성평가가 학습자의 불안과 긴장을 유발하지 않아야 한다고 볼 때, 총합평가는 상대적으로 서열 등이 중요시되는 평가이므로 학습자에게 긴장을 유발하는 성격을 지닌다.

  총합평가의 성적 결과는 후속 학습 과제에 대한 성공을 예언하고, 집단 간 비교와 자격 인정 등의 판단, 수업 효과의 확인 등에 기여한다. 따라서 검사 문항은 교육목표를 잘 반영하면서 대표할 수 있는 일반화된 것으로 구성해야 하며, 총합평가 검사를 제작하기 위해서는 교수 목표의 이원분류에 의거, 내용과 행동을 정확하고 타당하게 평가해야 한다. 황정규는 총합평가의 경우 개인에게는 80~85%의 정답률, 집단에게는 75% 수준의 정답률이 나올 수 있는 문항 곤란도를 제안하였다.[8]

---

8. 황정규, 같은 책, 320쪽

객관식 평가와 주관식 평가

객관식 평가와 주관식 평가는 채점자의 주관성 개입 여부에 따른 평가 구분이다. 채점자의 주관성이 개입되지 않는 객관식 평가에는 진위형, 선다형, 배합형, 단답형, 완성형 등이 포함된다. 그러나 단답형과 완성형은 채점자의 주관성이 배제될 수 없다고 보아 주관식 평가 문항에 포함시키기도 한다. 주관식 평가에는 단답형, 완성형, 논문형 등이 포함된다.[9] 이 글에서는 단답형과 완성형을 재생능력의 측정으로 판단하여 객관식으로 분류하였으나 단구적 단답형과 서술적 단답형은 주관식의 유형으로 구분하였다.

---

9. 신동로, 《교육과정 및 교육평가》, 형설출판사, 2008

객관식 평가

객관식 평가는 사실에 관한 지식을 측정하기에 효율적이며, 채점이 쉽고, 객관성과 신뢰성이 높다. 진위형, 선다형, 배합형으로 구분할 수 있다.

1) 진위형

수험자에게 짤막한 문장을 제시하고, 그 문장의 진위를 판단하게 하는 방법으로 '오엑스(○×)형', 또는 '양자택일형'이라고도 하며 고정반응형이다. 제작이 간편하고 사실의 옳고 그름을 판별하는 능력을 측정하기에 적합하다.

> 예시) 다음 문장이 맞으면 ○표, 틀리면 ×표를 하시오.
> 고양이는 동물이 아니다. (　　)

2) 배합형

일련의 전제와 일련의 답지, 전제와 답지를 서로 연결시키는 지시문 등 3가지 요소로 구성되는 문항이다. 어떤 2개의 다른 사건을 상호 관련지어 학습 결과를 측정하는 데 적합하다. 전제나 답지 수를 하나 정도 다르게 출제해서 자동적으로 맞히어지는 현상을 방지해야 하며 대략적으로 다섯 이상은 넘지 않도록 해야 한다.

> **예시)** 다음의 왼쪽은 작가들이고, 오른쪽은 작가들의 대표적인
> 작품들이다. 오른쪽에서 가장 관계되는 항을 골라 왼쪽에 있는
> 괄호 속에 넣어라.
>
> ( ) 1. 김 훈   A. 토지
> ( ) 2. 박경리   B. 남한산성
>   C. 자전거 도둑

3) 선다형

문제의 상황이나 조건을 제시하는 문두와 여러 개의 답지로 구성되며 객관식 평가의 가장 대표적인 문항 형식이다. 대체적으로 답지가 4개로 구성되어 있는 '사지선다형'이나 5개로 구성되어 있는 '오지선다형'으로 제작한다. 선다형 문항을 제작할 때 유의해야 할 사항은 다음과 같다.[10]

① 문두어는 가능한 한 간단명료하게 진술한다.
② 문두어는 가능한 한 긍정문으로 작성하고, 부정문으로 작성할 때는 주의를 환기시키도록 특별한 인쇄체를 사용한다.
③ 각각의 답지에서 반복되는 말은 문두어에 삽입한다.

---

10. 신동로, 《교육과정 및 교육평가》, 형설출판사, 2008, 284쪽

④ 문두어를 불완전한 문장으로 작성할 때에는 공란(   ) 다음 문자의 철자가 단서가 되지 않도록 한다.

⑤ 정답은 분명하고, 오답은 그럴듯하게 만든다.

⑥ 답지에 어떤 논리적인 순서가 있으면 그에 따라 배열한다.

⑦ 답지의 내용면에서 동질성을 유지한다.

⑧ 답지의 길이는 비슷하게 하거나 그렇지 못할 때는 길이 순서대로 배열한다.

⑨ 정답지의 위치는 고르게 배열한다.

4) 단답형과 완성형

주어진 질문에 대해 간단한 단어, 구, 숫자, 문장 등 제한된 형태로 답을 요구하는 문항 형식으로 정답은 가능한 한 1개가 나오도록 제작해야 한다.

예시)

① 단답형

처음으로 드론을 제작한 사람은 누구입니까? (   )

② 완성형

생태계의 생물적 요소는 생산자, 소비자, (   )로 구성된다.

주관식 평가

　주관식 평가는 이해, 사고 기능, 다양한 목표 등을 측정하기에 효율적이다. 한 검사를 위해서 적은 수의 문항이 필요하지만 채점이 느리고 어려우며, 채점의 일관성과 신뢰도를 꾀하기 어렵다. 따라서 체계적으로 작성된 채점 기준이 필요하다.

1) 단구적 단답형과 서술적 단답형

　단구적 단답형과 서술적 단답형은 2개 이상의 단답형에 의한 답들의 논리적 연결을 요구하는 형식으로 수험자의 정답 반응이 다양할 수 있다.

　　예시)
　　① 학생들에게 칭찬을 무분별하게 자주 사용하는 경우 야기
　　　될 수 있는 부작용 3가지를 쓰시오.
　　② '주관식 문항'이라는 표현에서 '주관식'의 의미를 설명하
　　　시오.

2) 논문형

　수험자의 반응을 거의 무한하게 허용하는 자유 반응형이다. 일

정한 형식이 없으며 질문이나 지시에 따라 수험자가 자유롭게 답안을 작성하고 구사할 수 있다. 다만, 채점자의 주관이 가장 많이 개입될 수 있으므로 신뢰도와 객관성을 극복해야 하는 단점을 지니고 있다.

따라서 채점 기준을 체계적으로 구성해야 하고, 모범 답안지의 작성, 공동 채점 등 채점 방법의 개선을 꾀하려는 노력이 요구된다. 특히 논문형 검사의 답안지는 학생 단위로 채점하지 말고, 문항 단위로 채점하는 것이 일관성 유지에 효과적이다.

논문형 문항 출제 시 여러 문항 중에서 택해서 쓰도록 하는 형식은 피하는 것이 좋다. 이유는 전혀 다른 교수 목표를 각각의 학생에게 요구하는 모양새가 되며, 각 문항에 응답한 결과의 가비교성(可比較性)을 상실하기 때문이다. 또한 가능하면 채점 기준을 미리 제시하여 수검자가 어떻게 반응하는 것이 적절한지를 알고 응하게 하는 것이 바람직하다.

논문형은 어느 정도의 범위와 자유를 허용하는가에 따라 확장형과 제한형으로 분류된다. 제한형은 다시 분량 제한, 내용 범위 제한, 서술 양식 제한으로 분류된다.

예시)
① 확장형
　　다음 글을 읽고 축약어 사용에 대하여 찬성 또는 반대하는 주장을 나름대로 전개하시오.

> 요즈음 우리 학생들은 축약어를 많이 사용하고 있다.
> 축약어 사용은 좋은 점도 있는 반면에 여러 가지 문제도 발생하고 있다.

② 분량 제한형

축약어 사용의 장점과 단점을 400자 이내로 작성하시오.

③ 내용 범위형

축약어에 대해 다음 항목에 따라 서술하시오.

- 축약어의 개념
- 축약어를 사용하게 된 사회적 배경과 축약어가 사용되는 예시
- 장점과 단점

④ 서술 양식 제한형

축약어 사용에 찬성하는지, 반대하는지 입장을 밝히고, 최소한 3개의 논의점을 가지고 자신의 입장을 밝히시오.

수행평가, 논술평가

수행평가(遂行評價, Performance Assessment)는 학습자의 학습 과제 수행 과정 및 결과를 직접 관찰하고, 그 관찰 결과를 전문적으로 판단하는 평가 방법이다. 논술평가는 서술형·논술형(essay type) 평가로 학생의 반응 자유도가 높으면서 응답해야 할 분량이 많은 평가이다.

수행평가

수행평가는(학생이 만든 산출물이나 실제 수행하는 과정을 통해)지식, 기능, 태도에 대한 습득이나 실천 여부를 평가하는 것으로, 결과뿐 아니라 과정까지 평가한다. 수행평가는 기존의 지식 암기 중심, 결과 중심의 평가를 개선하려는 의미를 가지고 있기에 대안적 평가, 실제적 평가, 직접 평가, 과정 평가, 포트폴리오 평가 등 다양하게 사용할 수 있다. 이러한 수행평가는 적시(適時) 평가, 직접 평가, 질적 평가, 교사의 전문적 판단 평가, 협력적 상호작용 평가, 자유 형식 평가, 즉각적인 피드백 평가라는 기본 원리를 가지고 있다.

수행평가를 효율적으로 활용하기 위해서는 기본 원리에 충실해야 한다. 수업 과정에서 적시에 직접, 질적인 평가를 하며, 교사의 전문적 판단과 인지적 협력을 바탕으로 다양한 유형의 평가를 실시하여 즉각적인 피드백을 하는 것이다.

1) 평가 방법

구술

수행평가의 가장 오래된 형태로, 특정 내용이나 주제에 관해 자신의 의견이나 생각을 발표하여 학생의 준비도, 이해력, 표현력, 의사소통 능력, 판단력 등을 직접 평가하는 방법이다. 특정 주제에 관해 학생에게 발표 준비를 시키고 발표를 평가하거나, 미리 평가 범위만 제시하고 교사가 질문하고 학생이 답변하게 하여 평가한다.

토의·토론

교수·학습 활동과 평가 활동을 통합적으로 수행할 수 있는 평가 방법으로 서로 다른 의견을 제시할 수 있는 특정 주제에 대해

학생들이 서로 토의·토론하는 것을 관찰하여 평가한다. 수행평가
에서는 찬반 토론법을 주로 사용하는데, 개인별 또는 집단별로 찬
반 토론을 하게 하고, 토론하는 과정에서 학생이 사전에 준비한
자료의 다양성, 적절성, 충실성, 내용의 논리성, 상대방의 의견을
존중하는 태도, 진행 방법 등을 종합적으로 평가하는 방법이다.

프로젝트

특정 연구나 과제 등을 수행하도록 한 후, 과제를 수행하기 위
한 계획 단계부터 완성 단계까지의 전 과정을 결과물과 함께 종
합적으로 평가하는 방법이다. 결과물과 함께 계획 단계부터 결과
단계에 이르는 전 과정을 중시하여 평가한다.

실험·실습

과학 분야에서 많이 사용하는 평가 방법으로 특정 과제에 대해
가설을 세운 후, 학생이 직접 실험·실습을 하여 그에 대한 과정
이나 결과에 대한 보고서를 쓰고, 제출한 보고서와 함께 교사가
관찰한 실험·실습 전 과정을 종합적으로 평가하는 방법이다. 실
험·실습을 위해 지식을 적용하는 능력, 기자재 조작 능력, 협력
하여 문제를 해결하는 태도 등을 포괄적이면서도 종합적으로 평
가한다.

포트폴리오

학생이 산출한 작품들을 체계적으로 모아서 만든 작품집이나 서류철 등을 이용한 평가 방법이다. 학생은 자신이 만든 포트폴리오를 통해 자신의 변화 과정을 살펴볼 수 있으며, 자신의 장점과 단점은 물론 성실성, 잠재 가능성 등을 스스로 인식할 수 있다. 교사는 학생의 과거부터 현재까지의 변화를 쉽게 파악할 수 있어서 학생에게 유용한 피드백을 제공할 수 있다. 일회적인 평가가 아니라, 학생 개개인의 변화와 발전 과정을 종합적으로 평가하므로 전체적이면서 지속적으로 평가하는 것을 강조한다.

관찰

가장 보편적으로 이용하는 평가 방법으로 교사가 제3자의 입장에서 관찰을 통해 일어난 사건이나 행동에 대한 짧은 이야기로 기록하는 일화 기록법, 평가 및 분석해야 할 항목이 누락되지 않도록 체크리스트로 만들어 평가하는 체크리스트법, 객관적인 가치 척도에 근거하여 평정을 기록하는 평정척도법, 특정 상황을 비디오로 녹화한 후 분석하는 방법 등이 있다. 특정 상황에서 발생하는 행동을 자세하고 정밀하게 탐구하기 위해 모든 신체적 기능과 측정 도구를 이용할 필요가 있다.

자기평가 및 동료평가

자기평가(self-evaluation)는 학생이 특정 주제나 교수·학습 영역에 대한 학습 과정이나 결과에 대한 자기 평가지를 작성하여 제출하면 교사가 이것을 보고 평가하는 방법이다. 학습자 자신의 학습 준비도, 동기, 성실성, 만족도, 동료와의 관계, 성취수준 등에 대해 생각하고 반성하는 기회를 제공하며, 동시에 교사의 평가가 타당하였는지 비교·분석해볼 수 있는 기회를 제공한다. 동료평가(peer-evaluation)는 학생들이 서로 상대방을 평가하여 작성한 평가지를 보고 교사가 평가한다. 학생 수가 많아 교사 혼자의 힘으로 모든 학생을 제대로 평가하기 어려울 때 동료평가와 비교하여 사용한다면 교사의 주관성을 배제하면서 성적 처리 방식에 대한 공정성도 확보할 수 있다.

실기시험

종래의 실기시험은 평가가 이루어지는 상황이 통제되거나 강요되는 경우가 많았으나 수행평가에서의 실기시험은 자연스러운 상황에서 이루어진다. 과학이나 예체능 분야에서 주로 사용하는 방법으로, 학생의 지식이나 기능을 직접 행동으로 나타내거나 작품을 만들어내는 기능을 측정하는 평가 방법이다.

연구 보고서

학생의 능력이나 흥미에 적합한 주제를 교과별 또는 교과 통합으로 제시하면 학생 나름대로 자료를 수집하고 분석, 종합하여 연구 보고서를 작성, 제출하여 평가하는 방법이다. 연구의 주제나 범위에 따라 개인적으로 하거나, 관심 있는 학생들이 모여 단체로 할 수도 있다.

역할놀이

학생이 특수한 상황에 처한 것처럼, 또는 특정 역할을 실행하도록 함으로써 자신이나 상대방의 가치관, 신념, 감정 등을 명확하고 깊이 있게 이해할 수 있도록 하는 실천적인 평가 방법이다. 특히 학생이 자신과 다른 사람의 역할을 실연하면서 인간 행동의 다양성과 유사성을 배우고 이것을 실제 장면에 적용할 수 있다.

면접

교사와 학생이 서로 대화를 통해 얻고자 하는 자료나 정보를 수집하여 평가하는 방법이다. 구술평가가 주로 인지적인 영역을 중심으로 이루어지는 평가라면 면접은 주로 정의적인 영역이나 신체적인 영역에 대한 것을 평가한다. 한 명의 교사와 한 명의 학생이 일대일로 하는 면접, 한 명의 교사와 여러 명의 학생이 하는 일대 다수, 반대로 여러 명의 교사와 한 명의 학생이 하는 다수 대일 그리고 다수 대 다수가 하는 면접 등이 있다.

기타

창의력이나 문제해결력 등 고등 사고력의 신장을 중시하고, 교수·학습 과정을 개선하며, 학생 개개인에게 지도 조언을 하기 위한 목적의 평가라면 어떠한 방법도 수행평가에 포함될 수 있다. 앞에서 제시한 방법 외에도 전시회, 현장조사, 작품 감상, 발표 대회, 협력학습, 신문활용교육 등 다양한 방법이 가능하다.

2) 문항 제작 원리

성취기준 분석

교육과정-교수·학습-평가가 일관성을 갖추려면 교육과정의 성취기준 분석이 중요하다. 성취기준은 각 교과에서 학생들이 성취해야 할 지식, 기능, 태도 등의 특성을 진술한 것으로, 교수·학습 및 평가의 실질적인 기반이 된다. 성취기준은 해당 교육과정 내용, 성취수준과 연계되므로, 평가 계획을 수립하기 전에 분석이 필요하다. 하나의 수행평가에 반드시 하나의 성취기준만 고려할 필요는 없다. 비슷한 수행 능력을 요구하는 성취기준끼리 통합하거나 재구성하여 평가를 계획하면 보다 유의미한 수행평가를 시행할 수 있다.

평가 계획 수립

교수·학습 계획과 함께 학기초에 학기 단위 평가 계획을 수립한다. 교과협의회 또는 학년협의회의 논의를 거치는 것이 평가의 신뢰성을 위해 바람직하다. 학기 단위로 수립하는 계획에는 수행평가의 영역, 방법, 횟수, 기준 등과 성적 처리 방법 및 결과의 활용 등을 포함해야 한다. 성취기준을 분석해 평가 유형을 결정하고, 평가 시기와 횟수, 수행평가의 채점 기준 등을 논의한다. 특히 특정 시기에 여러 교과의 수행평가가 집중되지 않도록 고려한다.

수행평가의 과제와 채점 기준 개발

실생활에서 발생할 수 있는 문제 상황을 반영하고 다양한 지식, 기능, 태도를 통합적으로 활용하는 과제, 수행평가 과정에서 학습과 성장의 기회를 제공하는 과제, 문제해결을 위해 다양한 시도와 노력을 할 수 있는 과제를 개발한다. 수행 결과뿐 아니라 과정에 초점을 두고 평가할 수 있는지, 수행평가 과제가 수업의 일환으로 가능한지 검토하며, 성별과 지역, 문화적인 측면에서 특정 학생에게 유리하거나 불리하지 않은지, 학생의 참여 동기와 흥미를 고려하였는지, 학교의 여건에서 실행 가능한지 등을 고려한다. 아울러 토의·토론 수업, 협동학습, 프로젝트 수업 등의 교수·학습 방법에 따라 과제 수행에 필요한 시간, 참여 방법, 산출물의 형태 등을 고려한 세부 과제를 작성한다. 성취기준의 적합성, 평가 방법의 타당성, 평가 시행 가능성 등을 검토하고 수정한 후에 수행평가 과제를 확정한다.

채점 과정에서는 채점자의 주관적인 판단이 개입되기 쉬우므로 채점의 일관성을 확보하기 위해 수행평가의 대상이 되는 수행 과정이나 산출물의 질을 구별하기 위한 일련의 지침인 채점 기준이 필요하다. 채점 기준에는 과제 수행의 판단 준거인 지식, 기능, 태도의 구체적인 평가 요소, 성취수준의 평정을 위한 평가 요소별 척도(배점), 평가 요소에 근거하여 학생의 수행 수준을 구별할 수 있는 세부적인 내용이 들어가야 한다.

채점 방식에는 총체적 루브릭(holistic rubric)과 분석적 루브릭(analytic rubric)이 있다. 총체적 루브릭은 학생의 수행 과정 혹은 결과물에 대해 전체적인 과정 혹은 결과물에 초점을 맞추어 평가하는 방식이며, 분석적 루브릭은 학생의 수행 과정 혹은 결과물의 평가 범주를 구분하고 범주별 수행 능력을 기술한 후, 그 기준에 맞춰 평가하고 평가 결과를 합산하여 학생의 수행 능력을 판단하는 방식이다.

총체적 루브릭은 산출물에 대한 전반적인 인상을 바탕으로 전체 요소의 단일 점수를 산출하고 학생의 성취도를 등급으로 분류하거나 순위를 구별할 때 유용하지만 학생이 수행을 향상시키기 위해 무엇을 해야 하는가에 대한 정보를 제공하는 데에는 한계가 있다. 분석적 루브릭은 학생의 강점과 약점을 파악할 수 있는 진단적 분석이 용이하고 학생의 학습을 점검, 개선할 수 있는 형성적 피드백을 제공할 수 있으며, 채점자 간 일관된 채점이 가능하나 채점 시간이 많이 소요되는 단점이 있다.

채점 기준과 함께 예시 답안을 만들면 평가 도구의 적절성을 검토할 수 있고, 이후 실제 채점 과정에서도 보다 신뢰할 수 있는 효율적인 채점을 진행할 수 있다. 예시 답안 개발이 어려울 경우 채점 기준을 최대한 상세하게 작성하면 수행평가의 타당성과 신뢰성 확보가 가능하다.

수행평가 실시 및 채점하기

수행평가를 실시하기 전, 교사는 미리 학생에게 수업의 흐름과 내용, 수행평가 과제, 채점 기준 등을 안내한다. 사전 안내를 통해 학생은 성취기준을 인식할 수 있고 수행평가를 준비할 수 있다. 수행평가를 실시하면서 교사는 학생의 수행 과정을 관찰하고 평가한다. 이때 교사의 평가뿐 아니라, 학생도 자기평가나 동료평가를 실시할 수 있다. '상, 중, 하' 또는 4점, 6점 등으로 점수를 부여하는 경우, 각 수준이나 점수 간의 변별 지점을 정확하게 파악할 수 있도록 채점 기준을 토대로 하여 전문적으로 판단해야 한다.

수행평가의 특성상 평가자의 주관성이 개입될 수 있기 때문에 평가의 신뢰성과 공정성을 높이기 위해 교사들 간 채점 기준에 대한 공유와 합의 과정이 필요하다. 교사뿐 아니라 학생을 평가자로 투입시켜 채점의 신뢰성을 높일 수 있다. 교사가 여러 명을 채점할 때는 일관성을 유지하기 위한 노력을 기울여야 하며, 동일한 수행평가 과제를 여러 명의 교사가 채점하는 경우, 사전에 채점 기준을 충분히 공유하여 채점자들 간 차이를 줄이는 노력이 필요하다. 교사는 다양한 방법으로 학생들의 수행 과정을 관찰하고 기록해야 한다. 하나의 도구로는 모든 것을 평가할 수 없기에 학생의 변화와 성장 자료를 다각적으로 수집하여 학생의 성장을 도 와야 한다. 그러므로 평가의 목적, 수행의 성격, 시간 등의 실제 여건과 평가 맥락에 따라 기록 방법을 선택하고 결정하여 미리 기 록지를 준비하는 것이 좋다.

채점이 완료되면 학생들에게 채점 결과를 공개하고 이의 신청 과 처리, 확인 과정을 거친다. 학생이 평가 결과에 대한 이의를 제 기한 경우 면밀히 검토하여 적절한 조치를 취하도록 한다.

수행평가 피드백

피드백은 학생의 현재 수준과 도달해야 할 수행 수준 간의 차이 를 자세하게 알려주어 학생의 학습과 성장을 지원하고 교사의 수 업과 평가의 질을 개선하는 과정이다. 피드백은 수행 결과에 대 한 것뿐 아니라 수행 과정에 대한 피드백을 함께 제공해야 한다. 과정에 대한 피드백은 학생이 과제를 수행하는 환경 또는 학생들 간의 관계 속에서 피드백을 제공하는 것으로, 수행 과정에 대한 정보를 제공함으로써 원인을 파악하는 것이 용이해 결과에 대한 피드백보다 보정의 효과가 뛰어나고 학생들이 각자 학습 전략을 수립하는 데도 효과적이다. 결과에 대한 피드백은 과제를 얼마나 잘 수행했는지, 평가 결과 성취도가 어떠한지를 중심으로 피드백 을 제공하는 것으로 각각의 구체적인 개별 과제에 대해 즉각적으 로 피드백을 제공할 수 있다. 아울러 인지적 측면과 정의적 측면 의 피드백을 실시하는 것도 중요하다.

수행평가 결과 기록

수행의 최종 결과를 학생에게 제공하고 함께 의사소통하는 과정이 필요하다. 이러한 과정은 평가 결과와 학습을 연결하는 역할을 한다. 평가 결과의 기록은 학생의 학습과 성장을 돕는 방향으로, 학습 동기를 긍정적으로 신장시킬 수 있어야 한다. 학생의 수행 과정에 대한 관찰 및 누가 기록을 바탕으로, 학생의 성취수준 및 학습활동의 참여도 등 특기할 만한 사항을 기록한다.

논술평가

논술평가, 즉 서술형·논술형 평가는 학생의 반응 자유도가 높으면서 응답해야 할 분량이 많은 평가 방법이다. 일반적으로 서술형과 논술형을 혼용하여 사용하고 있으나, 굳이 분류하자면 서술형은 서술해야 하는 분량이 적고 채점할 때 서술된 내용의 깊이와 넓이에 주된 관심을 둔다.[11] 그 반면에 논술형은 학생이 자신의 생각이나 주장을 나름대로 논리적으로 설득력 있게 조직하여 작성해야 함을 강조하는 평가라 할 수 있다.[12] 논술평가는 주어진 질문에 여러 문장으로 응답하는 형태로, 학생이 문제에 접근하는 방식, 정보를 활용하는 방식, 답을 구성하는 방식 등에서 크게 제한을 두지 않기 때문에 학생의 분석력, 비판력, 조직력, 종합력,

---

11. 김석우·박상욱·김윤용·장재혁, 〈중등교사 평가 전문성 제고방안: 서술형 평가 및 수행평가 중심으로. 수탁연구〉, CR 2015-24, 한국교육개발원, 2015
12. 김대현·김석우, 《교육과정 및 교육평가》, 학지사, 2011

문제해결력, 창의력 등을 측정하는 데 유용하다.

1) 평가 기법

학생의 반응 허용 정도가 어떠한가에 따라 응답 제한형과 응답 자유형(확대 반응형), 문항에 답안 작성과 관련한 자료나 정보를 포함시켜 제시하는가의 여부에 따라 단독 과제형과 자료 제시형, 그리고 문항을 통해 측정하고자 하는 평가 내용이 무엇인가에 따라 일반 쓰기 능력형과 교과 관련 능력형으로 구분할 수 있다.

응답 제한형

학생의 반응 허용 정도가 제한된 것으로, 반응의 내용과 형식을 구체적으로 지시하여 제한된 방향으로 답을 구성하도록 하는 형태이다. '지식' 수준 측정보다는 '이해' 수준 이상의 행동을 측정하고, 그 답은 학생의 언어로 표현해야 한다. 주요 특징으로는 첫째, 문장 표현력이 아닌 학생 성취도를 측정하는 데 주로 사용한다. 둘째, 일반적이고 포괄적인 주제가 아닌 구체적인 문제를 주고 학생이 필요한 정보를 적절한 방법으로 조직하여 논리적으로 합당한 결론에 도달하도록 한다.

응답 제한형의 종류에는 응답을 제한하는 방식에 따라 분량 제한형, 내용 범위 제한형, 서술 양식 제한형으로 분류할 수 있다. 분량 제한형은 진술 요소의 수, 답안의 길이(문장 수, 글자 수, 또는 행 수) 등에서 물리적 제한이 있는 유형이다. 내용 범위 제한형은 응답할 내용의 범위를 제한하는 유형이다. 서술 양식 제한형은 응답할 서술 양식을 제한하는 유형이다.

응답 자유형(확대 반응형)

응답의 내용 범위, 서술 양식, 답안의 길이에 제한이 적다. 답안의 최대 길이가 학생 개개인의 능력 수준과 시험 시간에 의해서만 간접적으로 제한을 받는 형태이다. 주요 특징으로는 첫째, 학생이 조직화된 방법으로 자신의 생각을 '응답 제한형'에 비해 자유롭게 표현한다. 둘째, 응답 제한형에 비해 더 도전적인 유형으로 중요한 학습목표 성취 정도를 직접적으로 파악하고 개인적 특성을 나타내게 하는 데 유용하게 활용된다.

단독 과제형

자료나 정보를 제시하지 않고 특정 질문에 응답하는 형태이다. 흔히 '논술형'이라고 할 때 가장 보편적으로 사용하는 것으로, '응답 자유형'과 밀접한 관련이 있다.

자료 제시형

학생이 읽을 자료를 문항 속에 제시하고 그것을 바탕으로 응답하는 형태이다. 응답 자유형보다는 '응답 제한형'과 관련이 깊다.

일반 쓰기 능력형

작성할 내용이 학생의 표현력(expressive writing skill)과 관계된 유형으로, 보통 기본적인 의사소통 능력을 요구한다. 일반적인 상식을 알고 있으면 누구나 답을 쓸 수 있도록 출제하고, 경우에 따라서는 필체, 어휘, 철자, 문법 등은 평가하지 않는다. 주어진 주제를 어떻게 지각하고 해석하며 분석, 정리, 구성해서 논리적으로 표현하는지를 주된 평가의 내용으로 한다.

교과 관련 능력형

작성할 내용이 특정 교과와 직접 관련되어 있거나 범교과적인 성질을 띠는데, 주로 사고 능력을 평가하는 내용을 포함한다.

2) 문항 제작 원리

논술평가 역시 일반적인 평가 문항을 개발하는 절차에 따라 제작하게 된다. 평가 문항 개발이 반드시 정해진 절차를 따라야 하는 것은 아니지만, 일반적으로 평가 목표를 설정하고 설정한 목표에 따라 문항을 제작한 후, 채점 기준과 예시 답안을 작성하고, 문항을 검토하여 수정하는 과정을 거치게 된다. 문항 제작 절차를 분명히 하는 것은 평가의 논리적 합당성과 결과의 타당성을 검토하는 중요한 기준을 제시하기 때문이다.

평가 목적 설정

평가 도구를 제작하기 위해서는 달성하려는 교육목표가 무엇인지 분석하는 작업이 선행되어야 한다. 구체적으로 분석된 교육목표 및 내용을 평가 목표로 선정하기 위해서는 그 목표와 내용을 평가하기 적합하도록 진술해야 한다. 즉, 목표와 내용을 구체적으로 진술하여 '각 목표에 대해 어느 정도로 성취해야 목표를 달성한 것으로 보느냐에 대해 수락할 수 있는 최저 성취기준을 제시하는 것'이 필요하다.[13]

평가 청사진 작성

① 사용 어휘 수준, 지문, 응답의 허용 범위 등을 선정하고 결정하기 위해 평가 대상의 특징과 수준을 파악한다.

② 평가 목표와 성취기준의 달성 여부를 확인할 수 있는 내용·행동 영역을 유목화하고 문항 수, 척도(배점), 평가 시기 등을 계획한다.

③ 문항 설계와 채점 기준 작성 등에 활용할 성취기준을 분석하고 성취수준을 세분화한다.

④ 출제 계획에서 평가 요소와 행동 영역을 선정하고 이원분류표를 작성하여 평가 목표를 구성한다.

13. 박도순·홍후조, 《교육과정 교육평가》, 문음사, 2005

문항, 기본 답안, 채점 기준 초안 작성

각종 기법과 창의적인 아이디어를 최대한 발휘하여 평가 목표에 따라 구체적인 문항을 작성한다. 문항의 초안은 이미 설정된 평가 대상 목표의 도달 정도를 파악할 수 있는 문항으로, 최소한 최종 확정할 목표의 2배수 정도를 작성한다.[14] 이어 문항 초안에 대한 채점 기준이나 모범 답안을 작성하여 문항 초안에 따른 학생의 반응, 예측 가능한 반응, 답안 작성 시 유의해야 할 점, 답안 작성 소요 시간 등을 가늠해본다.

문항, 기본 답안, 채점 기준 검토 및 수정

학생의 입장에서도 문항, 답안, 채점 기준이 적절한지 검토하는 자세가 필요하다. 학생이 질문을 이해하여 출제자의 의도대로 응답이 가능한지 여부, 채점 기준의 명료성, 소요 시간의 적정성 등을 검토한다. 또한 경험 있는 현장 동료 교사, 평가 전문가 등과 여러 차례 논의를 거치면서 문항, 기본 답안, 인정 답안, 채점 기준을 수정 보완하여 완성한다.

평가 목표와 요소, 배점 안내

평가 목표, 평가 항목, 항목별 배점 등을 학생에게 안내하여 학생이 스스로 평가를 준비하도록 한다.

---

14. 박도순·홍후조, 같은 책, 380쪽

평가 시행, 초벌 채점 및 채점 기준 보완

평가를 실시하여 전체적인 답안의 응답 내용을 확인하고 답안지 중 일부를 채점해보고 채점자들 간 논의를 거쳐 채점 기준을 보완한다.

채점 및 확인

채점자 내, 채점자들 간 오류를 최소화하는 방향으로 채점하고 확인한다. 먼저 채점 기준을 사전에 명료히 하고 문항 단위로 채점을 한다. 학생(답안지) 단위로 채점을 하게 되면 어떤 문항의 점수가 앞뒤 문항의 응답 내용에 따라 영향을 받게 되는 경우가 많고 문항별 채점의 일관성을 유지하기도 어려우며 시간도 많이 소요되기 때문이다. 아울러 학생에 따라 서술하는 방법이 다르므로 응답의 내용이 다른 순서에 의하여 기술될 수 있기 때문에 답안지를 일차적으로 한 번 읽고 난 다음 구체적으로 채점하며, 출제자 외에도 여러 사람에 의해 채점이 이루어져야 한다. 또한 채점은 충분한 휴식을 취해가며 맑은 기분으로 차분하게 실시하며, 답안지에 있는 학생의 성명과 번호를 가리고 채점해야 한다.

피드백

채점 기준과 결과를 학생에게 안내하고 확인한다. 학생의 자율적인 확인 또는 상호 교환 확인 과정을 거침으로써 평가의 공정성과 객관성을 유지할 수 있다. 평가 결과는 학생에게는 앞으로의 학습 계획을 세우는 데 필요할 뿐만 아니라 교사에게는 교수·학습 방법을 개선하는 데 도움을 준다. 즉, 평가 결과에 기초하여 수업 계획을 수정·변경할 수 있고, 학생들의 장단점에 대한 개선안을 얻을 수 있다.

2부

초등 평가의 실행

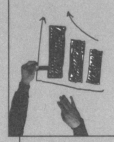

1장

통합교과

1

융합을 반영한,
통합교과 교수·학습 및 평가 방향

미래 사회는 사물, 공간 등 모든 것이 인터넷으로 연결되어 정보가 생성·수집되고 공유·활용되는 초연결 사회로 나아갈 것이다. 인간 대 인간은 물론 기기와 사물 같은 무생물 객체끼리도 네트워크를 바탕으로 상호 유기적인 소통이 가능해진다. 이로 인해 지식과 학문 간의 경계는 허물어지고, 특정 주제나 개념을 중심으로 한 융합과 통합이 활발히 이루어질 것이다. 이러한 흐름은 학교 교육과 교육과정의 변화로 귀결되며, 이에 따라 통합교육과정의 중요성은 더욱 커진다고 할 수 있다.

통합교육과정은 서로 다른 학습 경험들이 관련성을 가지고 연결되어 전체로서의 학습이 이루어지도록 구성한 것으로 지식, 기능, 태도를 통합적으로 학습하게 한다. 이는 저학년 학생의 발달 및 학습 특성에도 부합하는 것으로 인식되고 있다.

이에 '바른 생활', '슬기로운 생활', '즐거운 생활'과의 교수·학습은 2009 개정 교육과정부터 주제별 교과서가 도입되어 하나의 주제를 중심으로 세 교과를 통합하여왔다. 2015 개정 교육과정에서는 대주제(영역) 명칭이 '학교와 나'→'학교', '이웃'→'마을', '우리나라'→'나라'로 조정되고, 대주제별로 4개씩이던 소주제는 2개씩으로 축소되었다(33개→16개). 따라서 한 단원에 하나의 소주제를 담아 한 달 동안 해당 주제에 몰입하여 학습하고 평가할 수 있는 체제로 변화하였다.

1~2학년 통합교과는 별도의 교육과정 재구성 없이도 교사가 손쉽게 주제 중심 학습을 진행할 수 있도록 되어 있다. 각 주제별로 바른 생활, 슬기로운 생활, 즐거운 생활 교과의 특성을 지닌 내용과 방법들이 성취기준에 맞춰 구성되어 있기 때문이다. 예를 들어 '가족과 친척'이라는 주제를 학습할 경우, 학생들은 바른 생활에서는 가정에서의 예절을, 슬기로운 생활에서는 가족 및 친척과의 관계, 가족 행사 등에 대해 배운다. 즐거운 생활에서는 가족에 대한 마음 표현하기, 가족 활동 및 행사를 다양한 형태로 표현하는 예술 활동 등을 실시한다.

통합교과의 교수·학습 방향을 보다 구체적으로 살펴보면 다음과 같다.

첫째, 통합교과 수업은 한 달 동안 하나의 주제를 학습하기 때문에 각 차시 수업이 일관성 있게 진행되도록 구성해야 한다. 바른 생활, 슬기로운 생활, 즐거운 생활의 3개 교과를 횡적으로 연계하고, 주제에서 벗어나지 않게 각 교과의 성취기준을 분석하여 차시별로 1개 교과, 혹은 2개 교과를 포함하여 수업을 구성한다.

예를 들어 '봄 동산'이라는 단원을 학습하는 경우, '[2슬02-03] 봄이 되어 볼 수 있는 다양한 동식물을 찾아본다.'라는 성취기준에 따라 슬기로운 생활에 적합한 교수·학습 모형을 적용하여 봄에 볼 수 있는 동식물을 관찰하는 활동을 한다. 반면에 '[2바02-02] 봄에 볼 수 있는 동식물을 소중히 여기고 보살핀다'와 '[2즐02-03] 봄에 볼 수 있는 동식물을 다양하게 표현한다.'라는 2가지 성취기준을 가져와 바른 생활과 즐거운 생활을 통합하여 지도할 수도 있다.

둘째, 단원의 주제를 일방적으로 제시하기보다는 주제를 공유하고 흥미를 유발할 수 있는 시간을 반드시 갖는다. 하나의 주제로 대략 40차시 정도를 진행하기 때문에 학생들이 주제에 대해 관심이 없거나 이해가 충분하지 못하면 수업 참여도가 낮고 배움의 효과도 기대할 수 없기 때문이다.

셋째, 제시된 차시들을 학생들과 함께 살펴보고 학생들의 상황과 경험에 맞게 재구성한다. 통합 교과서는 성취기준을 중심으로 일반적이고 표준적인 차시들로 구성되어 있다. 학교마다 처한 상황과 학생들의 특성이 다르기 때문에 표준적인 차시들은 학생 수준에 맞게 재구성할 필요가 있다. 또는 학생들이 하고 싶어 하는 활동에 대해 이야기하며 이를 차시 계획에 반영하도록 한다. 예를 들어, '학교에 가면'이라는 단원을 보면 학교 시설과 운동장을 둘러본 후, 운동장의 놀이 시설을 활용하여 친구와 놀이를 하는 차시가 있다. 그러나 운동장에 놀이 시설이 없거나 운동장을 사용하는 것이 어렵다면 다른 차시에 포함시켜 운영할 수 있다. 즉,

'안녕' 노래를 하며 친구와 인사 놀이를 하는 차시에 놀이 활동을 추가 편성하거나, 학생들의 흥미와 의견을 반영하여 창의적인 놀이로 바꿔 구성할 수도 있다.

마지막으로, 통합교과에서 제시한 중점 교과 역량을 고려하여 교수·학습을 실시한다. 통합교과에서는 2015 개정 교육과정 총론에서 제시한 핵심 역량 6개를 바른 생활, 슬기로운 생활, 즐거운 생활에서 가르쳐야 할 교과 역량으로 제시하였다. 이러한 교과 역량은 단원마다 집중적으로 지도할 중점 역량으로 분류하여 차시 학습에 활용하도록 하였다. 구체적인 핵심 역량은 다음에 나오는 [표 1]과 같다.

이렇듯 교수·학습이 주제별 교과서를 활용하여 주제 중심 통합학습을 한다고 해도 평가는 기본적으로 바른 생활, 슬기로운 생활, 즐거운 생활을 중심으로 한다. 그리고 평가해야 할 우선적인 대상은 각 교과 교육과정에서 제시하는 성취기준과 역량들이다. 2015 개정 교육과정에서 제시하는 성취기준은 1~2학년군 교과별 33개씩, 총 99개에서 81개(바른 생활 17개, 슬기로운 생활 32개, 즐거운 생활 32개)로 축소되었다.

평가를 실시하려면 먼저 바른 생활, 슬기로운 생활, 즐거운 생활의 각 성취기준을 확인해야 한다. 성취기준을 그대로 평가 기준으로 설정하여 실시하거나, 하나의 성취기준을 2개 이상으로 구체화할 수도 있다. 또는 몇 개의 성취기준을 통합하여 하나의 평가 기준으로 정할 수도 있다.

[표 1] 통합교과 관련 핵심 역량

역량	의미	대주제 관련성	교과서 용어	교과서 단원
자기 관리 역량	• 바른 생활: 일상생활을 하는 데 필요한 기본 생활 습관 및 기본 학습 습관을 형성함으로써 변화하는 사회에 유연하게 적응하며 살아갈 수 있는 능력	학교, 가족, 여름, 겨울	알아서 척척	봄 2-1 1. 알쏭달쏭 나
지식정보처리 역량	• 슬기로운 생활: 주변에 관심을 갖고 여러 가지 자료를 수집, 분류, 이해할 수 있는 능력	봄, 마을	자료를 찾아요	봄 1-1 2. 도란도란 봄 동산 가을 1-2 2. 현규의 추석 가을 2-2 1. 동네 한 바퀴
창의적 사고 역량	• 슬기로운 생활: 주변에 관심을 갖고 다양한 현상과 관련지어 창의적으로 생각할 수 있는 능력 • 즐거운 생활: 주변의 대상과 현상, 문화 등에 대해 창의적으로 생각하고 소리, 이미지, 움직임 등에 대한 자신의 생각과 느낌을 새롭고 융합적으로 표현할 수 있는 능력	학교, 가족, 가을	다르게 생각해요	여름 1-1 1. 우리는 가족입니다 봄 2-1 2. 봄이 오면 겨울 1-2 2. 우리들의 겨울 겨울 2-2 2. 겨울 탐정대의 친구 찾기
심미적 감성 역량	• 즐거운 생활: 일상생활에서 아름다움과 즐거움을 느끼고, 여러 가지 자료와 매체, 도구 등을 사용하여 소리와 이미지, 움직임 등에 대해 다양한 감각을 발달시키는 능력	나라	마음으로 느껴요	여름 1-1 2. 여름 나라 여름 2-1 2. 초록이의 여름 여행 가을 2-2 2. 가을아 어디 있니
의사 소통 역량	• 바른 생활: 가족, 학교, 지역사회 구성원의 의사를 이해하고 소통하며, 자신의 생각을 알고 상황에 맞게 효과적으로 표현할 수 있는 능력	가족, 나라	생각을 나누어요	봄 1-1 1. 학교에 가면 겨울 1-2 1. 여기는 우리나라

| 의사
소통
역량 | • 슬기로운 생활: 주변을 탐구
하는 과정에서 다른 사람들과
의견을 나누고, 그 결과를 공유
할 수 있는 능력
• 즐거운 생활: 소리, 이미지,
움직임 등을 활용하여 자신의
생각과 느낌을 표현하고 타인
의 표현을 이해하며 서로 소통
할 수 있는 능력 | | | 겨울 2-2
1. 두근두근 세계여행 |
| 공동체
역량 | • 바른 생활: 가족, 학교, 지역
사회, 국가의 구성원으로서 요
구되는 가치와 태도를 받아들
이고 공동체의 일원으로 주변
사람들과 원만한 관계를 형성·
유지하고 상호 작용할 수 있는
능력 | 학교,
가족,
여름,
겨울 | 우리
함께
해요 | 가을 1-2
1. 내 이웃 이야기
여름 2-1
1. 이런 집 저런 집 |

출처: 초등학교 교사용 지도서 《바른 생활, 슬기로운 생활, 즐거운 생활》, 15쪽

　평가 기준이 정해지면 그 기준에 가장 적합한 평가 활동을 구상하고 이를 수업 중에 제시한다. 이때 평가 활동의 종류, 형태, 수준 등은 1~2학년 학생의 특성 및 발달 상황을 고려하여 신중히 결정해야 한다. 교사의 욕심으로 평가 활동이 너무 많거나 수준이 높으면 학생들의 참여도가 낮고 평가 과제를 올바로 수행하기 어렵다. 다음으로, 가능하면 평가를 위한 명시적인 루브릭을 만들어 공개한다. 루브릭은 학생의 성취 여부를 명확히 진단하고, 평가가 완료되면 학생에게 올바른 피드백을 제공하는 데 도움을 주기 때문이다. 이러한 평가 활동은 수업과 분리된 평가가 아닌, 수업 과정 중에 실시되는 과정 중심의 평가를 가능하게 한다.

1학년 평가 계획: 학교, 가족, 마을, 나라

1학년의 통합교과 교과서는 모두 4권이다. 1학기 교과서는 '봄'과 '여름'이며, 2학기는 '가을'과 '겨울'이다. 먼저 1학기를 살펴보면, 봄 교과서의 대주제는 '학교'와 '봄'이며 여름 교과서의 대주제는 '가족'과 '여름'이다. 구체적인 구성은 다음의 [표 2]와 같다.

[표 2] 1학년 1학기 주제별 교육과정

봄 교과서			여름 교과서		
대주제 (영역)	소주제	중점 역량	대주제 (영역)	소주제	중점 역량
학교	학교와 친구	의사소통 역량	가족	가족과 친척	창의적 사고 역량
봄	봄 동산	지식정보처리 역량	여름	여름 맞이	심미적 감성 역량

1학년 1학기는 학교에 입학하여 낯선 교실 환경과 학교생활에 적응하고 친구와의 관계를 형성하는 데 중요한 시기이다. 따라서

학교생활에 필요한 규칙과 약속을 배우고, 친구와 친해질 수 있는 다양한 놀이 활동에 중점을 둔다. 또한 가족과 친척을 주제로 지켜야 할 예절, 가족의 특징, 고마운 마음 표현하기 등을 학습한다. 계절로는 봄과 여름에 해당하므로 각각의 계절에 따른 자연환경을 관찰하고, 주변의 생활 모습을 익히며, 계절이 주는 느낌을 창의적으로 표현하는 학습을 한다.

4개 영역 중에서 '학교'와 '가족' 영역에 대한 수업 및 평가 과제를 예시로 제시하면 [표 3]과 같다.

[표 3] 1-1 '학교'와 '가족' 영역의 수행 과제

영역	성취기준	수업 구성 개요	수행 과제	단원	평가 유형
학교	[2바01-01] 학교생활에 필요한 약속과 규칙을 정해서 지킨다.	• 모둠 약속: 나무 만들기 • 학교 규칙: 팻말 만들기	함께 이용하는 장소에 규칙 안내 팻말을 만들어 붙이기	학교 1. 학교에 가면	자기평가·동료평가
가족	[2슬03-02] 나와 가족, 친척의 관계를 알고 친척과 함께하는 행사나 활동을 조사한다. [2즐03-02] 가족이나 친척이 함께한 일을 다양한 방법으로 표현한다.	• 사진들을 기준에 따라 분류하기 • 전시회를 위해 사진 작품 꾸미기	우리 반 '행복 가족사진 전시회' 열기	가족 1. 우리는 가족입니다	관찰평가·동료평가

'학교' 영역은 '학교와 친구'라는 주제를 중심으로 바른 생활의 '학교생활과 규칙', 슬기로운 생활의 '학교 둘러보기'와 '친구 관

계', 즐거운 생활의 '친구와의 놀이'·'교실 꾸미기'를 통합하여 배우는 단원이다. 갓 입학한 1학년 학생이 새로운 학교 환경에 익숙해질 수 있도록 여러 가지 학교생활에 필요한 기술과 태도를 지도하고, 학급 친구들과 편안하고 즐거운 관계를 형성하는 경험을 제공하는 것은 매우 중요하다. 이 단원에서 중점적으로 함양해야 할 역량은 의사소통 역량이며, 이는 누리 과정에서 '다른 사람과 더불어 생활하기' 내용과도 연계되어 있다.

수업 사례로는 '1단원. 학교에 가면'에 있는 차시를 제시하였다. 성취기준은 '[2바01-01] 학교생활에 필요한 약속과 규칙을 정해서 지킨다.'이며, 이를 바탕으로 평가 방향은 '학교생활에 필요한 규칙을 친구들과 이야기하면서 정할 수 있는가?'로 정하였다. 학교생활에 필요한 약속과 규칙을 스스로 정해보고 이를 평가하기 위해 바른 생활과 즐거운 생활을 통합하여 2차시로 구성하였다. 또한 규칙과 약속을 정할 때에는 학생 스스로 필요성을 인식하고 이를 자발적으로 실천하고자 하는 태도를 기르는 데 중점을 두어 계획하였다.

먼저 도입 부분에서는 '왜 마음대로 하면 안 돼요?'라는 동화를 읽어주면서 은봉이가 왜 수업 시간에 혼이 났는지, 은봉이는 어떤 규칙을 어겼는지 함께 이야기를 나누어본다. 동화 읽기를 통해 학교생활에서 규칙과 약속이 필요한 이유를 인식했다면, 전개 부분에서는 모둠 약속 나무 만들기 활동을 실시한다. 매일 같이 생활하는 모둠원끼리 불편하거나 언짢았던 경험들을 떠올리며 모둠 약속을 스스로 생각해본다. 그리고 각자 생각한 규칙을 포스트잇에 글씨나 그림으로 나타낸 후 이를 모둠 나무에 붙이고 함께 이야기를 나눈다. 모둠 약속 만들기는 이후에 제시될 수행 과제인 학교 단위의 규칙과 약속을 정하는 활동에 대한 준비 활동이라 할 수 있다.

이제 본격적인 활동에 앞서 수행 과제인 '함께 이용하는 장소에 규칙 안내 팻말을 만들어 붙이기'를 제시한다. 함께 이용하는 학교 시설인 교실, 복도, 화장실, 수돗가, 도서관, 계단, 운동장 등을 둘러보고 이곳에서 지켜야 할 약속이 무엇인지 생각해본다. 내가 선생님이라면 이러한 장소에 어떤 팻말을 만들어 붙이고 싶은지 생각해본다. 짝과 함께 고민해보고 주어진 종이에 간단한 그림이나 기호로 팻말 만들기를 실시한다. 1학년 학생들은 한글 쓰기가 어렵기 때문에 팻말에는 간단한 그림이나 기호로 표시할 수 있도록 한다. 그림이나 기호로 나타내는 데 도움이 될 수 있는 예시(교통표지판 등) 자료를 제시하면 훨씬 흥미를 갖고 적극적으로 활동할 수 있다.

만들기 활동이 끝나면 팻말 내용을 친구들 앞에서 발표하고, 친구들은 가장 좋은 팻말을 뽑는 활동을 한다. 마지막 정리 단계에서는 친구들이 만든 팻말을 보면서 발표를 듣고 평가를 실시한다. 또한 함께 만든 규칙과 약속을 실천하려는 마음을 다져본다. 다음의 [표 4]와 [표 5]는 GRASPS[1] 활용의 수행 과제와 수행평가지이다.

[표 4] 1-1 '학교' 영역의 GRASPS 활용 수행 과제

학년-학기	영역	단원	교과	교과서
1-1	학교	1. 학교에 가면	바른 생활·즐거운 생활	32~35쪽
성취기준	[2바01-01] 학교생활에 필요한 약속과 규칙을 정해서 지킨다.			
평가 대상	2인 1조		평가 유형	자기평가·동료평가

GRASPS를 활용하여 수행 과제 계획하기	
구분	내용
목표(G) goal	• 우리 학교 곳곳에 규칙을 안내하는 팻말을 만들어 붙이고자 합니다.
역할(R) role	• 규칙을 안내하는 팻말을 만들어야 합니다.
대상(A) audience	• 우리 학교 학생들이 보고 알기 쉽게 해야 합니다.
상황(S) situation	• 학기초를 맞이하여 친구들이 많이 들떠 있고 학교에서 지켜야 할 약속을 잘 모르거나 지키지 않아 다치는 친구들도 생겼습니다. 따라서 학교 곳곳에 함께 지켜야 할 규칙을 안내하는 팻말을 만들고 이를 붙이는 활동을 하려고 합니다.
수행(P) performance	• 짝과 함께 어떤 규칙이 필요한지 이야기를 나누고, 간단한 기호나 그림, 글씨를 이용하여 학교 시설에 필요한 규칙 안내 팻말을 함께 만듭니다.
기준(S) standard	• 팻말은 이렇게 만들어야 합니다. → 부착 장소에 알맞은 규칙을 나타내야 함 → 어떤 규칙을 의미하는지 이해할 수 있어야 함

수행 과제
새 학기를 맞이하여 안전하고 즐거운 학교생활을 위해 지켜야 할 규칙이 필요한 상황입니다. 우리 학교 곳곳에서 지켜야 할 규칙에는 무엇이 있을까요? 짝과 함께 필요한 규칙이 무엇인지 잘 생각해보고 그곳에 필요한 안내 팻말을 만들어보아요. 안내 팻말은 간단한 기호나 그림, 글씨를 이용할 수 있어요. 팻말을 본 친구들이 쉽게 이해할 수 있도록 만들어주세요.

분석적 루브릭		
항목 수준	의사소통	표현력
가중치	50%	50%
잘함	짝과 함께 우리 학교에서 필요한 규칙이 무엇이고 어떻게 표현할지에 대해 활발하게 이야기를 나눈다.	장소에 알맞은 규칙을 정하였고, 안내 내용이 무엇인지 이해하기 쉽게 표현한다.
보통	학교에서 필요한 규칙과 어떻게 표현할 것인지에 대해 간단하게만 대화한다.	장소에 알맞은 규칙을 정하였으나, 어떤 규칙인지 이해하는 데 시간이 걸린다.
노력 요함	의견을 활발하게 나누지 못하고 한 친구만 일방적으로 말하거나, 대화가 없다.	장소와 어울리지 않는 규칙을 정하였고, 표현력이 부족하다.

---

1. 2015 개정 교육과정은 이해 중심 교육과정에 기반을 둔다. 이해중심 교육과정은 학생의 이해를 개발하고 심화시키는 데 목적이 있다. 학생의 이해를 대변하기 위해서 수행 과제를 GRASPS에 기반하여 구성한다. GRASPS는 다음의 첫 글자들이다. G(goal, 목표), R(role, 역할), A(audience, 대상), S(situation, 상황), P(performance, 수행), S(standard, 기준)이다. GRASPS를 적용한 수행 과제를 참조하길 바란다.

[표 5] 1-1 '학교' 영역의 GRASPS 활용 수행평가지

수 행 평 가 지
1학년   반   번 이름(   )

단원명	1. 학교에 가면
과제명	함께 이용하는 장소에 규칙 안내 팻말 만들어 붙이기

수행 과제

새 학기를 맞이하여 안전하고 즐거운 학교생활을 하려면 여러 가지 규칙이 필요해요. 우리 학교에서 여럿이 함께 이용하는 장소는 어디인가요? 그리고 그곳에서 지켜야 할 규칙은 무엇일까요?
짝과 함께 어떤 규칙이 필요한지 생각해보세요. 그리고 안내 팻말을 만들어보아요. 안내 팻말은 간단한 기호나 그림, 글씨를 이용할 수 있어요. 팻말을 본 친구들이 쉽게 이해할 수 있도록 만들어주세요.

※ 함께 이용하는 장소에 필요한 규칙

장소	필요한 규칙	팻말 내용 (기호, 그림, 글씨 등)
예) 도서관		

[표 6] '학교' 영역 자기평가

※ 수업 시간에 짝꿍과 함께 어떻게 행동하였는지 생각해봅시다.

내용	해당하는 곳에 ∨표 하세요.
1. 규칙을 정하거나 팻말을 만들면서 짝꿍의 생각을 잘 들어주고 내 생각도 열심히 말하였나요?	
2. 짝꿍과 대충 이야기를 나누었나요?	
3. 둘 중 한 사람만 말하거나, 서로 이야기를 나누기가 어려웠나요?	

[표 7] '학교' 영역 동료평가

※ 친구들이 만든 팻말을 보고 그 밑에 ★ 스티커를 붙여주세요.

내용	스티커 개수
1. 장소에 어울리는 규칙을 정하고 이를 이해하기 쉽게 팻말로 만들었나요?	★★★
2. 장소에 어울리는 규칙을 정하였으나, 팻말을 알아보기가 좀 어려운가요?	★★
3. 장소에 어울리지 않는 규칙을 정하였나요?	★

이 차시에서는 학교에서 생활하는 데 왜 약속과 규칙이 필요한지 이해하기 위한 활동으로 시작했다. 동화를 읽으면서 약속의 필요성을 생각해보고 학교생활을 하면서 불편했던 점을 서로 이야기하게 함으로써 규칙 준수의 중요성을 인식하게 했다. 다음으로 친구들과 어떤 규칙이 필요한지 생각하면서 실제 학교생활에서 필요한 규칙을 정해보는 활동을 수행평가 과제로 제시하였다. 1학년 학생은 활동 반경이 넓지 않으나, 학년 초 학교를 둘러보며 학교에 어떤 시설들이 있는지 배우게 된다. 따라서 여럿이 함께 이용하는 장소에서 지켜야 할 규칙이 무엇인지 이야기를 나누어보는 활동이 가능하다. 이 과정에서 학생들은 친구와 활발히 의사소통을 하게 되며, 서로 아이디어를 교환하면서 자신들이 정한 규칙을 안내하는 팻말을 만들 수 있게 된다.

평가는 짝과 함께 활발히 의견을 나누었는지 자신을 돌아보며 실시하게 하였다. 또한 각자 만든 팻말을 친구들에게 보여주며 설명하게 하고, 다른 친구들로부터 평가를 받게 하였다. 간혹 짝과의 의사소통이 어려워 보이는 학생에게는 교사가 개입하여 어떤 문제가 있는지 물어보고 도움을 줄 수 있다. 또한 팻말의 그림이나 기호가 세련되지 못하더라도 또래 친구가 이해할 수 있는 수준이면 목표를 달성한 것으로 인정하도록 한다.

성취도가 우수한 학생에게는 학교 밖 여러 사람이 이용하는 장소에서 지켜야 할 약속이나 규칙을 찾아보고, 이를 어떻게 안내할지에 대한 추가 과제를 제시할 수 있다. 부족한 학생에게는 친구들과 의사소통 할 때 느끼는 어려움이 무엇인지 스스로 돌아보고 가정에 협조를 구하는 내용을 피드백으로 제공할 수 있다.

다음으로 '가족' 영역은 '가족과 친척'이라는 주제를 중심으로 바른 생활의 '가정 예절', 슬기로운 생활의 '가족의 특징'과 '가족·친척의 관계', 즐거운 생활의 '가족에 대한 마음 표현'과 '가족 활동 및 행사 표현'을 통합적으로 지도하게 되어 있다. 가족이라는 범위에는 함께 거주하는 가족만이 아니라 가족 행사에서 자주 만나게 되는 친척까지 포함되어 있다. 한 달 동안 학생들은 다양한 가족사진을 살펴보고 가족 간에 지켜야 할 예절을 학습한다. 친척과의 관계를 학습할 때에는 촌수나 호칭에 대한 이해와 더불어 친척과 함께하는 행사들을 조사하는 활동을 한다. 또한 가족과 친척에 대한 고마움과 소중함을 다양하고 특색 있게 표현해봄으로써 창의적 사고역량을 발휘하게 한다.

수업 사례로는 가족이나 친척이 함께하는 행사 사진들을 기준에 따라 분류해보고, 사진 작품을 만들어 전시하는 활동을 제시하였다. 구체적으로 살펴보면, 해당 단원은 '1단원. 우리는 가족입니다'이며 성취기준은 2가지로 '[2슬03-02] 나와 가족, 친척의 관계를 알고 친척과 함께하는 행사나 활동을 조사한다.'와 '[2즐03-02] 가족이나 친척이 함께한 일을 다양한 방법으로 표현한다.'이다. 이를 위해 슬기로운 생활과 즐거운 생활을 통합하여 2차시로 구성하였다. 평가 방향은 '친척과 함께하는 행사나 활동을 조사하여 다양하게 나타낼 수 있는가?'로 정하였다.

도입 단계에서는 명절 때 교사가 찍은 사진을 보여주면서 사진 속 가족이나 친척을 소개하는 활동을 한다. 선생님의 가족이나 친척 사진을 보여줌으로써 학생들의 흥미와 관심을 높일 수 있다.

전개 단계에서는 학생들이 가져온 가족 행사 사진의 일부분을 보여주고, 사진 속 행사는 어떤 행사인지, 장소는 어디인지, 어떤 사람들이 참석했는지 등을 알아맞혀보는 활동을 한다. 첫 번째 성취기준에서 '[2슬03-02] 나와 가족, 친척의 관계를 알고'는 이전 차시에서 배웠으므로 이에 대한 지식을 바탕으로 '친척과 함께하는 행사나 활동을 조사'한 결과물인 사진들을 함께 살펴보는 활동을 실시한다. 다음으로 본격적인 활동에 앞서 수행 과제를 제시한다. 두 번째 성취기준을 달성하기 위해 수행 과제는 '우리 반 행복 가족사진 전시회 열기'를 제시한다. 즉, 친구들이 가져온 사진들을 계절이나 행사별로 분류하여 전시하는 활동을 한다. 이를테면 교실 벽면을 봄, 여름, 가을, 겨울을 나타내는 4개 영역으로 분류하여 전지를 붙인다. 친구들과 함께 사진들을 살펴보고 계절별로 분류하는 활동을 한다. 사진을 붙이기 전에 각 사진의 특징이 잘 드러나도록 다양한 방법으로 사진 액자 모양이나 틀을 꾸며본다. 사진에 대한 간단한 설명(제목, 소개 내용)을 작성하여 액자 하단에 붙여볼 수도 있다. 완성된 사진 작품을 벽면에 붙인 후, 반 친구들과 작품을 보면서 이야기를 나눈다.

정리 단계에서는 전시된 사진 작품에 대한 의견을 발표해본다. 또한 가족 행사의 특징을 잘 살린 사진 작품을 찾아서 스티커를 붙이며 동료평가를 실시한다. 여기에서 제시한 수업과 평가를 위해서는 사전에 충분한 기간을 두고 가족이나 친척이 함께한 행사 사진을 모을 수 있게 해야 한다. 집 안에 사진이 없는 친구들은 부모님의 협조를 얻어 학급 SNS나 이메일로 사진 파일을 받아 교사가 출력하는 방법도 있다. 사진들을 충분하게 모아야 학생들이 기준에 따라 분류하는 작업이 가능하기 때문이다.

모둠원끼리 서로의 사진들을 살펴보는 것만으로도 이 활동은 학생들에게 호기심과 즐거움을 준다. 이러한 분위기를 바탕으로 교사는 학생들이 적극적인 태도로 사진을 분류하고 꾸미는 활동에 참여하도록 유도해야 한다. 분류 기준은 계절, 행사 주제별 등 학생들과 토의하여 정할 수도 있다. 분류가 끝나면 사진을 전시하기 위해 사진 속 내용과 잘 어울리는 배경을 창의적으로 생각해보고 꾸미게 한다. 이때 색칠 능력이나 화려하게 꾸미는 능력에 중점을 두기보다는 창의적인 모양을 생각해내는 아이디어 활동에 주목하도록 한다. 사전에 다양한 예시 자료를 제공하여 학생들의 생각이 풍부해지도록 도움을 줄 수도 있다. 제목 붙이기 역시 다양한 미술 작품의 제목들을 미리 보여주면서 창의적인 사고를 하는 데 도움을 주면 좋다.

수업에서 제시한 평가 과제와 관련하여 GRASPS와 수행평가지는 다음의 [표 8], [표 9]와 같다.

[표 8] 1-1 '가족' 영역의 GRASPS 활용 수행 과제

학년-학기	영역	단원	교과	교과서
1-1	가족	1. 우리는 가족입니다	슬기로운 생활·즐거운 생활	48~51쪽
성취기준	[2슬03-02] 나와 가족, 친척의 관계를 알고 친척과 함께하는 행사나 활동을 조사한다. [2즐03-02] 가족이나 친척이 함께한 일을 다양한 방법으로 표현한다.			
평가 대상	개인		평가 유형	관찰평가·동료평가
GRASPS를 활용하여 수행 과제 계획하기				
구분	내용			
목표(G) goal	• 가족이나 친척과 함께 찍은 사진들을 준비하여 전시회를 열도록 합니다.			
역할(R) role	• 전시할 사진들을 준비하고 사진이 돋보이도록 액자를 꾸미고 제목을 붙입니다.			
대상(A) audience	• 우리 반 친구들과 다른 반 친구들을 대상으로 사진 전시회를 엽니다.			
상황(S) situation	• 우리 가족이나 친척들의 모습이 담긴 '행복 가족사진 전시회'를 열고자 합니다. 계절별로 어떤 가족 행사들이 있었는지 생각하면서 사진을 모으고, 사진이 돋보이도록 멋지게 꾸며봅시다. 다른 반 친구들도 함께 감상할 수 있도록 복도에서 전시회를 열어봅시다.			

수행(P) performance	• 가족 및 친척과 함께한 사진들을 계절별로 분류하고, 각 사진의 특징이 잘 드러나도록 액자를 꾸밉니다. 액자 하단에 사진에 대한 간단한 제목, 소개 등을 써서 붙입니다. 계절별 사진 코너에 해당 사진을 붙이고 전시합니다.
기준(S) standard	• 사진 준비 및 꾸미는 방법 → 가족이나 친척들이 모여서 한 일이나 행사 내용이 잘 드러나는 사진 준비 → 사진 속 내용이 돋보이도록 창의적인 방법으로 액자를 꾸미고 제목 붙이기

수행 과제

'행복 가족사진 전시회'를 열고자 합니다. 가족이나 친척과 함께 찍은 사진들을 많이 모아 오도록 합니다. 사진들을 살펴보면서 모둠 친구들과 함께 계절별로 분류해주세요. 사진 속 내용들과 잘 어울리는 액자를 멋지게 만들고 꾸며주세요. 다 만든 사진 작품들을 계절별 코너에 붙이고 감상해보아요. 우리 반 친구들의 감상이 끝나면 복도에 전시해보아요.

분석적 루브릭

수준 \ 항목	분류 능력	창의적 표현력
가중치	50%	50%
잘함	가족 행사 사진들을 보면서 사진들을 행사별, 계절별(주제별)로 적절히 분류한다.	사진 내용이 잘 돋보이도록 액자틀이나 모양을 창의적으로 꾸미고 제목, 소개 내용을 어울리게 작성한다.
보통	가족 행사 사진들을 행사별로 분류하나, 계절이나 주어진 주제별로 분류하는 데 시간이 걸린다.	사진 내용과 어울리도록 액자 꾸미기와 제목 붙이기를 하나, 창의적인 표현은 조금 부족하다.
노력 요함	가족 행사 사진들을 보고 행사별, 계절별로 잘 분류하지 못한다.	사진 내용과 어울리게 액자 꾸미기와 제목 붙이기 활동을 잘 하지 못한다.

[표 9] 1-1 '가족' 영역의 GRASPS 활용 수행평가지

수 행 평 가 지

1학년 반 번 이름(   )

단원명	1. 우리는 가족입니다
과제명	우리 반 '행복 가족사진 전시회' 열기
수행 과제	

'행복 가족사진 전시회'를 열고자 합니다. 가족이나 친척과 함께 찍은 사진들을 많이 모아오도록 합니다. 사진들을 살펴보면서 모둠 친구들과 함께 계절별로 분류해주세요. 사진 속 내용들과 잘 어울리는 액자를 멋지게 만들고 꾸며주세요. 다 만든 사진 작품들을 계절별 코너에 붙이고 감상해보아요. 우리 반 친구들의 감상이 끝나면 복도에 전시해 보아요.

※ 생각 정리하기

	사진 속 내용과 어울리는 액자 모양을 그려보아요
액자 모양	
	사진에 어울리는 제목을 생각해보아요
사진 제목 (소개)	

[표 10] '가족' 영역의 교사 관찰평가

※ 분류 활동과 창의적 표현 활동에 중점을 두어 관찰한다.

내용	해당 학생 이름
1. 모둠원과 사진들을 기준에 따라 잘 분류하고, 사진 내용에 어울리도록 꾸미기 활동을 창의적으로 한다.	

2. 사진 분류하는 것을 어려워하거나, 꾸미기 활동이 창의적이지 못하고 다른 친구의 것을 모방하는 편이다.	
3. 분류 활동이나 꾸미기 활동에 소극적이고 잘 참여하지 않는다.	

[표 11] '가족 영역' 동료평가

※ 친구들의 사진 작품을 보면서 그 밑에 ★ 스티커를 붙여주세요.

내용	스티커 개수
1. 사진 속 행사 내용과 잘 어울리게 액자를 꾸미고, 제목도 재미있게 잘 붙였나요?	★★
2. 액자 꾸미기와 제목 붙이기 중 1가지 활동만 잘했나요?	★
3. 액자와 제목 내용이 사진과 잘 어울리지 않은가요?	없음

평가는 교사의 관찰평가와 작품 전시회 후 학생들이 감상하면서 부착하는 스티커 개수를 보면서 실시한다. 장난이나 친분 때문에 스티커를 붙이지 않도록 사전에 주의를 준다.

평가가 끝난 후, 모둠 내에서 성취도가 우수한 학생이 부족한 학생을 도와 사진 작품을 완성할 수 있는 시간을 주는 것도 좋다. 또한 작품을 전시하는 과정 중 다른 친구의 작품과 자신의 작품을 비교하면서 부끄러워하거나 게시 자체를 꺼려하는 학생이 있다면 이에 대해 교사가 적절히 개입하여 도움을 줄 수 있는 방안을 제시하는 것이 좋다.

1학기에 '봄'과 '여름' 교과서를 중심으로 학습했다면 2학기에는 '가을'과 '겨울' 교과서를 이용해 학습을 진행한다. 가을 교과서의 대주제는 '마을'과 '가을'이며, 겨울 교과서의 대주제는 '나라'와 '겨울'이다. 구체적인 구성은 다음의 [표 12]와 같다.

[표 12] 2학년 2학기 주제별 교육과정

가을 교과서			겨울 교과서		
대주제 (영역)	소주제	중점 역량	대주제 (영역)	소주제	중점 역량
마을	우리 이웃	공동체 역량	나라	우리나라	의사소통 역량
가을	가을 모습	지식정보 처리 역량	겨울	겨울맞이	창의적 사고 역량

1학년 2학기는 '나와 학교' 중심에서 벗어나 '이웃과 마을'로 시야를 확장하고, 나아가 우리나라에 대해 관심을 갖도록 하는 시기이다. 또한 계절적 시기와 맞물려 추석 명절이나 가을 모습, 겨울철 생활 및 놀이 등에 중점을 두어 학습한다.

여기서는 '마을'과 '나라' 영역에 대한 구체적인 수업 사례와 평가를 예시로 제시하였다.

[표 13] 1-2 '마을' 영역과 '나라' 영역의 수행 과제

영역	성취기준	수업 구성 개요	수행 과제	단원	평가 유형
마을	[2슬05-01] 이웃과 더불어 생활하는 모습을 조사하고 발표한다. [2즐05-01] 이웃의 모습과 생활을 다양하게 표현하고 이웃과 함께할 수 있는 놀이를 한다.	• 우리 주변의 다양한 이웃들 모습 살펴보기 • 나눔 장터를 여는 이유와 방법 토의하기 • 나눔 장터 활동 계획하기	어려운 상황에 처한 친구를 돕기 위해 나눔 장터 참가 계획서 만들기	가을 1. 내 이웃 이야기	관찰 평가·동료 평가
나라	[2바07-01-00] 우리와 북한이 같은 민족임을 알고, 통일 의지를 다진다.	• 남북한 생활 모습 비교하기 • 남북한의 공통점 찾기	외국인 친구에게 남북한이 같은 민족인 이유 말하기	겨울 1. 여기는 우리나라	관찰 평가·동료 평가

먼저 '마을' 영역은 '우리 이웃'이라는 주제를 중심으로 바른 생활의 '공중도덕', 슬기로운 생활의 '이웃의 생활 모습'·'공공장소와 시설물', 즐거운 생활의 '이웃 모습과 생활 표현'·'공공장소 시설물 활용 놀이'를 통합하여 배우는 단원이다. 또한 공동체의 역량을 함양하기 위해 이웃과 더불어 살아가는 모습, 사용하는 시설물과 장소를 탐색해보고, 이웃과 더불어 생활하는 데 필요한 가치와 태도를 익히며 이를 평가하는 단원이다.

수업은 '[2즐05-01] 이웃의 모습과 생활을 다양하게 표현하고 이웃과 함께할 수 있는 놀이를 한다.'는 성취기준을 바탕으로 구성하였다. 이웃의 모습과 생활 중에서 특히 어려움을 겪고 있는 이

웃들의 삶을 살펴보고 이러한 이웃들과 함께할 수 있는 활동으로써 나눔 장터 놀이를 계획하였다. 평가 방향은 '이웃의 모습과 생활에 관심을 갖고 나눔 놀이 활동을 잘 계획하는가?'로 정하였으며, 즐거운 생활 2차시로 구성하였다.

도입 단계에서는 태국 광고 영상인 〈Giving is the best communication〉을 보여준다. 아픈 엄마를 위해 약을 훔치다 걸려서 혼나고 있는 아이에게 한 남자가 약값과 음식을 주면서 도와주게 된다. 세월이 지나 아이는 의사가 되었고, 과거에 자신을 도와주었던 그 남자를 무료로 치료해준다. 그리고 의아해하는 남자의 가족에게 자신의 사연을 편지에 써서 알리는 감동적인 영상이다. 이를 통해 주변에서 살고 있는 이웃을 돌보고 나누는 삶은 결국 자신에게 이익이 될 수 있음을 깨닫게 한다.

전개 단계에서는 우리 주변의 다양한 이웃들 모습을 살펴보는 활동을 한다. 인근 전철역 주변 노숙자들, 희귀병을 앓고 있는 친구, 할머니와 생활하는 친구, 가난과 굶주림으로 힘들어하는 사연 등을 통해 나눔이 필요함을 인식하게 한다. 이어서 나눔 장터를 여는 이유와 방법을 모둠별로 이야기 나누게 한다. 위의 사례들 중에서 가장 돕고 싶은 이웃을 정해보고, 물건을 팔아서 생긴 수익금을 어떻게 활용할지 정한다. 이때 다양한 기부 단체를 소개해도 좋다.

이제 본격적으로 수행 과제를 제시한다. 과제는 '어려운 상황에 처한 친구를 돕기 위해 나눔 장터 참가 계획서 만들기'이다.

[표 14] 1-2 '마을' 영역의 GRASPS 활용 수행 과제

학년-학기	영역	단원	교과	교과서
1-2	마을	1. 내 이웃 이야기	즐거운 생활	41~42쪽

성취기준	[2즐05-01] 이웃의 모습과 생활을 다양하게 표현하고 이웃과 함께할 수 있는 놀이를 한다.			
평가 대상	모둠		평가 유형	관찰평가·동료평가

GRASPS를 활용하여 수행 과제 계획하기

구분	내용
목표(G) goal	• 1학년 모두가 함께하는 나눔 장터에 참가해봅시다.
역할(R) role	• 모둠 친구들과 함께 특별한 나눔 장터 참가 계획을 짜야 합니다.
대상(A) audience	• 장터는 1학년 전체 학생 대상이며 계획서는 반 친구들 앞에서 발표합니다.
상황(S) situation	• 희귀병을 앓고 있어 오랜 시간 동안 학교에 다니지 못하는 ○학년 친구가 있습니다. 그 친구를 돕기 위해 1학년 모두가 함께하는 나눔 장터를 열기로 하였습니다. 나눔 장터에는 학급별로 3개의 모둠이 가게를 오픈할 수 있습니다.
수행(P) performance	• 모둠별로 참가 계획을 세워 친구들 앞에서 발표합니다.
기준(S) standard	• 참가 계획서는 모둠원이 함께 작성해야 합니다. → 계획서 작성을 위해 모둠원 각자가 맡았던 역할 표시하기 → 친구들이 적극적으로 장터에 참여할 수 있는 독특한 가게 계획하기

수행 과제

우리 주변에는 어려움을 겪는 이웃들이 많습니다. 그중에서 희귀병으로 인해 오랫동안 학교생활을 잘 하지 못하는 친구가 우리 학교에 있습니다. 이러한 친구를 돕기 위해 1학년 전체 학생들이 함께하는 나눔 장터를 열기로 했습니다. 나눔 장터 활동에 참가할 수 있는 가게는 공개 모집한다고 합니다. 반별로 3개의 모둠이 가게를 열 수 있는데요. 이제 모둠원들과 이야기 나누며 어떤 가게를 열지 계획서를 함께 작성하세요. 계획서 내용을 친구들에게 발표하면 친구들은 잘 듣고 평가를 합니다. 과연 어떤 모둠이 가게를 열 수 있을까요?

	분석적 루브릭			
수준＼항목	의사소통 능력	협업 능력	발표 내용	발표 태도
가중치	30%	30%	20%	20%
잘함	모둠원 모두가 활발하게 의견을 교환하고 서로 존중하는 가운데 일치된 방안을 도출한다.	역할을 나누어 함께 계획서를 열심히 작성한다.	내용이 알차고 재미있거나 독특한 내용이 2~3가지 이상 포함되어 있다.	친구들이 잘 이해할 수 있도록 분명한 목소리로 발표한다.
보통	일부 학생이 주도하고 나머지는 소극적인 모습을 보인다.	역할이 나누어져 있으나, 가끔 협업하지 못하는 모습을 보인다.	다른 모둠이 하지 않는 방법이 1가지 포함되어 있다.	발표 내용이 명확하지 않고 목소리가 작다.
노력 요함	서로 의견을 나누지 않고 뜻이 맞지 않아 다투는 모습을 보인다.	역할을 나누지 않고, 1~2명의 학생이 계획서 대부분을 작성한다.	내용이 부실하고, 일반적인 방법만 제시되어 있다.	발표 태도가 소극적이고 발표하기 싫어한다.

이 차시에서는 계획서 만들기에 중점을 두며, 실제 나눔 장터 놀이는 다음 차시에 실시하게 된다. 1학년 모두가 함께하는 나눔 장터 활동이 있음을 공지하고, 여기에는 친구들로부터 가장 많은 지지를 얻은 2~3개 모둠만 학급 대표로 참가할 수 있음을 알린다. 학생들은 모둠원과 협의하여 특색 있는 계획을 세우고, 나눔 장터

에 필요한 역할과 준비물도 정해보도록 한다.

　정리 단계에서는 나눔 장터 참가 계획서를 모둠별로 나와서 발표하게 한다. 다른 모둠의 발표를 들으면서 체크리스트에 표시해보고, 어떤 모둠이 우리 반을 대표하여 참가하면 좋을지 정하는 시간을 갖는다. 또한 모둠별로 잘된 점과 부족한 점을 함께 이야기하면서 동료 간의 피드백을 성장과 발달을 위한 긍정적 자료로 활용한다.

　나눔 장터 계획서 만들기에 대한 구체적인 수행 과제 내용은 [표 14]와 [표 15]에 제시된 GRASPS 활용 수행 과제와 수행평가지를 참고한다.

[표 15] 1-2 '마을' 영역의 GRASPS 활용 수행평가지

수 행 평 가 지	
	1학년　반　번　이름(　　　　)
단원명	1. 내 이웃 이야기
과제명	어려운 친구를 돕기 위해 나눔 장터 참가 계획서 만들기
수행 과제	
우리 주변에는 어려움을 겪는 이웃들이 많습니다. 그중에서 희귀병으로 인해 오랫동안 학교생활을 잘 하지 못하는 친구가 우리 학교에 있습니다. 이러한 친구를 돕기 위해 1학년 전체 학생들이 함께하는 나눔 장터를 열기로 했습니다. 하지만 반별로 3개의 모둠만이 나눔 장터에 가게를 열 수 있답니다. 이제 모둠원들과 이야기 나누며 어떤 가게를 열고 어떻게 물건을 팔지 계획서를 함께 작성하세요. 그리고 그 내용을 친구들 앞에서 발표하도록 합니다. 친구들은 잘 듣고 평가를 해주세요. 과연 어떤 모둠이 가게를 열 수 있을까요?	
〈 ○○모둠의 나눔 장터 참가 계획 〉	
구분	내　용

	이름	맡은 역할
역할 나누기		
가게 이름		
가게 에서 팔 물건		
친구들이 우리 가게에 많이 오게 하려면?	방법1: (예: 2+1 할인 행사를 실시한다…) 방법2: 방법3:	

[표 16] '마을' 영역 교사 관찰평가

※ 분석적 루브릭 내용을 기준으로 관찰평가를 실시한다.

항목 학생명	의사소통 (30%)	협업 능력 (30%)	발표 내용 (20%)	발표 태도 (20%)	총점	피드백 사항
1모둠						
2모둠						
3모둠						
….						

[표 17] '마을' 영역 동료평가

※ 각 모둠의 발표 내용을 잘 듣고 모둠원과 이야기를 나눈 후, 아래 표에 표시해주세요.			
★ 발표 모둠: ( ) 모둠			
살펴보기	∨ 체크하기		
	잘함	보통	노력
1. 발표 내용이 알차고 자세한가요?			
2. 재미있거나 독특한 내용이 들어 있나요?			
3. 친구들이 잘 이해할 수 있도록 분명한 목소리로 발표하나요?			
4. 내가 손님이라면 이 모둠의 가게를 방문하고 싶은가요?			
∨ 체크 개수	개	개	개

　이 수행평가는 모둠원이 주어진 목표와 역할을 인식하고 공동체 역량을 발휘하여 과제를 창의적으로 해결하는 데 목적을 두었다. 따라서 교사는 학생들이 어떻게 과제를 수행하는지 그 과정을 면밀하게 관찰해야 한다. 또한 과제를 잘 이해하지 못하거나 구성원끼리 의견이 맞지 않아 어려움을 겪는 모둠이 발생하면 개입하여 방향을 잡아주고 안내하는 역할을 한다.

　평가는 교사의 관찰평가 및 동료평가를 실시하되 모둠 단위로 실시한다. 동료평가에서는 다른 모둠의 발표를 듣고 모둠원끼리 함께 이야기를 나누어 체크리스트에 표시하는 방식을 취한다. 1학년 학생에게 동료평가를 할 수 있는 기회를 제공하는 것은 발표 내용을 보다 집중해서 듣도록 유도하고, 자신의 부족한 부분을 돌아보는 기회가 된다. 모둠원과 함께 이야기하며 다른 모둠을 평가하는 과정을 통해 공동체 역량을 함양시킬 수 있다.

피드백은 모둠별로 제공할 수 있다. 교사가 관찰평가를 진행하면서 특이사항이나 피드백 내용을 간단히 메모해두면 좋다. 단, 부정적인 피드백을 받게 될 경우 다른 친구의 탓을 하거나 공동체 의식이 깨질 수 있으므로 앞으로 노력할 점이나 개선할 점을 긍정적인 방향과 관점에서 제공하도록 한다.

다음으로 '나라' 영역은 '우리나라'라는 주제를 중심으로 바른 생활의 '나라 사랑', 슬기로운 생활의 '우리나라의 상징과 문화'·'남북한의 생활 모습과 비교', 즐거운 생활의 '우리나라의 상징 표현'·'남북한의 놀이'·'통일 관심 표현'에 대해 통합적으로 학습하는 단원이다. 의사소통 역량을 중점적으로 함양하기 위해 우리나라 문화 및 남북한의 관계에 대한 지식을 정리하고 이를 작품이나 놀이 활동을 통해 적극적으로 의사소통 하는 수업을 실시하며 이를 평가한다.

수업 사례는 남한과 북한이 오랜 역사를 함께한 같은 민족이라는 사실을 인식하고, 지식적인 앎으로 그치는 것이 아니라 다른 사람에게 소개하는 활동에 중점을 두어 계획하였다.

성취기준은 '[2바07-01-00] 우리와 북한이 같은 민족임을 알고, 통일 의지를 다진다.'이며, 이에 대한 평가 방향은 '남한과 북한이 같은 민족인 이유를 말할 수 있는가?'로 정하였다. 남한과 북한이 같은 민족인 이유를 다른 사람에게 설명하는 경험을 통해 자연스럽게 통일에 대한 의지를 내면화시키기 위함이다. 교과는 바른 생활과 즐거운 생활을 통합하고 총 2차시로 구성하였다.

구체적으로 살펴보면, 먼저 도입 단계에서는 남북한 탁구 단일팀의 경기 영상을 보면서 우리나라는 왜 '코리아'라는 팀으로 출전했는지, 남북한의 국기를 대신해 사용된 것은 무엇인지, 남북한의 국가를 대신하여 부른 노래는 무엇인지 등을 살펴보고 이야기를 나눈다. 이를 통해 그동안 문화예술 교류나 스포츠 활동 등 남한과 북한이 하나가 되기 위한 다양한 노력들이 있었음을 알게 한다.

전개 단계에서는 남한과 북한의 생활 모습을 비교하는 활동을 한다. 남북한의 말과 글, 음식, 명절 모습, 민속놀이를 살펴보고 공통점을 찾아본다. 학생들은 남북한이 모두 한글을 사용하고 김치를 먹고 한복을 입으며 비슷한 명절을 지내고 있음을 알게 되고, 남한과 북한이 같은 민족이었음을 이해하게 된다.

다음으로 수행 과제를 안내한다. 수행 과제는 '외국인 친구에게 남한과 북한이 한 민족인 이유 말하기'이다. 한국을 방문한 외국인 친구에게 남한과 북한이 같은 민족인 이유를 3가지 이상 들어 그림이나 글로 작성하게 하는 과제이다. 1학년 학생들은 문장 표현이 미숙하기 때문에 그림을 활용할 수 있도록 한다.

정리 단계에서는 작성한 자료를 보여주면서 친구들에게 발표하는 활동을 한다. 또한 지금까지 북한에 대해 잘못 알고 있었던 점은 무엇인지 확장하여 이야기를 나누어볼 수도 있다.

구체적인 수행 과제 내용은 다음의 [표 18]과 [표 19]에 제시된 GRASPS와 수행평가지를 참고한다.

[표 18] 1-2 '나라' 영역의 GRASPS 활용 수행 과제

학년-학기	영역	단원	교과	교과서
1-2	나라	1. 여기는 우리나라	바른 생활· 즐거운 생활	58~59쪽
성취기준		[2바07-01-00] 우리와 북한이 같은 민족임을 알고, 통일 의지를 다진다.		
평가 대상	개인		평가 유형	관찰평가·동료평가
GRASPS를 활용하여 수행 과제 계획하기				
구분	내용			
목표(G) goal	• 평창 동계올림픽을 맞이하여 우리나라를 방문한 외국인 친구에게 우리와 북한이 같은 민족인 이유를 설명해야 합니다.			
역할(R) role	• 가족과 함께 평창 동계올림픽에 갔다가 외국인 친구를 알게 된 학생입니다.			
대상(A) audience	• 평창에서 알게 된 외국인 친구이며, 이 친구는 남한과 북한이 오랫동안 왕래가 없었으며 전쟁을 할 수도 있는 관계라는 것을 알고 있습니다.			
상황(S) situation	• 평창 동계올림픽을 맞이하여 방학 때 가족과 함께 평창에 갔다가 우연히 외국인 친구를 사귀게 되었습니다. 외국인 친구는 한국 방문이 처음이며, 뉴스를 통해 북한의 핵 위협과 남북한이 전쟁의 위험에 놓여 있으며, 서로 다른 민족이라고 알고 있습니다. 따라서 이 친구에게 남한과 북한이 같은 민족인 이유를 말해주어야 합니다.			
수행(P) performance	• 외국인 친구에게 남한과 북한이 같은 민족인 이유를 그림이나 글로 나타내고 이를 보여주면서 말해야 합니다.			
기준(S) standard	• 설명서에는 이런 내용이 들어가야 합니다. → 남한과 북한의 공통점 3가지 이상 → 말이 잘 통하지 않는 외국인 친구에게 설명하는 것이므로 소개 자료는 글 대신 그림으로 표현하는 것도 가능			

평창 동계올림픽을 맞이하여 방학 때 가족과 함께 평창에 갔다가 우연히 외국인 친구를 사귀게 되었습니다. 외국인 친구는 한국 방문이 처음이며, 뉴스를 통해 북한의 핵 위협과 남북한이 전쟁의 위험에 놓여 있음을 알고 있습니다. 또한 남한과 북한은 서로 다른 민족이라고 알고 있습니다. 따라서 남한과 북한이 같은 민족인 이유를 3가지 이상 들어 그림이나 글로 작성하세요. 그리고 외국인 친구에게 작성한 글이나 그림을 보여주면서 이유를 말해주세요.

분석적 루브릭

수준 \ 항목	이해도	표현력	말하기
가중치	40%	20%	40%
잘함	남북한이 같은 민족인 이유를 3가지 이상 알고 있다.	남북한이 같은 민족인 이유를 글이나 그림으로 3가지 이상 구체적으로 나타낸다.	남북한이 같은 민족인 이유를 글이나 그림을 보여주면서 3가지 이상 분명하게 말한다.
보통	같은 민족인 이유를 1~2가지만 알고 있다.	글이나 그림으로 1~2가지만 나타내었고 구체적이지 못하다.	글이나 그림을 보여주면서 이유를 1~2가지 말한다.
노력 요함	이유를 전혀 알지 못한다.	글이나 그림으로 나타내지 못한다.	남북한이 같은 민족인 이유를 말하지 못한다.

[표 19] 1-2 '나라' 영역의 GRASPS 활용 수행평가지

<table>
<tr><td colspan="2" align="center">수 행 평 가 지</td></tr>
<tr><td colspan="2" align="right">1학년   반   번 이름(   )</td></tr>
<tr><td>단원명</td><td>1. 여기는 우리나라</td></tr>
<tr><td>과제명</td><td>외국인 친구에게 남북한이 같은 민족인 이유 말하기</td></tr>
<tr><td colspan="2" align="center">수행 과제</td></tr>
<tr><td colspan="2">평창 동계올림픽을 맞이하여 방학 때 가족과 함께 평창에 갔다가 우연히 외국인 친구를 사귀게 되었습니다. 외국인 친구는 한국 방문이 처음이며, 뉴스를 통해 북한의 핵 위협과 남북한이 전쟁의 위험에 놓여 있음을 알고 있습니다. 또한 남한과 북한은 서로 다른 민족이라고 알고 있습니다. 따라서 남한과 북한이 같은 민족인 이유를 3가지 이상 들어 그림이나 글로 작성하세요. 그리고 외국인 친구에게 작성한 글이나 그림을 보여주면서 이유를 말해주세요.</td></tr>
</table>

남한과 북한이 같은 민족인 이유

	글이나 그림으로 나타내기
이유1	
이유2	
이유3	

[표 20] '나라' 영역의 교사 관찰평가

※ 분석적 루브릭 내용을 기준으로 관찰평가를 실시한다.

항목 학생명	이해도 (40%)	표현력 (20%)	말하기 (40%)	총점	피드백 사항
김○○					
이○○					
박○○					
....					

[표 21] '나라' 영역의 동료평가

※ 친구의 발표를 보고 ♡에 색칠해주세요.

내용	친구 이름 ( )
1. 남북한이 같은 민족인 이유를 글이나 그림으로 알기 쉽게 잘 나타내었나요?	♡♡♡
2. 남북한이 같은 민족인 이유를 친구들 앞에서 분명한 목소리로 잘 말하였나요?	♡♡♡

잘함♥♥♥ 보통 ♥♥ 노력 ♥

　이 차시에서는 남한과 북한의 공통점을 이해하고 이를 다른 사람들에게 소개하는 활동을 평가 과제로 제시하였다. 1학년 학생의 쓰기 능력 수준을 고려해 소개 자료는 글이나 그림 모두를 허용하였다. 또한 작성 자료의 글이나 그림 수준보다는 남북한이 같은 민족인 이유를 충분히 알고 있는지를 우선적으로 평가하는 것이 바람직하다. 동료평가를 하는 학생들에게도 그림의 수준이나 완성도보다는 필요한 내용이 잘 포함되어 있고 이를 얼마나 분명하고 효과적으로 잘 전달하는지에 초점을 두도록 안내해야 한다. 발표 방법은 전체 학생 앞에서 개인별로 발표하거나 모둠 내에서 돌아가면서 발표하는 방법 등을 적절히 혼합하여 사용한다.

　1학년 학생은 아직 발표 경험이 부족하여 친구들 앞에서 말하는 것을 부끄러워하거나 주저하는 경우가 많다. 이런 모습이 관찰될 경우에는 교사나 동료 학생들이 해당 학생을 격려하고 편안한 분위기에서 말할 수 있도록 기다려주는 태도를 조성한다.

피드백은 개별 학생에게 제공한다. 친구들이 평가한 결과와 교사가 관찰했던 내용을 바탕으로 학습한 내용을 잘 이해하고 이를 반영하였는지, 그리고 의사소통 역량면에서 잘한 점이나 노력할 점 등을 기술하여 제공한다. 또한 말하기 능력이 부족한 학생에게는 가정에서 이에 대한 연습을 할 수 있도록 '거울을 보고 입 모양 보면서 말해보기', '가족 앞에서 오늘 발표한 내용을 다시 말해보기' 등의 과제를 제시할 수도 있다.

2학년 평가 계획: 봄, 가을

2학년 통합교과 교과서는 1학년과 마찬가지로 '봄', '여름', '가을', '겨울'의 4권으로 이루어져 있다. 대주제 역시 1학년과 동일하다. 봄 교과서의 대주제는 '학교'와 '봄'이며, 여름 교과서의 대주제는 '가족'과 '여름'이다. 구체적인 구성은 [표 22], [표 23]과 같다.

[표 22] **2학년 1학기 주제별 교육과정**

봄 교과서			여름 교과서		
대주제 (영역)	소주제	중점 역량	대주제 (영역)	소주제	중점 역량
학교	나	자기관리 역량	가족	다양한 가족	공동체 역량
봄	봄맞이	창의적 사고 역량	여름	여름 생활	심미적 감성 역량

[표 23] 2학년 2학기 주제별 교육과정

가을 교과서			겨울 교과서		
대주제 (영역)	소주제	중점 역량	대주제 (영역)	소주제	중점 역량
마을	우리 동네	지식정보처리 역량	나라	다른 나라	의사소통 역량
가을	가을맞이	심미적 감성 역량	겨울	겨울나기· 겨울방학	창의적 사고 역량

2학년은 1학년과 마찬가지로 주제별 교과서로 구성되어 있으며, 단원별로 주제 학습을 하도록 되어 있다. 1학년에 비해 좀 더 확장되고 넓은 경험이 가능한 주제가 선정된다. 예를 들어 1학년 '나라' 영역에서는 우리나라의 문화에 대해 학습했지만, 2학년에서는 다른 나라의 문화에 관심을 갖고 존중하는 태도에 대해서 학습한다. 또한 2학년은 학교의 환경과 수업 방식에 적응하고 익숙해진 시기로서 1학년 때보다 심화된 수업과 평가를 적용할 수 있다. 여기서는 '봄'과 '가을' 영역에 대한 수업 및 평가 과제를 예시로 제시하였다.

[표 24] 2학년 '봄' 영역과 '가을' 영역의 수행 과제

영역	성취기준	수업 구성 개요	수행 과제	단원	평가 유형
봄	[2슬02-02] 봄철에 사용하는 생활 도구를 종류와 쓰임에 따라 구분한다.	• 봄 날씨의 특징과 생활 모습 알아보기 • 봄철 생활에 필요한 도구 생각하기	봄철 생활에 필요한 물건이나 도구 생각해내기	봄 2. 봄이 오면	관찰평가·동료평가
가을	[2슬06-04]가을에 볼 수 있는 것을 살펴보고 특징에 따라 무리 짓는다. [2즐06-04] 가을, 낙엽, 열매 등을 소재로 다양하게 표현한다.	• 가을 열매를 관찰하고 특징 알아보기 • '가을 열매를 부탁해' 활동하기	주어진 열매로 요리 계획 세우기	가을 2. 가을아 어디 있니	관찰평가·동료평가

'봄' 영역은 '봄맞이'를 주제로 바른 생활에서는 '건강 수칙과 위생', 슬기로운 생활에서는 '봄 날씨와 생활 이해'·'봄철 생활 도구', 그리고 즐거운 생활에서는 '봄 느낌 표현'과 '집 꾸미기'를 배운다. 봄이 되어 달라진 주변 모습을 관찰하고 조사하는 활동을 한다. 봄 날씨의 특징과 봄철에 사용하는 생활 도구를 살펴보면서 봄 생활을 경험하는 활동을 한다. 또한 봄의 모습과 느낌을 다양하게 표현하고 봄을 맞이하여 집을 아름답게 꾸미는 활동을 통해 창의적 사고 역량을 함양시킬 수 있다.

다음 수업 사례는 봄 날씨의 특징을 이해한 후, 봄철에 필요한 생활 도구를 창의적으로 생각해내는 모습을 평가할 수 있는 수업이다.

[표 25] 2학년 '봄' 영역 평가 관련 수업설계

성취기준	[2슬02-02] 봄철에 사용하는 생활 도구를 종류와 쓰임에 따라 구분한다.		
평가 방향	봄철 생활의 특징을 알고, 필요한 도구를 생각해낼 수 있는가?		
단원명	'봄' 2. 봄이 오면	교과	슬기로운 생활
차시명	무엇이 필요할까요	시간	80분
학습목표	봄철 생활의 특징을 알고, 필요한 도구가 무엇인지 생각해낼 수 있다.		

단계	교수 · 학습활동	유의점
도입	• 봄의 생활 모습을 나타내는 미술 작품이나 사진 작품 보여주기 -이 작품들은 모두 어떤 계절을 나타내고 있나요? -작품 속에서 보이는 물건이나 도구들은 무엇인가요?	
전개	• 봄 날씨의 특징과 생활 모습 알아보기 -봄 날씨의 좋은 점과 불편한 점 찾아보기 (좋은 점: 햇볕이 따뜻하다, 새싹이 돋는다 등 불편한 점: 미세먼지나 황사가 많다, 꽃샘추위가 있다, 감기에 잘 걸린다 등) -봄 날씨로 인해 생활 모습은 어떻게 달라지는지 이야기하기 ('나무나 모종을 심어요.', '대청소를 해요.', '나들이를 자주 가요.', '황사 마스크를 써요.' 등) [수행 과제 안내 및 실행] 봄철 생활에 필요한 도구 생각해내기 • 봄철 생활에 필요한 물건이나 도구 생각해보기 -사람들이 봄에 하는 일에는 무엇이 있나요? -그 일을 하는 데 필요한 도구는 무엇인가요? -아직은 없지만 있었으면 좋겠다고 생각하는 물건이나 도구는 무엇인가요? -여러 가지 아이디어를 내어 물건이나 도구를 그림으로 그려보고, 친구들에게 소개하는 글을 써봅시다.	현재 흔히 사용하는 도구보다는 새로운 물건을 생각해낼 수 있도록 격려한다.
정리	• 내가 생각해낸 도구 소개하기 • 친구의 발표를 들으며, 좋은 점이나 보충할 점 이야기하기	

[표 26] 2-1 '봄' 영역 GRASPS 활용 수행 과제

학년-학기	영역	단원	교과	교과서
2-1	봄	2. 봄이 오면	슬기로운 생활	106~109쪽
성취기준	[2슬02-02] 봄철에 사용하는 생활 도구를 종류와 쓰임에 따라 구분한다.			
평가 대상	개인		평가 유형	관찰평가·동료평가

GRASPS를 활용하여 수행 과제 계획하기	
구분	내용
목표(G) goal	• 봄철 생활을 하는 데 필요한 물건이나 도구를 만들어서 많이 팔아야 합니다.
역할(R) role	• 여러분은 다양한 생활용품을 파는 '○○소'와 거래하는 'A회사' 직원입니다.
대상(A) audience	• '○○소'에 오는 손님들입니다.
상황(S) situation	• 생활에 필요한 물품들을 파는 '○○소'에 가본 적이 있나요? 여러분은 물건을 만들어서 '○○소'에 갖다주는 회사에 근무하고 있습니다. 이 회사에서 최근 '제품 아이디어 대회'를 열고 있습니다. 봄철에 꼭 필요한 물건이나 도구를 새롭게 발명하는 사람에게 큰 상금을 준다고 합니다.
수행(P) performance	• 봄철 날씨의 특징과 생활 모습을 잘 관찰하고, 필요한 물건이나 물품이 무엇인지 생각해봅니다. 생각한 도구를 그림과 설명으로 표현하고 친구들에게 소개해봅시다.
기준(S) standard	• 어떤 물건과 도구가 좋을까요? → 봄철 생활과 관련 있는 것이어야 함 → 지금 있는 물건을 조금 바꾸거나, 지금은 없는 새로운 물건을 생각해야 함

수행 과제
생활에 필요한 물품들을 파는 '○○소'에 가본 적이 있나요? 여러분은 물건을 만들어서 '○○소'에 갖다주는 회사에 근무하고 있습니다. 이 회사에서 최근 '제품 아이디어 대회'를 열고 있습니다. 봄철에 꼭 필요한 물건이나 도구를 새롭게 발명하는 사람에게 큰 상금을

준다고 하네요. 봄철에 우리가 자주 사용하는 물건을 떠올려보세요. 그리고 그 물건을 사용하는 데 불편한 점이 있었다면 편리하게 사용할 수 있도록 조금 바꿔보세요. 또는 새로운 물건이나 도구를 생각해내어도 좋습니다.

분석적 루브릭		
수준＼항목	창의성	태도(적극성, 집중력)
가중치	50%	50%
잘함	봄철 생활과 관련이 있으면서 창의적인 도구를 생각해내고, 이를 그림과 설명으로 표현하였다.	제시된 과제에 적극적인 관심을 보이며, 과제 해결에 집중력을 보인다.
보통	봄철 생활과 관련이 있긴 하나, 기존에 있는 도구와 비슷한 것을 표현하였다.	제시된 과제에 어느 정도 흥미와 관심을 보이며, 과제를 해결하는 데 집중하려는 모습을 보인다.
노력 요함	봄철 생활과 관련이 없으며, 현재 사용하는 도구를 표현하였다.	제시된 과제에 관심이 없고, 잘 참여하지 않는다.

[표 27] 2-1 '봄' 영역의 GRASPS 활용 수행평가지

수 행 평 가 지

2학년 　 반 　 번 이름(　　　　)

단원명	2. 봄이 오면
과제명	봄철 생활에 필요한 물건이나 도구 생각해내기
수행 과제	

생활에 필요한 물품들을 파는 '○○소'에 가본 적이 있나요? 여러분은 물건을 만들어서 '○○소'에 갖다주는 회사에 근무하고 있습니다. 이 회사에서 최근 '제품 아이디어 대회'를 열고 있습니다. 봄철에 꼭 필요한 물건이나 도구를 새롭게 발명하는 사람에게 큰 상금을 준다고 하네요. 봄철에 우리가 자주 사용하는 물건을 떠올려보세요. 그리고 그 물건을 사용하는 데 불편한 점이 있었다면 편리하게 사용할 수 있도록 조금 바꿔보세요. 또는 새로운 물건이나 도구를 생각해내어도 좋습니다.

방법 구분	그림이나 글로 나타내기
봄철에 필요한 물건이나 도구에는 무엇이 있을까요? (최대한 많이 적어보기)	
기존의 물건을 바꾸어 생각해보세요.	

[표 28] '봄' 영역의 교사 관찰평가

※ 수행평가지 작성 내용과 관찰 내용을 바탕으로 평가를 실시한다.

항목 학생명	창의성(50%) 평가지 작성 내용	태도(50%) 집중력, 적극성	총점	피드백 사항
김○○				
이○○				
박○○				
....				

[표 29] '봄' 영역 동료평가

※ 친구들이 소개하는 물건이나 도구를 생각하면서 표시하세요.

내용	스티커 개수
1. 친구가 소개한 물건이나 도구가 봄철 생활과 관련이 있나요?	★★★
2. 여러분이 손님이라면 친구의 물건을 사고 싶은가요?	★★

이 차시의 수행 과제를 잘 평가하려면 교사로서 몇 가지 유의할 점이 있다. 첫째, 이 수업 전에 학생들이 봄 날씨의 특징을 충분히 이해하였는지 파악해야 한다. 봄 날씨가 생활에 어떤 영향을 미치며 구체적으로 생활 모습이 어떻게 달라지는지 알고 있어야만 물건이나 도구의 필요성을 인식할 수 있기 때문이다. 둘째, 다양한 사진이나 영상을 통해 생활에 필요한 물건이나 도구의 종류, 쓰임새, 기능 등을 파악할 수 있게 한다. 또는 이 차시 전에 여러 가지 물건을 파는 상점이나 마트를 둘러보게 하는 과제를 제시할 수도 있다. 셋째, 기존의 물건 디자인을 수정하거나 새로운 용도의 물건을 생각해내는 것은 발명 행위에 속하는 것으로 높은 창의력과 집중력을 요구한다. 따라서 과제 해결에 임하는 자세나 태도에도 유의해서 관찰할 필요가 있다.

2학년 학생들은 1학년 시기에 주제 통합 중심 수업과 평가를 이미 경험한 상태이므로 보다 심화된 사고력을 요하는 과제를 가끔 제시할 필요가 있다. 사고의 결과물은 그림, 기호, 글 형태 등 다양하게 사용할 수 있으며, 표현 기술보다는 사고 과정이나 아이디어 자체에 중점을 두고 평가하는 것이 바람직하다. 또한 사고를 어려워하는 학생들에게는 사전에 자료를 충분히 제공하는 것이 좋다.

'가을' 영역은 '가을맞이'를 주제로 바른 생활에서는 가을철 여러 행사에서 지켜야 할 '질서'를 배우고, 슬기로운 생활에서는 '가을 날씨와 생활 이해'·'가을 낙엽, 열매' 등을 소재로 활동한다. 즐거운 생활에서는 '가을의 모습과 느낌 표현'·'낙엽, 열매의 표현' 등을 학습한다. 가을이 되어 달라진 날씨의 특징을 이해하고 변화된 생활 모습을 탐색하는 활동과 가을이 주는 모습과 느낌을 다양하게 표현하는 과정 속에서 심미적 감성 역량을 함양시키는 데 중점을 두고 있다.

다음의 수업 사례는 가을 열매를 관찰하면서 그 특징을 알아보고, 가을철 열매들을 실제 생활과 연관시켜 활동하는 내용과 평가 계획이다.

[표 30] 2-2 '가을' 영역 평가 관련 수업설계

성취 기준	[2슬06-04] 가을에 볼 수 있는 것을 살펴보고 특징에 따라 무리 짓는다. [2즐06-04] 가을, 낙엽, 열매 등을 소재로 다양하게 표현한다.		
평가 방향	가을 열매의 특징을 알아보고, 주어진 열매로 요리 계획을 세울 수 있는가?		
단원명	'가을' 2. 가을아 어디 있니	교과	슬기로운 생활· 즐거운 생활
차시명	가을 열매를 부탁해	시간	80분
학습 목표	가을 열매의 특징을 알아보고, 주어진 열매로 요리 계획을 세울 수 있다.		
단계	교수 · 학습 활동		유의점
도입	• 〈냉장고를 부탁해〉 동영상 보기 -셰프들이 요리를 하는 데 필요한 재료는 무엇인가요? -요리를 잘하려면 먼저 무엇을 해야 할까요?		

전개	• 가을 열매의 특징 살펴보기 -오감을 이용하여 가을 열매의 겉모양 관찰하기 -생김새, 냄새, 맛, 만져본 느낌에 대해 서로 이야기하기 -열매의 속 모양 관찰하기	사전에 가을 열매가 들어간 음식의 종류, 요리법 등을 미리 조사할 수 있게 해준다.
	[수행 과제 안내 및 실행] **주어진 열매로 요리 계획 세우기**	
	• 모둠별로 요리에 활용할 열매 가져가기 -모둠별로 앞으로 나와 한 사람씩 눈 가리고 열매 알아맞히기 -눈을 가린 친구는 냄새를 맡거나 손으로 만져서 어떤 과일인지 알아맞히기 -내가 알아맞힌 열매 가져가기 • '가을 열매를 부탁해' 활동하기 -모둠원이 획득한 열매들의 특징 확인하기 -어떤 요리를 하면 좋을지 모둠원과 함께 이야기하기 -사전에 조사해온 음식의 종류나 요리 방법들을 참고하면서 계획 세우기 -요리 계획 작성하고 발표하기	
정리	• 친구의 발표를 보면서 평가하기 • 다음 시간에 직접 요리 활동을 할 수 있도록 역할 나누어 재료 준비하기	

[표 31] 2-2 '가을' 영역 GRASPS 활용 수행 과제

학년-학기	영역	단원	교과	교과서
2-2	가을	2. 가을아 어디 있니	슬기로운 생활· 즐거운 생활	104~105쪽
성취기준		[2슬06-04] 가을에 볼 수 있는 것을 살펴보고 특징에 따라 무리 짓는다. [2즐06-04] 가을, 낙엽, 열매 등을 소재로 다양하게 표현한다.		
평가 대상		모둠	평가 유형	관찰평가· 동료평가
GRASPS를 활용하여 수행 과제 계획하기				
구분	내용			
목표(G) goal	• 주어진 가을 열매를 이용하여 어떤 요리를 할지 계획하고 발표해야 합니다.			

역할(R) role	• 〈냉장고를 부탁해〉 프로그램처럼 요리 대결에 참여한 셰프입니다.
대상(A) audience	• 우리 반 전체 학생들 앞에서 요리 계획을 발표합니다.
상황(S) situation	• 〈냉장고를 부탁해〉 프로그램 속 셰프들은 주어진 재료를 가지고 각자 요리 계획을 세워 요리를 합니다. 우리도 모둠원이 알아맞힌 가을 열매들을 가지고 어떤 요리를 할지 계획하고 이를 소개합니다. 다른 친구들은 요리 설명을 듣고 평가합니다.
수행(P) performance	• 모둠원이 알아맞힌 가을 열매들을 재료로 요리 계획서를 작성하고, 친구들 앞에서 발표합니다.
기준(S) standard	• 요리 계획서의 내용은 어떤 것이 좋을까요? → 주어진 가을 열매들이 주인공이고, 열매들의 특성을 잘 활용한 요리 → 요리 제목과 방법이 재미있고 학생들이 실천할 수 있는 요리

수행 과제

〈냉장고를 부탁해〉 프로그램을 본 적이 있나요? 프로그램에서 셰프들은 초대된 손님의 냉장고를 보며 그 안에 주어진 재료를 가지고 각자 요리 계획을 세웁니다. 그리고 정해진 시간 안에 요리를 하여 손님이 어떤 요리를 가장 마음에 들어 하는지 선택하게 하는 경연을 펼칩니다. 우리도 오늘 가을 열매를 재료로 하여 요리 계획을 세우고 이를 친구들에게 평가받는 시간을 가지려고 합니다. 열매는 모둠원이 앞으로 나와 눈을 가리고 알아맞힌 것만 가져가서 사용할 수 있습니다. 그리고 주어진 열매들을 가지고 어떤 요리를 할지 모둠별로 계획하고 이를 발표합니다. 다른 친구들은 요리 설명을 듣고 평가합니다.

분석적 루브릭

항목 수준	관찰력	창의성/실천 가능성
가중치	50%	50%
잘함	주어진 가을 열매들의 특성을 잘 파악하고 열매들의 특성이 모두 반영된 요리 계획을 세운다.	요리의 제목과 방법이 재미있고 실천 가능하다.
보통	주어진 가을 열매의 특성은 이해하지만 1~2가지 특성만 반영된 요리 계획을 세운다.	요리의 제목과 방법은 재미있지만, 학생들이 실천하는 데 어려움이 있다.
노력 요함	주어진 가을 열매의 특성과 관련이 없는 요리 계획을 세운다.	요리 계획이 일반적이며 학생들이 실천하기 어렵다.

[표 32] 2-2 '가을' 영역의 GRASPS 활용 수행평가지

수 행 평 가 지	
	2학년 　반 　번 　이름(　　　)

단원명	2. 가을아 어디 있니
과제명	주어진 열매로 요리 계획 세우기

수행 과제

〈냉장고를 부탁해〉 프로그램을 본 적이 있나요? 프로그램에서 셰프들은 초대된 손님의 냉장고를 보며 그 안에 주어진 재료를 가지고 각자 요리 계획을 세웁니다. 그리고 정해진 시간 안에 요리를 하여 손님이 어떤 요리를 가장 마음에 들어 했는지 선택하게 하는 경연을 펼칩니다. 우리도 오늘 가을 열매를 재료로 하여 요리 계획을 세우고 이를 친구들에게 평가받는 시간을 가지려고 합니다. 열매는 모둠원이 앞으로 나와 눈을 가리고 알맞은 것만 사용할 수 있습니다. 그리고 주어진 열매들을 가지고 어떤 요리를 할지 모둠별로 계획하고 이를 발표합니다. 다른 친구들은 요리 설명을 듣고 평가합니다.

※ (　　　) 모둠의 요리 계획

	내용
요리 이름	
요리 이름	
요리 이름	

[표 33] '가을' 영역의 교사 관찰평가

항목 모둠명	관찰력(50%)	피드백 사항
	열매의 특징을 파악하여 요리에 반영하는지 관찰	
○○모둠		
△△모둠		
✕✕모둠		

[표 34] '가을' 영역의 동료평가

※ 다른 모둠이 발표하는 요리 계획을 듣고, 어떤 모둠이 잘했는지 적어주세요.

창의성/실현 가능성(50%)	1순위	2순위
1. 요리 제목과 방법이 재미있었던 모둠은?	(　)모둠	(　)모둠
2. 요리 내용을 듣고 직접 해보고 싶은 마음이 들었던 모둠은?	(　)모둠	(　)모둠

이 수업은 2학년 학생들에게 복합적인 능력을 요하기 때문에 어렵게 느껴질 수 있다. 가을 열매를 오감으로 관찰하면서 그 특징을 잘 파악하는 능력, 가을 열매의 특징을 요리에 적용하는 능력, 그리고 다른 친구들이 요리를 재미있고 쉽게 이해할 수 있도록 순서에 따라 방법을 작성하는 능력 등이 어우러져 있는 수업이기 때문이다. 따라서 학생들에게 수업 전에 충분한 기간을 주고 가을 열매를 준비함과 동시에 가을 열매가 들어간 요리들을 미리 조사하게 하는 것이 좋다.

JTBC 예능 프로그램인 〈냉장고를 부탁해〉의 진행 방식을 수업에 적용함으로써 학생들의 흥미와 적극성을 높이는 데 도움을 줄 수 있다. 단, 학생들이 지나치게 경연에 몰입하여 과도한 경쟁이 유발되지 않도록 주의할 필요가 있다.

요리 계획을 세우는 수행 과제는 모둠원이 각자 조사한 요리법 중에서 하나를 골라 작성하게 하기보다는 주어진 열매와 잘 어울리는 요리가 무엇인지 함께 이야기하면서 작성하도록 해야 한다. 학생들은 함께 고민하는 과정을 통해 열매의 생김새와 맛에 대한 이해가 넓어지고 이를 요리 계획에 반영할 수 있게 된다.

　성취가 우수한 모둠에게는 다음 시간에 직접 요리를 해볼 수 있는 기회를 부여하고 이를 준비하도록 안내한다. 부족한 모둠에게는 그 원인을 먼저 파악하게 한다. 예를 들어, 가을 열매의 특징을 이해하지 못한 경우에는 오감으로 열매를 관찰할 수 있는 기회를 더 제공한다. 또한 요리 방법을 정하기 어려워하면 몇 가지 사례를 제시하여 응용할 수 있도록 도움을 준다.

2장

국어

학습의 중요한 토대인,
국어과 교수·학습 및 평가 방향

국어는 깊이 있는 사고와 효과적인 의사소통의 도구, 문화 창조와 전승의 기반이며 학습의 중요한 토대이다. '국어'는 국어를 정확하고 효과적으로 사용하는 데 필요한 능력과 태도를 기르고, 비판적이고 창의적인 국어 사용을 바탕으로 하며, 가치 있는 국어 활동을 통해 바람직한 인성과 공동체 의식을 함양하는 교과이다.

국어과 교육과정-교수·학습-평가의 일관화를 위해서는 국어과 교수·학습 방향과 평가의 방향을 살펴볼 필요가 있다. 다음은 2015 개정 교육과정에 따른 국어과 교육과정에 기술된 것으로 국어과 교수·학습 방향은 크게 4가지이다.

첫째, '국어' 교육과정에서 제시한 목표와 성취기준을 고려하여 학습자가 미래 사회에서 요구하는 국어과 교과 역량인 비판적·창의적 사고 역량, 자료·정보 활용 역량, 의사소통 역량, 공동체·대인 관계 역량, 문화 향유 역량, 자기 성찰·계발 역량을 함양할 수 있도록 교수·학습을 계획하고 운용한다. 다양하고 실제적인 삶의 맥락에서 학습자들끼리 상호 협력하여 문제를 해결하도록 하는 과제를 제시하며, 학습자가 과제를 해결하는 과정에서 국어과의 교과 역량을 함양하도록 교수·학습을 운용한다.

둘째, 국어 활동의 총체성을 고려하여 통합형 교수·학습을 계획하고 운용한다. 국어 교과 내, 국어 교과와 다른 교과 간, 국어 교과와 비교과 활동 및 학교 밖 생활과의 통합을 통해 삶의 연속성 위에 개성 있고 품위 있는 국어 생활을 추구하는 데 중점을 둔다. 국어와 관련될 수 있는 매개 요소를 다양하게 탐색하여, 통합의 취지에 알맞은 교수·학습을 계획한다. 즉, 교육과정 재구성을 통해 교육내용의 통합을 꾀하고, 교수·학습 시기 및 학사 일정을 조절하여 통합형 교수·학습의 여건을 내실 있게 조성한다.

일례로 견학 기록문 쓰기 혹은 기행문 쓰기와 관련된 교육내용이 있다면, 이를 삶의 맥락과 배움으로 분리하여 가르칠 것이 아니라 학사 일정을 조정해 현장학습을 다녀온 후 기행문 쓰기로 이어지게 하는 것이 통합형 교수·학습의 운용이라 할 수 있을 것이다.

또한 한 학기에 책 한 권 읽기는 학년(군) 수준과 학습자 개인의 특성에 맞는 책을 긴 호흡으로 읽을 수 있도록 도서를 준비하고, 독서 시간을 확보하는 등의 물리적 여건을 조성한다. 읽고, 생각을 나누고, 쓰는 통합적인 독서 활동을 학습자가 경험할 수 있도록 해야 한다. 아침 10분 독서, 학교 차원에서 학급 릴레이 도서 지원, 학급·학년 독서 골든벨 운영, 독서 감상문을 시로 표현하게 한 후 '시가 있는 풍경' 등을 조성해 삶의 맥락 위에 국어 생활을 추구할 수 있도록 한다.

셋째, 학습활동 과정에서 의미 있는 배움이 일어날 수 있도록 학습자 참여형 교수·학습을 계획하고 운용한다. 학습자의 요구를 수용하고, 학습자가 자기 주도적으로 수업에 참여할 수 있도록 학습자의 수준, 관심과 흥미, 문화 배경 등의 개인차와 학교 및 교실 환경 등의 물리적 조건을 고려하여 국어 수업 활동을 계획한다. 국어의 교육목표와 성취기준의 성격을 고려하여 직접 교수법, 토의·토론 학습, 탐구 학습, 문제해결 학습, 프로젝트 학습, 역할놀이 학습, 거꾸로 학습 등 적절한 교수·학습 방법을 선택하여 운용하면서 학습자 참여형 교수·학습이 되도록 하며, 학습자 스스로 자신의 수업 활동을 점검할 수 있도록 한다.

넷째, 국어의 학습목표를 달성하는 과정에서 바람직한 인성을 함양하도록 교수·학습을 계획하고 운영한다. 자기 자신과 타인, 사회·문화에 대해 바람직한 가치관과 태도를 기르도록 하며, 자신의 경험과 생각을 성찰하고, 학습자들 간에 상호 소통하는 가운데 인성을 기르도록 힘쓴다.

다음은 국어과 교수·학습 방향에 맞춰 제대로 가르치고, 제대로 학습했는지 평가 방향을 살펴보고자 한다. 국어과 평가 방향은 크게 3가지이다.

첫째, 국어 교육과정과 연계하여 평가 내용의 균형, 평가 방법 및 평가 도구의 타당성, 신뢰성, 적절성 등을 고려하여 평가 계획을 수립한다. 특히 표현 능력과 이해 능력, 인지적·정의적·행동적 요소가 균형을 이루도록 평가 계획을 수립한다. 또한 단순하고 지엽적인 지식보다는 학습자의 실제적인 국어 능력을 평가할 수 있도록 계획을 수립하되 사회적 소통에 복합적으로 활용할 수 있는 능력을 함께 평가할 수 있도록 한다.

그리고 평가 목적, 내용, 상황 등을 고려하여 양적 평가와 질적 평가, 형식 평가와 비형식 평가, 간접 평가와 직접 평가, 과정 평가와 결과 평가, 지필평가와 수행평가 등을 적절히 활용하여 평가 계획을 수립한다.

일례로 학생들의 독서 교육을 평가한다고 할 때, 독서록을 통해 얼마나 많은 책을 읽었는지 파악하고자 한다면 이는 양적 평가의 유형이 될 것이다. 그러나 한 편의 책을 읽고 글쓴이의 생각 도출하기, 독자의 생각과 느낌 적기, 다른 이의 관점에서 바꾸어 쓰기 등을 일정 기준에 맞춰 쓸 수 있게 한다면 이는 질적 평가의 유형이 될 것이다.

평가 방법 역시 구술평가, 서술형 평가, 논술형 평가, 연구 보고서 평가, 포트폴리오 평가, 관찰평가, 컴퓨터 기반 평가 등을 활용하며 평가 과정에서도 배움이 일어날 수 있도록 한다.

둘째, 학습자의 국어 능력이 얼마나 신장했는지 판단하고, 교수·학습 방법 및 평가 도구 개선에 기여할 수 있도록 학습 과정과 결과를 균형 있게 평가한다.

사전 지식이나 능력보다는 국어 활동을 통해 얻은 배움의 내용과 과정을 중심으로 평가하되 과정과 결과를 균형 있게 평가할 수 있도록 하고, 평가 목적과 평가 내용, 평가 상황을 고려하여 교사 평가 이외에 자기평가, 상호평가를 적극적으로 활용한다.

셋째, 학습자의 국어 능력의 발달 정도를 판단하고, 교육 활동을 개선하는 데 국어 평가 결과를 활용하되, 학습자의 개인차를 고려하여 평가 결과를 해석하고 활용해야 한다.

국어과는 듣기·말하기, 읽기, 쓰기, 문법, 문학의 5개 하위 영역으로 이루어져 있다. 각 영역마다 학년군별로 중점 성취기준과 지속 성취기준으로 구분되어 있다. 중점 성취기준은 1개 학년에서만 중점적으로 학습하는 성취기준이고, 지속 성취기준은 2개 학년에 걸쳐 지속적으로 학습하는 성취기준이다. 따라서 수행 과제를 제작할 때 이를 구분하고 적절히 적용할 필요가 있다. 지속 성취기준에 의거해 수행 과제를 출제한다면 이는 학년 간 계속성의 원칙을 반영하면서 학생들의 성장과 발전 추이를 가늠할 수도 있기 때문이다.

실제로 수행 과제는 학년별로 학기마다 1~2개 영역을 선정하여 제작하였다. 1학년과 2학년은 1학기, 2학기 모두 제작했으며 3학년과 4학년은 1학기에 한해 제작하였다(3~4학년군 2학기 교과서의 미간행으로 인함). 2018년 현재 5~6학년은 2015 개정 교육과정이 적용되고 있지 않아 수행 과제를 제작하지 않았음을 미리 밝힌다.

2

한글 해득을 위한, 1학년 1학기 평가 계획

국어 능력의 발달은 모든 학습 능력과 사고 능력의 기초가 된다. 특히 1학년은 읽기, 쓰기, 셈하기의 기초적인 기능을 습득하고, 책을 읽음으로써 즐거움을 알게 되는 단계이다. 따라서 그림동화, 쉬운 단편 동화 등을 읽게 하면서 성취감을 느끼게 하는 것이 좋다.

초등학교 1학년의 국어 능력은 문자 언어를 이해하고 표현하는 기초적 문식 능력의 습득과 발달에 초점을 둘 필요가 있다. 이에 1학년 1학기 평가는 읽기와 문법 영역에서 성취기준 1개씩을 각각 선정하였다. 읽기와 문법 영역 모두 한글의 구성 원리, 글자의 소릿값과 짜임 등 한글을 해득할 수 있는 학습 과정을 평가에 반영하였다.

앞에서 이야기한 것처럼 '하나의 성취기준을 제대로 잘 익히고 있는지의 과정과, 결과 전반을 포함하는 평가 문항 하나를 설정하여 하나의 성취기준을 가르치는 기간 동안 지속적으로 평가하는 과정을 거치는 것도 좋은 방안이 된다.'는 취지 아래, 읽기 영역에서는 '[2국02-01] 글자, 낱말, 문장을 소리 내어 읽는다.'는 성취기준을 4개의 단원에서 적용하고 가르치며 학생의 발전과 성장을 도모할 수 있다. 이에 따른 수행 과제는 6단원에 적용하여 구안하였다.

'[2국02-01] 글자, 낱말, 문장을 소리 내어 읽는다.'는 성취기준이 반영된 단원은 1학년 1학기 '1단원. 바른 자세로 읽고 쓰기'와 '4단원. 글자를 만들어요', '6단원. 받침이 있는 글자', '7단원. 생각을 나타내요'이다. 따라서 1단원과 4단원에서 배우고 익힌 것에 기반을 두고 6단원에서 학생의 도달 정도를 파악하고자 하였다.

1단원의 읽기 영역에서는 그림을 보며 소리 내어 낱말을 따라 읽는 것으로 '나, 너, 우리, 친구, 선생님, 아버지, 어머니, 아기, 나, 우리 가족, 선생님'을 따라 읽는 것이다. 낱말을 따라 읽으면서 의미를 알고, 정확하게 발음하게 하는 것이 필요하다. 다만, 입 모양을 지나치게 강조하지 말고 낱말에 따라 입 모양이 달라질 수 있다는 것을 인식하게 하는 것이 좋다.

4단원의 읽기 영역에서는 글자의 짜임을 보여주는 기본 음절표에서 글자를 찾아 소리 내어 읽어보고, 간단한 낱말을 읽어보게 한다. 예를 들어 같은 자음자에 다른 모음자가 결합한 경우로 '리, 로/나, 너/아, 오' 등이 있으며, 같은 모음자에 다른 자음자가 결합한 경우로 '나, 마, 아, 자/로, 오, 모' 등을 예로 들 수 있다. 이를 바탕으로 신체 부위의 이름인 머리, 이마, 허리, 코 등을 익히고,

받침이 없는 글자로 되어 있는 간단한 낱말을 읽고 쓰는 능력을 기른다.

이러한 배움을 바탕으로 6단원에서 '받침이 있는 글자를 읽는 것'을 수행 과제로 선정하였으며 이 성취기준의 후속 학습은 7단원에서 이뤄진다. 7단원의 읽기 영역에서는 문장 단위의 짧은 글을 소리 내어 바르게 읽는 것으로 주어, 목적어, 서술어가 있는 문장을 읽는 것으로 발전한다. 읽기 영역의 '[2국02-01] 글자, 낱말, 문장을 소리 내어 읽는다.'는 성취기준에 따른 단원별 교육내용은 다음과 같다.

성취기준: 읽기 영역 [2국02-01] 글자, 낱말, 문장을 소리 내어 읽는다.

1. 바른 자세로 읽고 쓰기	그림 보며 낱말 따라 읽기

↓

4. 글자를 만들어요	받침이 없는 글자 읽기

↓

6. 받침이 있는 글자	받침이 있는 글자 읽기

↓

7. 생각을 나타내요	문장 단위의 짧은 글 읽기

문법 영역에서는 '[2국04-01] 한글 자모의 이름과 소릿값을 알고 정확하게 발음하고 쓴다.'는 성취기준에 따라 2단원과 3단원에서 한글을 해득할 수 있도록 해야 한다. 이 성취기준에 따른 수행 과

제는 3단원에 적용하여 구안하였다.

　'[2국04-01] 한글 자모의 이름과 소릿값을 알고 정확하게 발음하고 쓴다.'는 성취기준은 1학년 1학기 '2단원. 재미있게 ㄱㄴㄷ', '3단원. 다 함께 아야어여'에 적용되고 있어 2단원에서 배우고 익힌 것에 기반을 두고 3단원에서 학생의 도달 정도를 파악하고자 하였다.

　2단원의 문법 영역에서는 첫째, 자음자의 모양을 보고 그 이름을 말하고, 나아가 자음자 이름을 알며 작은 물건으로 자음자 모양 만들기 놀이를 하거나, 손과 몸으로 자음자 모양 만들기 등을 할 수 있다. 둘째, 자음자의 소리를 익히고, 바르게 읽는다. 셋째, 자음자의 필순을 익혀 자음자를 바르게 쓴다. 글자를 바르게 쓰기 위해서는 쓰는 순서를 익혀야 한다. 따라서 자음자 'ㄱ'부터 'ㅎ'까지 필순을 익혀 제대로 쓰고, 제대로 읽게 하는 것이 학습목표가 된다.

　이러한 배움을 바탕으로 3단원에서는 모음자의 모양과 이름, 소릿값을 파악하고, 낱말에 적용된 알맞은 모음자를 선택해 쓰는 것이다. 모음자를 쓸 때 쓰는 순서에 맞게 쓰도록 세심한 지도가 필요하다. 단원별 교육내용은 다음과 같이 전개된다.

성취기준: 문법 영역 [2국04-01] 한글 자모의 이름과 소릿값을 알고 정확하게 발음하고 쓴다.	
2. 재미있게 ㄱㄴㄷ	자음자의 이름과 소리를 알고 바르게 쓰기
↓	
3. 다 함께 아야어여	모음자의 모양과 이름 알고 바르게 쓰기

1학년 1학기는 한글 해득 정도의 개인차가 매우 크다. 따라서 학생들에게 억압적으로 국어 사용 능력을 가르치려고 하지 말고, 학습자 개인의 능력과 한글 해득 발달 정도를 이해하면서 배려하는 교사의 지혜가 요구된다. [표 1]은 전술한 바를 토대로 1학년 1학기 읽기, 문법 영역의 수행 과제를 표로 나타낸 것이다.

[표 1] 1-1 '읽기' 영역과 '문법' 영역의 수행 과제

영역	성취기준	수업 구성 개요	수행 과제	단원	평가 유형
읽기	[2국02-01] 글자, 낱말, 문장을 소리 내어 읽는다.	• 구름놀이 읽기 • 받침 있는 글자 찾기 • 받침 있는 글자 읽기	받침이 있는 글자 읽기	6. 받침이 있는 글자	구술 평가
문법	[2국04-01] 한글 자모의 이름과 소릿값을 알고 정확하게 발음하고 쓴다.	• 모음자 확인하기 • 모음자 순서대로 연결하기	모음자 찾고, 쓰기	3. 다 함께 아야어여	지필 평가

여기서 기술한 읽기와 문법 영역의 수행 과제는 다음의 [표 2]와 같다.

[표 2] 1-1 '읽기' 영역의 수행 과제

별도의 평가지 없음			
수행 과제: 받침이 있는 글자 읽기(낱말 카드 제시)			
① 호랑이 ③ 깡충깡충 ⑤ 어슬렁어슬렁 ⑦ 놀자		② 솜사탕 ④ 폴짝폴짝 ⑥ 어흥 ⑧ 깜짝이야	
성취기준		평가 대상	평가 유형
[2국02-01] 글자, 낱말, 문장을 소리 내어 읽는다.		개인	구술평가
학년-학기	영역	단원	교과서
1-1	읽기	6. 받침이 있는 글자	162~167쪽
총체적 루브릭			
수준	기술		
잘함	낱말 카드 8개 중 6개 이상을 잘 읽었다.		
보통	낱말 카드 8개 중 4개 정도를 읽었다.		
노력 요함	낱말 카드 8개 중 2개 이하를 읽었다.		

이 수행평가는 6단원의 5차시부터 8차시 사이에 적용할 수 있다. 자음자와 모음자를 조합해 받침이 있는 글자가 만들어지는 원리를 이해하고, 개별적으로 받침이 있는 글자를 읽을 수 있는지 알아보는 것이다. 교사와 학생이 일대일로 마주하여 구술 형태로 평가한다.

학습력이 우수한 학생은 교실에 있는 물건 중에서 받침이 있는 낱말을 생각하여 써보게 한다. 보충 지도가 필요한 학생에게는 교사가 읽어준 후 따라 읽게 하여 소리 내어 읽는 연습이 이뤄지도록 한다. 또한 받침이 있는 글자의 짜임부터 다시 지도하는 것이 필요하다. 이때 받침이 없는 글자와 받침이 있는 글자를 비교해 지도해주는 것이 좋겠다.

소수거	→	손수건
주너기	→	줄넘기
여모	→	연못
새조이	→	색종이
치구	→	친구
차문	→	창문

[표 3] 1-1 '문법' 영역의 수행 과제

별도의 평가지 없음

수행 과제: 한글 모음자의 이름과 소릿값을 알고 낱말에서 모음자를 선택해 쓰기

교실에 있는 물건 6개의 이름을 써봅니다. 그리고 물건의 이름에 들어 있는 모음자를 알아봅니다. 아래처럼 하세요.

물건의 이름			→	모음자	
칠	판			ㅣ	ㅏ

성취기준		평가 대상	평가 유형
[2국04-01] 한글 자모의 이름과 소릿값을 알고 정확하게 발음하고 쓴다.		개인	지필평가
학년-학기	영역	단원	교과서
1-1	문법	3. 다 함께 아야어여	74~85쪽

총체적 루브릭	
수준	기술
잘함	5개 낱말에 필요한 모음자를 바르게 말하고 쓴다.
보통	3개 낱말에 필요한 모음자를 바르게 말하고 쓴다.
노력 요함	2개 이하의 낱말에 필요한 모음자를 바르게 쓴다.

이 수행평가는 한글 모음의 이름과 소릿값을 알고, 정확하게 발음하고 쓰는 것이다. '토끼와 자라'같이 이중 모음이 들어 있는 것은 4단원에서 배우므로 중요하게 언급하지 않는다. 이 수행평가는 학생들이 창의적 사고를 발휘할 수 있도록 교실 안 물건들의 이름을 유인하게 한 후 낱말에 있는 모음자를 알아내게 하였다.

학습력이 우수한 학생에게는 자신이 읽은 책의 제목을 써보게 한 후 모음자를 찾아보게 하는 것도 좋다. 보충 지도가 필요한 학생에게는 모음자를 순서대로 나열하고 읽어보게 한 후 'ㅏ'부터 'ㅣ'가 들어 있는 낱말들 속에서 모음자를 순서대로 확인할 수 있도록 지도한다.

ㅏ	→	가지
ㅑ	→	냠냠
ㅓ	→	너구리
ㅕ	→	여자
ㅗ	→	고구마
ㅛ	→	요리
ㅜ	→	우유
ㅠ	→	휴지
ㅡ	→	그늘
ㅣ	→	다리미

3

자기 성찰 역량을 함양하기 위한,
1학년 2학기 평가 계획

1학년 2학기 평가는 듣기·말하기, 쓰기 영역에서 성취기준 1개씩을 각각 선정하였다. 듣기·말하기 영역에서는 의사소통 역량과 자기 성찰 역량을 신장하기 위하여 '바른 자세로 자신 있게 말하는 것'을 수행 과제로 선정하였다. 쓰기 영역 또한 자기 성찰 및 계발 역량을 함양하기 위하여 '겪은 일이 드러나게 글을 쓰는 것'을 수행 과제로 선정하였다.

듣기·말하기 영역에서는 '[2국01-04] 듣는 이를 바라보며 바른 자세로 자신 있게 말한다.'는 성취기준을 1개 단원에서 가르치는 것으로 한정되어 있다. 그러나 이는 2학년에서도 학습해야 할 지속 성취기준으로 중요성을 띠고 있어 수행 과제로 제작하였다.

1개 단원은 '4단원. 바른 자세로 말해요'로 듣기와 말하기를 할 때 가져야 할 바른 태도와 자세에 대해 학습한다. 자신 있게 말할 수 있는 의사소통 능력은 대인관계에서 매우 중요하며, 바른 자세로 자신 있게 말하는 것을 배움으로써 삶의 연속성에 적용할 수 있다. 수행 과제는 4단원의 5~6차시에 적용하게끔 제작하였으나, 과정 중심의 평가 차원에서는 9~10차시의 '잘하는 것을 자신 있게 말하기' 주제에도 적용하여 평가할 수 있으며 피드백을 해줌으로써 학생의 성장을 도모할 수 있다.

1학년 2학기의 경우 듣기·말하기 영역에서 '[2국01-05] 말하는 이와 말의 내용에 집중하며 듣는다.'는 성취기준은 5단원과 10단원에 적용되며, '[2국01-01] 상황에 어울리는 인사말을 주고받는다.'는 성취기준은 6단원에 적용된다. 따라서 교사가 교실 안에서 평가할 때 이를 참고하여 수행 과제를 제작할 수도 있다.

듣기·말하기 영역의 '[2국01-04] 듣는 이를 바라보며 바른 자세로 자신 있게 말한다.'는 성취기준에 따른 단원 내 교육내용은 다음과 같다.

성취기준: 듣기·말하기 영역 [2국01-04] 듣는 이를 바라보며 바른 자세로 자신 있게 말한다.

4. 바른 자세로 말해요	바른 자세로 이야기를 듣는 방법 알기
	↓
	듣는 사람을 바라보며 자신 있게 말하는 방법 알기 자신의 꿈을 자신 있게 말하기
	↓
	자신이 잘하는 것을 자신 있게 말하기

쓰기 영역에서는 '[2국03-04] 인상 깊었던 일이나 겪은 일에 대한 생각이나 느낌을 쓴다.'는 성취기준을 선택하여 수행 과제를 구안하였다. 이 성취기준은 1개 단원에서 가르치는 것으로 한정

되어 있으나, 이 또한 2학년에서도 학습해야 할 지속 성취기준으로 중요성을 띠고 있다.

1개 단원은 '9단원. 겪은 일을 글로 써요'이다. 이 단원에서는 겪은 일을 글로 쓰는 과정을 배우고, 자신의 생각이나 느낌이 드러나게 문장으로 표현해야 한다. 하루를 되돌아보고 일기를 쓰는 과정을 통해 자신을 이해하는 능력을 향상시키며, 자기 성찰의 자세를 키우기 위함이다. 수행 과제는 9단원의 9~10차시에 적용하게끔 제작하였으나 과정 중심의 평가 차원에서 7~8차시에도 적용할 수 있을 것이다. 나아가 일기 쓰기를 습관화하려면 지속적인 평가와 점검을 하는 것이 좋다.

1학년 2학기의 경우, 쓰기 영역에서 '[2국03-05] 쓰기에 흥미를 가지고 즐겨 쓰는 태도를 지닌다.'는 성취기준은 1단원에 적용되며, '[2국03-02] 자신의 생각을 문장으로 표현한다.'는 성취기준은 3단원에 적용된다. 이 책에서 "성취기준 1개당 반드시 하나의 수행평가 문항을 만들 필요는 없다. 성취기준 간 연계와 융합을 통해 2개 이상의 성취기준으로 하나의 수행평가 문항을 만들 수도 있다."고 전술한 바와 같이 1학년 2학기 쓰기 영역의 수행 과제는 성취기준 [2국03-05]와 [2국03-02]를 통합하여 '일기 쓰기'로 구안할 수도 있을 것이다.

쓰기 영역의 '[2국03-04] 인상 깊었던 일이나 겪은 일에 대한 생각이나 느낌을 쓴다.'는 성취기준에 따른 단원 내 교육내용은 다음과 같다.

성취기준: 쓰기 [2국03-04] 인상 깊었던 일이나 겪은 일에 대한 생각이나 느낌을 쓴다.

9. 겪은 일을 글로 써요	겪은 일이 잘 드러나게 글 쓰기
	↓
	가장 쓰고 싶은 일을 일기로 쓰기

1학년 1학기에는 기초 문식성의 기반을 닦았다. 기초 문식성이 완비되면 책을 스스로 읽을 수 있으며 학습의 효율성도 높일 수 있다. 따라서 1학년 2학기에는 기초 문식성의 기반 위에 읽기와 쓰기 활동을 중시하고, 읽고 쓴 것에 대해 서로 이야기할 수 있는 기회를 많이 제공하여 학습의 효율성과 대인관계 역량을 계속 발전시켜나가야 할 것이다. 다음의 [표 4]는 1학년 2학기 듣기·말하기, 쓰기 영역의 수행 과제를 표로 나타낸 것이다.

[표 4] 1–2 '듣기·말하기' 영역과 '쓰기' 영역의 수행 과제

영역	성취기준	수업 구성 개요	수행 과제	단원	평가 유형
듣기 말하기	[2국01-04] 듣는 이를 바라보며 바른 자세로 자신 있게 말한다.	• 자신 있게 말하는 방법 알기 • 자신의 꿈 발표하기	자신의 꿈 자신 있게 말하기	4. 바른 자세로 말해요	구술 평가
쓰기	[2국03-04] 인상 깊었던 일이나 겪은 일에 대한 생각이나 느낌을 쓴다.	• 겪은 일 정리하기 • 제목 정하는 법 알기 • 겪은 일이 드러나게 글쓰기	자신이 겪은 일에 대해 글쓰기	9. 겪은 일을 글 로 써요	지필 평가

듣기·말하기 영역의 수행평가는 듣는 사람을 바라보며 자신의 꿈을 자신 있게 발표하는 것이다. 자신 있게 말하는 방법을 학습한 후 자신의 꿈을 발표하는 것으로 교과서 106쪽의 패턴을 따라 글을 쓰게 한 후 친구들 앞에서 발표하게 한다. 자신의 꿈에 대한 내용보다는 자신 있게 말하는 것에 좀 더 집중하도록 한다.

교사는 학생이 말하는 것을 평가하되 모둠에서 발표 후 전체 발표를 하게 함으로써 학생 간 피드백이 이뤄지도록 하는 것이 좋다. 모둠에서 발표를 할 때는 ① 알맞은 크기의 목소리로 발표하는지, ② 알맞은 빠르기로 발표하는지, ③ 듣는 사람을 바라보며 발표하는지, ④ 고개를 들고 발표하는지 등을 모둠원끼리 점검할 수 있도록 미리 평가 기준을 안내하고 피드백을 해주도록 한다.

[표 5] 1-2 '듣기·말하기' 영역의 수행 과제

별도의 평가지 없음		
수행 과제		
듣는 이를 바라보며 자신의 꿈 자신 있게 말하기 기준: 자신 있게 말하는 방법 지키기 자신의 꿈 말하기, 꿈을 이루기 위해 공부하고 싶은 것, 꿈을 이룬 후 하고 싶은 것 모두 들어가기(교과서 106쪽 패턴 지키기)		

성취기준	평가 대상	평가 유형
[2국01-04] 듣는 이를 바라보며 바른 자세로 자신 있게 말한다.	개인	구술평가

학년-학기	영역	단원	교과서
1-2	듣기·말하기	4. 바른 자세로 말해요	104~107쪽

분석적 루브릭		
항목 / 수준	발표 태도	자신의 꿈 발표 내용
가중치	70%	30%
잘함	고개 들고 말하기, 듣는 사람 바라보며 말하기, 모두 들을 수 있도록 큰 소리로 말하기, 3가지를 모두 지키며 발표한다.	자신의 꿈 말하기, 꿈을 이루기 위해 공부하고 싶은 것, 꿈을 이룬 후 하고 싶은 것 3가지가 모두 들어가게 발표한다.
보통	위의 3가지 요소 중 2가지를 지키며 발표한다.	위의 3가지 요소 중 2가지가 들어가게 발표한다.
노력 요함	위의 3가지 요소 중 1가지를 지키며 발표한다.	위의 3가지 요소 중 1가지가 들어가게 발표한다.

듣기·말하기 영역의 수행평가는 과정 중심의 평가 차원에서 9~10차시의 '잘하는 것을 자신 있게 말하기' 주제에도 적용하여

평가함으로써 보충 지도가 필요한 학생에게 충분한 피드백을 주고 평가 기회를 확장하여 주는 것도 좋은 방안이 된다.

[표 6] 1-2 '쓰기' 영역의 수행 과제

별도의 평가지 없음

수행 과제

어제 하루 동안 겪은 일 중에서 1가지 일을 정해 일기로 쓰기
기준: 날짜와 요일, 날씨, 제목이 있는가?
　　　어디에서 있었던 일인가?
　　　누구와 한 일인가?
　　　무슨 일을 했는가?
　　　생각이나 느낌이 들어 있는가?

성취기준			평가 대상	평가 유형
[2국03-04] 인상 깊었던 일이나 겪은 일에 대한 생각이나 느낌을 쓴다.			개인	지필평가
학년-학기	영역	단원	교과서	
1-2	쓰기	9. 겪은 일을 글로 써요	250~253쪽	

총체적 루브릭

수준	기술
잘함	위의 기준 중 4가지를 충족하면서 생각과 느낌을 구체적으로 표현하였다.
보통	위의 기준 중 3가지를 충족하면서 생각과 느낌이 드러나게 썼다.
노력 요함	위의 기준 중 3가지를 충족하면서 겪은 일 위주로 썼다.

쓰기 영역의 수행평가는 일상생활에서 기억에 남은 일을 골라 일기로 쓰는 것이다. 겪은 일에 대해 자신의 생각이나 느낌을 솔

직하게 써보는 것으로, 일기 쓰기의 생활화를 지향하고자 하였다. 다만 글쓰기 능력의 향상에 강조점을 두면서 일기 쓰기를 권장해서는 안 된다.

학습력이 우수한 학생에게는 날씨를 자세히 표현할 수 있도록 안내함으로써 창의적인 사고력을 함양하게 할 수 있다. 일례로 '날씨: 맑음'에서 벗어나 '해님이 방긋 웃고 빨래가 춤을 추듯 잘 마르는 날이에요.'라는 식으로 쓸 수 있도록 안내해보자.

보충 지도가 필요한 학생에게는 자신이 겪은 일과 생각이나 느낌을 표현하는 것이 어떻게 다른지 다시 지도하는 것이 필요하다. 다만 겪은 일과 생각이나 느낌을 정확하게 구분하는 데 초점을 두기보다, 생각이나 느낌을 다양하게 표현할 수 있도록 안내하는 것에 중점을 둔다. 그리고 자신이 겪은 일의 내용을 자세하게 구성하는 방법을 알려주고, 겪은 일에 대한 생각과 느낌을 적을 수 있게 단계적으로 접근하는 방법을 지도한다.

일기를 꾸준히 쓰는 것은, 학생의 자기 성찰에 도움을 줄 수 있으며, 교사에게는 학생의 정서와 인성 등을 알 수 있을 뿐 아니라 생활지도를 위한 귀중한 자료가 된다. 일기를 점검하는 행위가 학생의 인권을 침해한다거나 혹은 학생의 자유로운 글쓰기를 저해한다고 생각할 수도 있다. 그러나 1학년의 일기 쓰기는 기초 문식성 향상에 도움을 주며, 감수성 향상과 자기 성찰 기회를 가지게 함으로써 학생의 성장을 유인하는 기제로 작용한다는 점을 놓쳐선 안 된다.

4

말의 재미를 느끼는, 2학년 1학기 평가 계획

2학년 1학기 평가는 문학 영역에서 성취기준 1개를 선정하였다. '[2 국05-03] 여러 가지 말놀이를 통해 말의 재미를 느낀다.'는 성취기준은 한 단원에서 가르치는 것으로 한정되어 있으나, 이는 1학년에서도 학습하고 2학년에서도 학습하는 지속 성취기준으로 중요성을 띠고 있어 수행 과제로 제작하였다.

단원은 '4단원. 말놀이를 해요'로서 재미있는 말놀이를 통해 말의 재미를 느끼는 것을 평가하는 것으로, 학생들이 친숙하게 여기는 '사과는 빨개'라는 노래를 개사함으로써 창의적 사고를 함양할 수 있도록 하였다. 이 단원은 재미있는 말놀이를 통해 우리말에 관심을 가지게 하고, 어휘력의 확장과 언어적 유희를 경험하며, 말놀이를 하는 과정에서 재미와 사회적 상호 작용력을 함양하도록 유도하고 있다.

2학년 1학기 문학 영역에서는 '[2국05-02] 인물의 모습, 행동, 마음을 상상하며 그림책, 시나 노래, 이야기를 감상한다.'는 성취기준이 '1단원. 시를 즐겨요', '3단원. 마음을 나누어요', '11단원. 상상의 날개를 펴요'에 적용된다. 또 '[2국05-04] 자신의 생각이나 겪은 일을 시나 노래, 이야기 등으로 표현한다.'는 성취기준은 '6단원. 차례대로 말해요'에 적용되므로 교사가 이를 참고하여 수행과제를 제작하는 것도 좋을 것이다. 특히, 인물의 모습과 행동, 마음을 상상하며 시, 노래, 이야기를 감상하는 성취기준이 3개 단원에 적용되고 있으므로 이의 지속적인 평가와 피드백은 학생의 문학 향유 역량을 함양하는 데 도움을 줄 수 있다.

'[2국05-03] 여러 가지 말놀이를 통해 말의 재미를 느낀다.'는 성취기준에 따른 단원 내 교육내용은 다음과 같이 전개하면 좋다.

성취기준: 문학 영역 [2국05-03] 여러 가지 말놀이를 통해 말의 재미를 느낀다.

	말의 재미 느끼기
	↓
	재미있는 말놀이 하기
4. 말놀이를 해요	↓
	주변의 여러 가지 낱말을 찾아 말놀이 하기
	↓
	말 덧붙이기 놀이하기

2학년 1학기의 문학 영역은 말놀이 외에 시, 그림책, 만화영화, 서사 문학을 통해 인물의 모습, 행동, 마음을 상상하고, 문화 향유

역량에 중점을 두고 있다. 다음 [표 7]과 [표 9]는 전술한 바를 토대로 2학년 1학기 문학 영역의 수행 과제를 표로 나타낸 것이다.

[표 7] 2-1 '문학' 영역의 수행 과제 1

영역	성취기준	수업 구성 개요	수행 과제	단원	평가 유형
문학	[2국05-03] 여러 가지 말놀이를 통해 말의 재미를 느낀다.	• 낱말 텔레파시 놀이하기 • '사과는 빨개' 개사하기	'사과는 빨개' 개사하기	4. 말놀이를 해요	관찰 평가

[표 8] 2-1 '문학' 영역의 수행 과제 2

별도의 평가지 없음		
수행 과제		
교과서 79쪽 '사과는 빨개'로 꽁지 따기 말놀이 하기 사과는 빨개 → 빨가면 소방차 → 소방차는 빨라 → 빠른 것은 기차 등		

성취기준	평가 대상	평가 유형
[2국05-03] 여러 가지 말놀이를 통해 말의 재미를 느낀다.	모둠	관찰평가

학년-학기	영역	단원	교과서
2-1	문학	4. 말놀이를 해요	78~79쪽

총체적 루브릭	
수준	기술
잘함	모둠 친구들이 협력하여 꽁지 따기 말놀이를 한다(두 번 순환).
보통	모둠 친구들이 협력하여 꽁지 따기 말놀이를 한다(한 번 순환).
노력 요함	말놀이에 소극적으로 참여하며 자연스럽게 연결하지 못한다.

이 수행평가는 말놀이의 재미를 느끼며 친구들과 협력하여 놀이를 하는 것이다. 교과서에는 꽁지 따기 놀이, 같은 말로 이어 말하기, 주고받는 말놀이 등이 다양하게 제시되어 있다.

'사과는 빨개'에서 출발하고, 다음부터는 학생들의 창의적인 사고가 발휘될 수 있도록 안내하는 것이 좋다. 자연스럽게 연결하는 것이 바람직하며, 친구들과 협력하면서 창의적이고 상상력을 발휘할 수 있도록 안내한다.

놀이 형태의 수행평가이므로 놀이 자체를 즐기되 친구들끼리 협력과 배려 등의 규칙을 지켜서 할 수 있도록 사전에 안내를 하는 것이 필요하다. 또한 말놀이이므로 정답이 하나만 있는 것이 아님을 미리 알려준다. 전래동요, 놀이노래 등의 자료를 활용해 사고의 확장을 꾀하는 것도 필요하다. 다음은 꽁지 따기 놀이, 같은 말로 이어 말하기의 예시이다.

사과는 빨개	바나나는 노래
당근은 주황	농구공은 동그래
깊다 깊다 바다가 깊다	깊다 깊다 우물이 깊다
작다 작다 개미가 작다	작다 작다 달팽이가 작다

5

소리와 표기가 다른 낱말을 익히는,
2학년 2학기 평가 계획

2학년 2학기 평가는 문법 영역에서 성취기준 1개를 선정하였다. 글자와 다르게 소리 나는 낱말을 바르게 쓰고 읽는 것을 수행 과제로 선정하였다. 차시 운영은 글쓰기까지 확장되어 있지만, 글쓰기는 쓰기 영역의 차원이므로 다루지 않았다.

2학년 2학기의 문법 영역에서 '[2국04-02] 소리와 표기가 다를 수 있음을 알고 낱말을 바르게 읽고 쓴다.'는 성취기준은 2학년에서만 중점적으로 학습하는 성취기준이며 2개의 단원에서 가르치게 되어 있다. 성취기준에 따른 수행 과제는 6단원에 적용하여 구안하였다. '[2국04-02] 소리와 표기가 다를 수 있음을 알고 낱말을 바르게 읽고 쓴다.'는 성취기준이 반영된 단원은 6단원 외에 '8단원. 바르게 말해요'가 있다. 따라서 6단원에서 평가를 한 후 보충 지도를 하고 8단원에서 재평가를 하여 학생의 발전 정도를 점검하는 것도 좋을 것이다.

2학년 2학기의 문법 영역은 2단원에서는 '[2국04-02] 문장에 따라 알맞은 문장 부호를 사용한다.'는 성취기준이 적용되고 있으며 5단원에서는 '[2국04-04] 글자, 낱말, 문장을 관심 있게 살펴보고 흥미를 가진다.'는 성취기준이 적용되고 있다. 2개의 성취기준 모두 1학년과 2학년에 걸쳐 지속적으로 학습하는 성취기준이다.

2학년 2학기의 문법 영역은 기술한 바와 같이 6단원에서 '글자와 다르게 소리 나는 낱말을 바르게 쓰고 읽는 것'으로 수행 과제를 선정하였다. 정보를 전달하는 글은 내용을 정확하게 전달하는 것이 중요하므로 특히 맞춤법을 잘 알고 있어야 한다. 이것의 후속 학습은 8단원에서도 이뤄진다. 그러나 8단원 문법 영역의 지도 중점은 혼동되는 말의 사용을 집중적으로 학습하면서 낱말의 뜻을 탐구하는 데 있고, 글자와 다르게 소리 나는 낱말을 바르게 읽고 쓰는 것은 5~6차시에서 바르게 발음하는 방법으로 조금만 다루고 있음을 유의해야 한다.

문법 영역의 '[2국04-02] 소리와 표기가 다를 수 있음을 알고 낱말을 바르게 읽고 쓴다.'는 성취기준에 따른 단원별 교육내용은 다음과 같이 전개된다.

성취기준: 문법 영역 [2국04-02]
소리와 표기가 다를 수 있음을 알고 낱말을 바르게 읽고 쓴다.

6. 자세하게 소개해요	글자와 다르게 소리 나는 낱말 찾아서 바르게 쓰고 읽기
	↓
8. 글자를 만들어요	바르게 발음하기 예시) 주먹밥[주먹빱], 먹고[먹꼬], 접시[접씨] 등

6단원의 경우, 연계와 융합을 통해 2개 이상의 성취기준으로 하나의 수행평가 문항을 만들 수도 있다. 교과서 158쪽의 〈내 동생〉이라는 글에서 글자와 다르게 소리 나는 낱말을 찾아 바르게 쓰고 읽게 하고, 162쪽에서 내 동생, 내 누나, 내 친구 등을 소개하는 글을 써보게 함으로써 문법 영역 '[2국04-02] 소리와 표기가 다를 수 있음을 알고 낱말을 바르게 읽고 쓴다.'는 성취기준과 쓰기 영역 '[2국03-03] 주변의 사람이나 사물에 대해 짧은 글을 쓴다.'는 성취기준을 연계하여 평가할 수도 있다. 다음의 [표 9]와 [표 10]은 전술한 바를 토대로 2학년 2학기 문법 영역의 수행 과제를 나타낸 것이다.

[표 9] 2-2 '문법' 영역의 수행 과제 1

영역	성취기준	수업 구성 개요	수행 과제	단원	평가 유형
문법	[2국04-02] 소리와 표기가 다를 수 있음을 알고 낱말을 바르게 읽고 쓴다.	• 소개하는 글 읽기 • 글자와 다르게 소리 나는 낱말을 찾고, 바르게 쓰기 • 소개하는 글쓰기	글자와 다르게 소리 나는 낱말을 찾아 바르게 쓰기	6. 자세하게 소개해요	지필 평가

[표 10] 2-2 '문법' 영역의 수행 과제 2

수행 과제

다음 문장에서 글자와 다르게 소리 나는 낱말을 바르게 쓰고 읽으세요.

여르메 바다로 여행을 떠나요. 의자에 바르게 안자서 공부해요. 나는 엄마를 마니 도와드려요. 하늘에 구름 한 점 업씨 화창해요.	친구와 함께 지브로 가요. 친구 여페 강아지가 있어요. 동생은 그리믈 잘 그려요. 산에 올랐더니 바라미 심하게 불어요.

성취기준		평가 대상	평가 유형
[2국04-02] 소리와 표기가 다를 수 있음을 알고 낱말을 바르게 읽고 쓴다.		개인	지필평가
학년-학기	영역	단원	교과서
2-2	문법	6. 자세하게 소개해요	157~163쪽

총체적 루브릭	
수준	기술
잘함	7개 이상의 낱말을 바르게 쓰고 읽는다.
보통	5개 이상의 낱말을 바르게 쓰고 읽는다.
노력 요함	4개 이하의 낱말을 바르게 쓰고 읽는다.

[표 11] 2-2 '문법' 영역의 수행평가지

국어과 수행평가지	
2학년 반 번 이름( )	
단원명	6. 자세하게 소개해요
과제명	글자와 다르게 소리 나는 낱말을 바르게 쓰고 읽기
수행 과제	

* 다음 문장에서 글자와 다르게 소리 나는 낱말을 바르게 쓰고 읽으세요.

문장	글자와 다르게 소리 나는 낱말 바르게 쓰기
여르메 바다로 여행을 떠나요.	
의자에 바르게 안자서 공부해요.	
나는 엄마를 마니 도와 드려요.	
하늘에 구름 한 점 업씨 화창해요.	
친구와 함께 지브로 가요.	
친구 여페 강아지가 있어요.	
동생은 그리믈 잘 그려요.	
산에 올랐더니 바라미 심하게 불어요.	

[표 11]은 글자와 다르게 소리 나는 낱말을 찾아 바르게 고쳐 쓰도록 하고 있다. 즉, 소리와 표기가 다른 낱말을 찾아 맞춤법에 맞게 쓰는 것이다. 맞춤법에 맞지 않는 낱말을 찾고 바르게 고쳐 쓰는 것은 맞춤법에 맞는 바른 글쓰기를 하는 데 도움이 된다. 글을 쓸 때는 맞춤법에 맞게 쓰고자 하는 태도를 갖도록 지속적인 지도가 필요하다.

학생들이 직접 쓴 시 또는 글을 활용해 맞춤법이 틀린 글자를 찾아보게 하는 활동은 학습 효과를 높일 수 있다. 초등학교 2학년 학생들은 구두 언어를 능숙하게 사용하여 의사 표현을 잘하고, 대화도 잘한다. 그러나 문자 언어의 사용은 능숙하지 못하다. 따라서 소리와 표기가 다른 낱말들은 철자에 유의하여 읽게 하고, 소리와 글자의 관계를 인식할 수 있도록 지도가 필요하다.

6

중심 생각을 파악하는, 3학년 1학기 평가 계획

3학년 1학기 평가는 읽기와 문법 영역에서 성취기준 1개씩을 각
각 선정하였다. 읽기 영역에서는 '[4국02-01] 문단과 글의 중심 생
각을 파악한다.'는 성취기준에 따른 수행 과제를 구안하고, 문법
영역에서는 '[4국04-01] 낱말을 분류하고 국어사전에서 찾는다.'는
성취기준에 따른 수행 과제를 구안하였다.

읽기 영역의 '[4국02-01] 문단과 글의 중심 생각을 파악한다.'는
성취기준은 2개의 단원에서 가르친다. '2단원. 문단의 짜임'과 '8
단원. 의견이 있어요'이다. 이 성취기준은 3학년에서만 중점적으
로 학습하는 성취기준으로 수행 과제는 2단원에 적용하여 구안하
였다. 2단원에서 배우고 익힌 것을 8단원에서 재정리 및 보충 지
도 후 재평가를 하는 것도 평가의 지속성 차원에서 고려할 만하
다.

2단원은 설명문, 8단원은 의견을 제시한 글로, 글의 유형은 다
르지만 각 문단의 중심 문장을 정리한 후 글쓴이의 생각과 의견을

파악하도록 한다는 점은 같다.

2단원의 읽기 영역에서는 설명문에서 문단을 나누고 중심 문장과 뒷받침 문장을 파악하며 글을 읽도록 한다. 설명문은 중심 문장과 뒷받침 문장이 위계적으로 연관되는 구조로 이루어지기 때문이다. 8단원의 읽기 영역에서는 의견이 제시된 글에서 문단을 나누고 각 문단의 중심 문장을 정리하여 글쓴이의 의견을 파악한다. 중심 문장은 그 문단에서 가장 중심이 되는 문장이며, 글쓴이의 생각과 의견을 파악하는 데 매우 중요하다.

읽기 영역의 '[4국02-01] 문단과 글의 중심 생각을 파악한다.'는 성취기준에 따른 단원별 교육내용은 다음과 같이 전개된다.

성취기준: 읽기 영역 [4국02-01] 문단과 글의 중심 생각을 파악한다.	
2. 문단의 짜임	중심 문장과 뒷받침 문장을 파악하며 글 읽기
	↓
8. 의견이 있어요	글쓴이의 의견을 파악하는 방법을 익히고, 의견을 파악하며 글 읽기

3학년 1학기 읽기 영역에서는 '[4국02-02] 글의 유형을 고려하여 대강의 내용을 간추린다.'는 성취기준이 '5단원. 중요한 내용을 적어요', '8단원. 의견이 있어요'에 적용되며 '[4국02-03] 글에서 낱말의 의미나 생략된 내용을 짐작한다.'는 성취기준은 '4단원. 내 마음을 편지에 담아'와 '7단원. 반갑다, 국어사전'에 적용되고 있다. 따라서 단원과 단원을 가르칠 때 평가의 지속성 차원을 고

려하여 수행 과제를 구안하는 것도 좋을 것이다.

특히 8단원의 경우, 성취기준 간 연계와 융합을 통해 2개 이상의 성취기준으로 하나의 수행평가 문항을 만들 수도 있다. 교과서 226~227쪽을 읽고, '[4국02-01] 문단과 글의 중심 생각을 파악한다.'는 성취기준과 '[4국02-02] 글의 유형을 고려하여 대강의 내용을 간추린다.'는 성취기준을 융합하여 하나의 수행 과제로 평가할 수도 있을 것이다.

3학년 1학기 문법 영역에서는 '[4국04-01] 낱말을 분류하고 국어사전에서 찾는다.'는 성취기준이 '7단원. 반갑다, 국어사전' 1개 단원에만 적용되고 있다. 그러나 이 성취기준은 3학년과 4학년의 2개 학년에 걸쳐 지속적으로 성취하는 것이므로 중요성을 띠고 있어 수행 과제를 구안하였다. 국어사전에서 여러 낱말의 뜻을 찾아보는 활동을 통해 국어사전의 유용성을 알고, 국어사전을 즐겨 활용하게 함으로써 자료와 정보 활용 역량을 함양할 수 있기 때문이다.

문법 영역의 '[4국04-01] 낱말을 분류하고 국어사전에서 찾는다.'는 성취기준에 따른 단원 내 교육내용은 다음과 같이 전개된다.

성취기준: 문법 영역 [4국04-01] 낱말을 분류하고 국어사전에서 찾는다.

	국어사전에서 낱말을 찾는 방법 알기
7. 반갑다, 국어사전	↓
	형태가 바뀌는 낱말을 국어사전에서 찾기

교사는 학생들이 국어사전에서 낱말을 찾는 방법을 정확히 알고 있는지 지식과 기능적인 측면에서 평가하며, 동시에 국어사전을 적극적으로 활용하는 태도를 함양할 수 있도록 세심한 지도가 필요하다. 아침자습 시간을 이용한 국어사전 활용, 신문 활용 교육 등을 적용할 수 있다. 특히 3학년은 교과 교육으로 분화가 되는 학년으로 사회과 교과 시간에 접하게 되는 어려운 낱말 등을 찾아볼 수 있도록 교과와 교과, 교과와 창의적 체험활동을 융합하여 지도할 만하다.

다음의 [표 12]는 앞서 말한 내용을 토대로 3학년 1학기 '읽기', '문법' 영역의 수행 과제를 표로 나타낸 것이다.

[표 12] 3-1 '읽기' 영역과 '문법' 영역의 수행 과제

영역	성취기준	수업 구성 개요	수행 과제	단원	평가 유형
읽기	[4국02-01] 문단과 글의 중심 생각을 파악한다.	• 글의 내용 파악하기 • 문단 나누고 중심 문장 찾기	문단을 나누고 각 문단에서 중심 문장 찾기	2. 문단의 짜임	지필 평가
문법	[4국04-01] 낱말을 분류하고 국어사전에서 찾는다.	• 낱말의 기본형 알기 • 낱말의 뜻에 알맞은 짧은 글쓰기	형태가 바뀌는 낱말을 국어사전에서 찾기	7. 반갑다, 국어사전	지필 평가

[표 13]의 수행과제에 따른 평가는 문단의 짜임을 파악하며 글을 읽고, 문단의 중심 문장을 파악하는 것이다. 77쪽에 있는 〈각

[표 13] 3-1 '읽기' 영역의 수행 과제

별도의 평가지 없음
수행 과제: 문단을 나누고, 각 문단에서 중심 문장 찾기

교과서 77쪽 〈각 문단의 중심 문장 정리표〉 기록하기

성취기준			평가 대상	평가 유형
[4국02-01] 문단과 글의 중심 생각을 파악한다.			개인	지필
학년-학기	영역	단원	교과서	
3-1	읽기	2. 문단의 짜임	74~77쪽	

총체적 루브릭	
수준	기술
잘함	4개의 중심 문장 중 3개 이상을 정리할 수 있다.
보통	4개의 중심 문장 중 2개 이상을 정리할 수 있다.
노력 요함	4개의 중심 문장 중 1개 정도를 정리할 수 있다.

문단의 중심 문장 정리표〉를 완성한 후 친구들과 이야기를 나누며 의사소통 역량을 함양할 수 있다. 이 수행평가에 앞서 전 차시에서 문단이 무엇인지 개념을 파악하였다. 문단은 생각의 단위로 여러 문장으로 이루어지고 하나의 생각을 나타내는 것이다. 이 수행평가를 적용하는 글은 설명문으로 중심 문장과 뒷받침 문장이 위계적으로 연관되는 의미 구조를 가지고 있으므로 의미 구조에 대한 체계적인 이해가 형성되도록 지도하는 것이 중요하다.

학습력이 우수한 학생은 우리나라의 명절을 소개한 책을 읽게 하면서 중심 문장이 글의 첫 부분, 글의 끝부분, 글의 처음과 끝부분 등 다양하게 제시될 수 있음을 알게 하는 것도 좋다.

보충 지도가 필요한 학생은 문단의 개념부터 다시 지도하되 실제 문단의 예를 바탕으로 구체적으로 접근할 수 있도록 지도하는 것이 필요하다. 이 단원에서는 대부분의 문단을 두괄식으로 구성했으므로 교사가 두괄식 문단의 설명문을 많이 발췌하여 가르치는 것도 필요하고, 교과서 72쪽과 73쪽의 글을 다시 한 번 읽게 하며 중심 문장에 밑줄을 긋게 하는 순차적 접근 지도도 필요하다. 다음은 중심 문장이 각 문단의 처음에 있는 보기 글이다.

내가 좋아하는 음식은 카레라이스입니다. 밥 위에 카레 소스가 어우러져 특별한 맛이 납니다.
그럼 카레라이스를 만드는 방법을 설명하겠습니다. 먼저, 양파, 고기, 당근, 감자 등의 재료를 준비합니다. 이것들을 적당한 크기로 썰어 잘 볶은 후 물을 붓고 재료가 익을 때까지 끓입니다. 불을 약하게 한 후 카레 가루를 조금씩 넣어 충분히 풀면서 끓입니다. 마지막으로 이것을 밥 위에 얹어내면 완성됩니다.

[표 14] 3-1 '문법' 영역의 수행 과제

수행 과제: 형태가 바뀌는 낱말을 국어사전에서 찾기

낱말들의 기본형을 찾고, 국어사전에서 뜻을 찾아 적으세요.

보기	먹었다, 높은데, 맑아서, 읽고, 자서, 웃어서, 묶고, 입는, 얇고, 붙으니

→ 수행평가지 참고

성취기준		평가 대상	평가 유형
[4국04-01] 낱말을 분류하고 국어사전에서 찾는다.		개인	지필평가
학년-학기	영역	단원	교과서
3-1	문법	7. 반갑다, 국어사전	197~202쪽
총체적 루브릭			
수준	기술		
잘함	10개 낱말 중 7개 이상을 기본형을 쓰고, 뜻을 찾아 썼다.		
보통	10개 낱말 중 4개 이상을 기본형을 쓰고, 뜻을 찾아 썼다.		
노력 요함	10개 낱말 중 3개 이하를 기본형을 쓰고, 뜻을 찾아 썼다.		

[표 15] 3-1 '문법' 영역의 수행평가지

국어과 수행평가지

3학년   반   번   이름(   )

단원명	7. 반갑다, 국어사전
과제명	형태가 바뀌는 낱말의 기본형을 알고, 국어사전에서 낱말의 뜻을 찾아 쓰기
수행 과제	

낱말의 기본형을 찾고, 국어사전에서 뜻을 찾아 적으세요.

보기	먹었다, 높은데, 맑아서, 읽고, 자서, 웃어서, 묶고, 입는, 얇고, 붙으니
낱말	기본형	낱말의 뜻

먹었다		
높은데		
맑아서		
읽고		
자서		
웃어서		
묶고		
입는		
얇고		
붙으니		

[표 15]의 수행평가지는 낱말의 기본형을 파악하여 국어사전에서 낱말을 찾아 의미를 확인하는 것이다. 글을 온전하게 이해하기 위해서는 글의 문맥에 맞는 낱말 뜻을 정확하게 알아야 한다. 낱말의 뜻을 파악하기 위해서는 국어사전을 활용해야 하고, 이를 위해서는 첫째, 낱말의 기본형을 알아야 하며 둘째, 국어사전에 낱말을 싣는 차례를 알아야 한다.

낱말의 기본형은 형태가 바뀌는 부분과 형태가 바뀌지 않는 부분을 정확하게 나누는 것이 중요하며, 국어사전의 자음자 차례와 모음자 차례를 살펴보는 것 또한 중요하다.

학습력이 우수한 학생은 국어사전에서 찾은 낱말을 활용하여 짧은 글쓰기를 하도록 안내한다. 보충 지도가 필요한 학생에게는 국어사전의 자음자와 모음자 차례를 확인하고, 낱말의 형태가 바뀌는 부분과 바뀌지 않는 부분을 계속 연습시켜 스스로 낱말의 기본형을 알 수 있도록 지도하는 것이 필요하다.

낱말	형태가 바뀌지 않는 부분	기본형
맑고, 맑으니, 맑아서	맑	맑다
읽고, 읽어서, 읽으니	읽	읽다
자고, 자니, 자서	자	자다
웃는, 웃어, 웃으니	웃	웃다
묶고, 묶어서, 묶으니	묶	묶다
입는, 입으니, 입어서	입	입다
얇고, 얇아서, 얇으니	얇	얇다
붙어서, 붙으니, 붙지	붙	붙다

7

의견을 피력하는, 4학년 1학기 평가 계획

4학년 1학기 평가는 듣기·말하기, 쓰기 영역에서 성취기준을 각
각 1개씩 선정하였다. 듣기·말하기 영역에서는 학급회의에서 예
의를 지키며 듣고 말하는 태도를 지니고 의견을 적극적으로 제안
하는 것을 수행 과제로 선정하였다. 예의를 지키고, 절차와 규칙
을 지키면서 의견을 교환하는가에 초점을 두되, 학생들 간 차이를
고려해 성취수준을 조정하여 평가하는 것이 필요하다. 쓰기 영역
에서는 관심 있는 주제에 대해 자신의 의견이 드러나게 글을 쓰는
것을 수행 과제로 선정하였다. 학교나 학급에서 자신이 경험한
일을 토대로 사실에 대한 자신의 의견을 표현하도록 하였다.

4학년 1학기 듣기·말하기 영역에서는 '[4국01-02] 회의에서 의
견을 적극적으로 교환한다.'는 성취기준이 '6단원. 회의를 해요' 1
개 단원에 적용된다. '[4국01-06] 예의를 지키며 듣고 말하는 태도
를 지닌다.'는 성취기준은 '3단원. 느낌을 살려 말해요'와 '6단원.
회의를 해요', '9단원. 자랑스러운 한글'에 적용되고 있다. 따라서

'[4국01-06] 예의를 지키며 듣고 말하는 태도를 지닌다.'는 성취기준을 단원끼리 연계하여 과정 중심의 평가를 하는 것도 의미가 있을 것이다.

'[4국01-04] 적절한 표정, 몸짓, 말투로 말한다.'는 성취기준은 '3단원. 느낌을 살려 말해요', '10단원. 인물의 마음을 알아봐요' 2개 단원에 적용되며, 3학년과 4학년 2개 학년에 걸쳐 지속적으로 학습하는 성취기준이므로 이의 과정 중심 평가도 고려할 만하다.

그러나 4학년 1학기 듣기·말하기 영역에서는 '[4국01-02] 회의에서 의견을 적극적으로 교환한다.'는 성취기준이 4학년에서만 중점적으로 학습하는 성취기준이므로 이를 수행 과제로 선정하였다. 또한 이 책에서 전술한 바와 같이 성취기준끼리 연계와 융합을 통해 2개 이상의 성취기준으로 하나의 수행평가 문항을 만들 수도 있으므로 '[4국01-02] 회의에서 의견을 적극적으로 교환한다.'는 성취기준과 '[4국01-06] 예의를 지키며 듣고 말하는 태도를 지닌다.'는 성취기준을 융합하여 하나의 수행 과제로 구안하였다.

'[4국01-02] 회의에서 의견을 적극적으로 교환한다.'는 성취기준에 따른 단원 내 교육내용은 다음과 같이 전개했다.

성취기준: 듣기·말하기 영역
[4국01-02] 회의에서 의견을 적극적으로 교환한다.
[4국01-06] 예의를 지키며 듣고 말하는 태도를 지닌다.

	회의 절차와 참여자 역할 익히기
	↓
6. 회의를 해요	회의 주제에 맞게 말할 내용 정하기
	↓
	회의에 필요한 규칙을 알고, 절차와 규칙 지키며 학급 회의하기

　쓰기 영역에서는 '[4국03-03] 관심 있는 주제에 대해 자신의 의견이 드러나게 글을 쓴다.'는 성취기준을 적용하여 수행 과제를 구안하였다. 이 성취기준은 '4단원. 일에 대한 의견'과 '6단원. 회의를 해요', '8단원. 이런 제안 어때요'의 3개 단원에 적용되고 있다. 4단원은 겪은 일에 대한 사실과 의견이 잘 드러나게 한 편의 글을 쓰는 것이며, 6단원은 학급회의를 할 때 주제에 따른 실천 내용을 의견으로 써보는 것이다. 8단원은 문제 상황을 해결하기 위하여 제안하는 글을 써보는 것이다. 6단원과 8단원은 글의 성격이 비슷하므로 이를 연계하여 과정 중심 평가를 하고 피드백 및 재평가를 하는 것도 평가의 지속성과 학생의 성장을 도모한다는 점에서 의미가 있을 것이다.
　쓰기 영역의 '[4국03-03] 관심 있는 주제에 대해 자신의 의견이 드러나게 글을 쓴다.'는 성취기준에 따른 단원별 교육내용은 다음과 같이 전개했다.

성취기준: 쓰기 영역
[4국03-03] 관심 있는 주제에 대해 자신의 의견이 드러나게 글을 쓴다.

4. 일에 대한 의견	겪은 일을 사실과 의견으로 정리하기 사실과 의견이 드러나게 글쓰기
	↓
6. 회의를 해요	학급회의 주제에 적합한 의견과 근거 쓰기
	↓
8. 이런 제안 어때요	제안하는 글을 쓰는 방법 알기 제안하는 글을 쓰고 발표하기

　다음의 [표 16]은 전술한 바를 토대로 4학년 1학기 듣기·말하기, 쓰기 영역의 수행 과제를 나타낸 것이다.

[표 16] 4-1 '듣기·말하기' 영역과 '쓰기' 영역의 수행 과제

영역	성취기준	수업 구성 개요	수행 과제	단원	평가 유형
듣기·말하기	[4국01-02] 회의에서 의견을 적극적으로 교환한다. [4국01-06] 예의를 지키며 듣고 말하는 태도를 지닌다.	• 회의 규칙 생각하기 • 절차와 규칙을 지키며 회의하기	예의를 지키며 듣고 말하는 태도를 갖고 절차와 규칙을 지켜 회의에 참여하기	6. 회의를 해요	관찰평가·자기평가
쓰기	[4국03-03] 관심 있는 주제에 대해 자신의 의견이 드러나게 글을 쓴다.	• 겪은 일에 대한 사실과 의견 떠올리기 • 사실과 의견이 드러나게 글쓰기	사실과 의견이 드러나게 글쓰기	4. 일에 대한 의견	지필평가·상호평가

[표 17] 4-1 '듣기·말하기' 영역의 수행 과제

별도의 평가지 없음

수행 과제

예의를 지키며 듣고 말하는 태도를 갖고 절차와 규칙을 지켜 회의에 참여하기

기준: 적절한 근거를 들어 의견을 제안하는가?
　　　다른 사람의 의견을 경청하는가?
　　　친구가 의견을 말할 때 끼어들지 않는가?
　　　사회자의 허락을 얻고 말하는가?
　　　알맞은 크기의 목소리로 말하는가?

성취기준		평가 대상	평가 유형
[4국01-02] 회의에서 의견을 적극적으로 교환한다. [4국01-06] 예의를 지키며 듣고 말하는 태도를 지닌다.		개인	관찰평가· 자기평가
학년-학기	영역	단원	교과서
4-1	듣기· 말하기	6. 회의를 해요	190~193쪽

총체적 루브릭	
수준	기술
잘함	5가지 기준에 대해 4가지 이상을 지키며 회의에 참여한다.
보통	5가지 기준에 대해 3가지 이상을 지키며 회의에 참여한다.
노력 요함	5가지 기준에 대해 2가지 이하를 지키며 회의에 참여한다.

[표 17]의 수행 과제에 따른 평가의 목적은 회의 절차와 규칙을 지키며 회의에 적극적으로 참여하는가를 알아보는 것이다. 학급 회의는 공식적인 말하기 상황이므로 절차와 규칙을 지키는 것이 중요하다. 학급회의를 통한 의사결정 과정에서 자신의 의견을 적극적으로 표현하는 능력을 기르고, 결정된 사항을 지켜나가려는

태도에서 민주 시민의 자질을 함양할 수 있다.

또한 교사의 관찰평가가 주된 평가 방법이지만 학생들의 자기 평가를 통해 스스로 상대의 의견을 경청했는지, 상대방을 존중했는지 등의 자기 성찰도 할 수 있도록 안내함으로써 학생들의 능동적 참여를 유인할 수 있다.

학급회의를 할 때는 보통 학급회장과 부회장이 사회자, 기록자 등의 역할을 수행하지만 학생들과 협의해서 사회자, 기록자 등의 역할을 바꿔서 하는 것도 학생들의 공동체 역량과 창의적 사고 역량을 함양할 수 있는 방안이 된다.

학교 현장에서 학급회의나 전교학생회를 진행하다 보면 주제에서 벗어난 의견을 제시하거나 의견과 근거가 합치되지 않는 경우를 종종 접한다. 따라서 주제에 맞는 의견인지, 의견과 근거가 합치되는지, 발언권을 얻고 의견을 제시하는지 등에 초점을 두고 능동적으로 참여할 수 있도록 안내를 하는 것도 필요하다.

학급회의에서 결정된 실천 사항들을 꾸준히 지켜나갈 수 있도록 교사가 세심하게 지도를 한다면 학생들의 바람직한 태도 형성에 도움이 되고, 학급회의가 교육적으로 유의미한 활동으로 자리매김 할 수 있을 것이다.

[표 18] 4-1 '쓰기' 영역의 수행 과제

별도의 평가지 없음

수행 과제

교과서 133쪽 '사실과 의견이 드러나게 글쓰기'
기준: 언제, 어디에서, 누구와 함께했던 일인가?
　　　무엇을, 어떻게 했는가?
　　　어떤 생각을 했는가?

성취기준		평가 대상	평가 유형
[4국03-03] 관심 있는 주제에 대해 자신의 의견이 드러나게 글을 쓴다.		개인	지필평가
학년-학기	영역	단원	교과서
4-1	쓰기	4. 일에 대한 의견	130~133쪽

총체적 루브릭	
수준	기술
잘함	위의 기준 3가지가 모두 충족되면서 사실과 의견이 명확하게 글을 썼다.
보통	위의 기준 2가지가 충족되면서 의견을 표현하였다.
노력 요함	사실에 근거하여 글을 쓰고자 하였다.

　[표 18]의 수행 과제에 따른 평가의 목적은 학교나 혹은 학급에서 경험했던 일을 사실과 의견이 드러나게 글을 쓰는지 여부이다. 가정을 벗어나 학교나 학급에서 경험했던 일을 근거로 글을 쓰게 하는 이유는 같은 상황에 대한 글이라도 각자의 생각과 느낌이 다를 수 있음을 알게 함으로써 비판적 사고력과 포용적 사고력, 창의적 사고력을 기르기 위해서이다.

경험한 일은 크게 본 일, 들은 일, 한 일로 구분할 수 있다. 본 일과 들은 일, 한 일에 대한 사실과 의견을 구분하여 정리한 후, 자신의 의견이 드러날 수 있도록 통합적인 시각에서 글을 쓸 수 있도록 안내하는 것이 필요하다.

학습력이 우수한 학생은 다양한 기사를 읽어보도록 하고, 학교 기자가 되었다는 생각으로 학교와 관련된 기사를 작성해보게 하는 것도 좋을 것이다. 보충 지도가 필요한 학생은 짧은 글을 읽고, 글 속에 나타난 사실과 의견을 구별할 수 있도록 지도한 후 글을 쓸 수 있도록 안내하는 것이 필요하다. 다만, 학교에서 있었던 일로 글쓰기에 어려움을 느낀다면 가정에서 겪었던 일을 소재로 하고 의견을 말하게 한 후 글쓰기를 할 수 있도록 지도한다. 학생들 각자가 글을 쓴 후 짝꿍과 상호 점검을 하거나 교실 알림판에 게시하여 서로의 생각이 다를 수 있음을 알게 하는 것도 포용적 사고력 함양에 도움이 될 수 있을 것이다.

사실	의견
현재에 있는 일이다. 실제로 있었던 일이다.	대상이나 일에 대한 생각을 담고 있다. 의견은 사람마다 다를 수 있다.

3장

사회

1

민주 시민의 자질을 함양하는,
사회과 교수·학습 및 평가 방향

2015 개정 교육과정에 따른 '사회과 교육과정'은 '사회'를 사회생활에 필요한 지식과 기능을 습득하고 가치·태도를 형성하여 민주 시민의 자질을 기르는 교과로 정의하고 있다. 그러나 사회과의 성격은 지난 100여 년 동안 시대와 학자에 따라 다양한 관점이 제시되어왔기 때문에 한마디로 규정하기는 어렵다.

하지만 사회과 교육과정-교수·학습-평가의 일관화를 위해서는 사회과 교수·학습 방향과 평가의 방향을 살펴볼 필요가 있다. 2015 사회과 교육과정에서 제시하고 있는 사회과 교수·학습 방향은 크게 4가지이다.

첫째, 학습자가 사회 현상에 흥미와 관심을 두고, 인간 생활과 사회 현상의 원리를 발견하며, 이를 실생활에 적용할 수 있도록 학습을 전개한다. 이러면 학습자의 흥미, 경험, 성취수준, 학업 수준, 사회적 요구 등을 고려하여 실생활에 적용될 수 있는 적합한 주제와 문제를 중심으로 단원을 재구성하여 수업이 이루어질 수 있다. 예를 들어, 사회 3-1의 '1단원. 우리 고장의 모습'은 현재 학생들이 사는 자신의 고장에 대해 재구성하여 실생활과 밀접한 학습을 전개할 수 있다.

둘째, 사회과의 성취 목표인 핵심 지식의 이해, 탐구 기능의 습득, 고차원적 사고력 신장, 문제해결력 및 실천 능력 향상, 인권 존중 의식 고취, 사회 정의 및 공동체 의식 함양, 존중과 배려 의식 함양, 관용과 타협의 정신 함양 등을 위해 다양한 교수·학습 방법을 활용한다. 이를 위해 사회과의 학습 내용 성격에 맞는 질문, 조사, 논술, 토의·토론, 현장 견학과 체험, 역할놀이, 관찰 및 면담, 모의재판과 모의국회, 사회 참여 등 다양한 학습 방법을 활용한다.

셋째, 문제해결력, 의사결정력, 메타인지 등과 같은 고차 사고력 함양에 적합한 교수·학습 방법을 통해 학습자 스스로 지식을 구성하고 자기 주도적 학습 능력을 향상할 수 있는 학습을 전개한다. 이러한 자기 주도적 학습을 위해 교사는 학습자의 사고력을 자극할 수 있는 탐구 상황을 설정하고 다양한 발문 기법을 활용하여 학습자 스스로 학습에 대한 흥미와 호기심을 유발할 수 있도록 해야 한다.

넷째, 민주적 가치 및 태도 함양에 적합한 개인적·사회적 문제나 쟁점에 대한 탐구, 가치 분석, 의사결정 등과 같은 학습 과정을 통해 학습자가 가치 갈등과 문제 상황에서 타인에 대한 공감 능력, 문제나 갈등 해결 및 친사회적 행동 실천 능력 등을 신장할 수 있도록 학습을 전개한다. 이를 위해 학습자가 가치 갈등이나 문제 상황을 스스로 탐구하거나 가치를 분석하는 기회를 얻도록 하고, 각종 사회 문제에 대한 시사 자료와 지역 사회 자료를 활용할 수 있도록 한다.

이러한 교수·학습을 위해 교사는 사회과 학습의 목표와 학습자 상황 및 교육 환경을 고려하여 교수·학습 방법을 자율적으로 선택하여 운영하고, 운영 후에는 반성하며 문제점을 개선해나가야 한다. 또한, 학습자의 학습에 대한 준비 정도나 성취기준 도달 정도를 파악하고, 개인차를 해소하기 위한 교수·학습 방법을 설계해야 한다.

이후 설계대로 교수·학습 방법을 운영하고, 수업에서 평가를 통해 사회과 교육의 목표와 내용을 성취기준에 맞게 도달했는지 알아보는 과정을 거쳐야 한다. 여기서 평가의 본질적인 기능은 교수·학습을 개선함으로써 학생들의 성장 발달을 촉진하는 것이다.

사회과 평가는 2015 개정 교육과정에서 학생들의 사회과 학습 결과에 대한 신뢰를 바탕으로, 가능한 타당하고 경제적으로 평가하는 쪽으로 바뀌었다. 다시 말해 전달에서 탐구로 학습관이 변화하고 신뢰도를 중요하게 여기던 것에서 타당도를 중요하게 여기는 쪽으로 평가 경향이 변화한 것이다. 구체적인 사회과 평가 동향을 살펴보면 다음과 같다.

① 지도 시기와 평가 시기가 통합되어 사회과를 지도하는 상황

에서 바로 평가가 진행되고,

② 지도 내용과 평가 내용을 통합하여 타당도를 높이려는 경향이 있다. 성취기준의 개발과 그에 따른 교수·학습을 한 후에 평가 기준을 적용하여 성취 정도를 판정하고자 한다.

③ 하나의 평가 방법에서 나온 결과를 그대로 반영하는 것이 아니라 여러 평가 방법의 결과를 상호 보완적으로 활용하고자 하였고,

④ 직접 평가, 비형식 평가 등을 강조하였다.

이러한 동향과 함께 2015 개정 교육과정에 따른 '사회과 교육과정'에 제시된 평가 내용은 다음과 같다.[1]

1) 사회 현상의 이해와 문제해결에 필수적인 지리, 제 사회 과학의 기본 개념 및 원리, 일반화에 대한 습득 정도를 평가한다.

2) 지리적 현상, 현대 사회의 현상과 특성에 대한 통합적, 종합적 이해 정도와 사회 현상을 탐구하는 데 필요한 각종 정보와 자료를 획득, 조직, 활용하는 능력을 평가한다.

3) 인간 행위와 사회 환경에 대한 다양한 관점의 이해와 수용, 사회적으로 바람직하고 수용 가능한 가치의 탐색 및 사회의 기본 가치에 대한 이해와 존중, 공감 능력, 친사회적 행동 실천 능력을 평가한다.

4) 지역, 국가, 인류의 당면 문제해결과 관련된 의사 결정력 및

1. 《초등학교 3학년 1학기 사회과 교사용 지도서》, 466쪽

실천 능력 그리고 문제해결 과정에서 상호 협력 및 참여 태도를 평가한다.

5) 사회과의 기본 지식에 대한 이해를 확장하는 학습자의 흥미, 관심, 학습 동기와 습관을 평가한다.

한편, 2015 개정 교육과정에서는 현장 교사들의 지도서 활용과 수업 구성에 도움을 주고자 성취기준과 이에 따른 학습 요소, 성취기준 해설, 교수·학습 방법 및 유의 사항, 평가 방법 및 유의 사항을 제시하였다. 즉, 현장에서 교육과정의 성취기준이 무엇을 요구하는지 수시로 확인할 수 있도록 제시되었다. 더불어 단원별로 주제에 맞게 평가 내용과 평가 방법이 제시되어 있고, 단원의 성취기준에서는 학습 요소, 성취기준 해설, 교수·학습 방법 및 유의 사항, 평가 방법 및 유의 사항이 제시되었다. 이러한 사회과의 평가 방법을 살펴보면 다음과 같다.[2]

1) 지필평가 외에 면접, 토론, 논술, 관찰, 활동 보고서, 포트폴리오 등을 통한 다양한 평가가 이루어질 수 있도록 한다.

2) 선택형 평가를 실시하더라도 단순한 결과적 지식 습득의 여부보다는 기본 개념 및 원리의 이해와 더불어 이러한 지식 및 정보의 획득 과정과 활용 능력을 평가하도록 한다.

3) 사고력 신장이나 가치·태도의 변화를 평가하기 위하여 양적 자료와 더불어 질적 자료를 수집, 활용하여 평가하도록 한다.

---

2. 《초등학교 3학년 1학기 사회과 교사용 지도서》, 471쪽

4) 발표, 토론, 역할놀이, 시뮬레이션 등 개인 및 집단 활동에 대한 관찰이나 면접과 같은 평가 방법을 활용하여 문제 및 갈등 해결 능력, 공감 능력, 친사회적 행동 실천 능력 등을 평가한다.
5) 자료를 분석·해석하고, 복합적이고 단계적으로 사고하는 것을 측정할 수 있는 평가 방법을 고안한다.

여기서 제시된 평가 방법은 수행평가라고 한다. 학생들이 주어진 학습 과제를 수행하는 과정이나 그 결과를 보고 학생의 지식이나 기능, 태도 등에 대해 전문적으로 판단하는 평가 방식, 즉 학생 스스로 자신의 지식이나 기능을 나타낼 수 있도록 산출물을 만들거나 행동으로 나타내거나 답을 작성(서술 혹은 구성)하도록 요구하는 평가를 의미한다. 사회과에서 활용되는 수행평가 유형은 토론, 논술, 관찰, 면접, 보고서, 포트폴리오 등으로 다양하다. 이러한 평가 방법들은 평가의 본질을 구현하기 위한 하나의 도구이기 때문에 평가가 전제하는 중요한 특성들이 평가 상황에서 알맞게 구현될 때 제대로 평가되고 있다고 할 수 있다. 평가 시 가장 중요한 것은 평가 활동이 학습자의 성취수준을 판별하는 것으로만 끝나는 것이 아니라 이러한 결과를 토대로 학습목표에 도달할 수 있도록 학습자를 지원하는 방향이다. 따라서 학생의 성장과 발달을 도울 수 있는 평가를 위해 교사는 피드백뿐 아니라 학생이 학습하는 중간이나 마무리 단계에서 스스로 자신의 학습 정도와 과정을 평가할 기회도 제공해야 한다.

2

미래 교통수단을 탐색하는,
3학년 1학기 평가 계획

3학년 1학기에는 사람들이 살아가는 기본적인 토대인 고장의 모습을 살펴보고, 다양한 생각과 느낌을 이해하며 고장에 대한 자긍심을 기르게 하는 것이 중요하다. 고장과 관련된 옛이야기와 문화유산의 역사적 가치를 인식하여 자긍심을 기르고, 교통과 통신 수단의 발달이 우리 고장 사람들의 생활 모습에 어떤 영향을 미쳤는지에 대해 탐구한다.

3학년이 되어 처음 만나는 사회과 교과의 첫 단원인 '우리 고장의 모습'에서는 우리가 살고 있는 고장을 살펴보는 것이다. 이를 위해 학생들은 자신이 알고 있는 지역의 장소를 자유롭게 이야기 해보거나 그림으로 구체화한 후 서로의 생각을 공유하고 이해한다. 이어 디지털 영상 지도를 활용해 고장 내 주요 지형지물의 위치를 파악하고, 백지도에 다시 배치하는 학습으로 고장의 실제 모습을 익히는 데 주안점을 둔다. 무엇보다 처음 사회과를 학습하게 된 학생들이 사회과에 흥미를 느끼고 올바른 사회 인식의 기틀을 마련할 수 있도록 하는 게 중요하다. 예를 들어, '우리 고장 홍보대사가 되어 홍보 지도 만들기' 등의 재구성 프로젝트를 통해 학생들이 우리 고장에 대한 다양한 생각을 이해하며, 사랑하는 마음을 가질 수 있도록 한다.

다음으로 '우리가 알아보는 고장 이야기' 단원에서는 학생들이 생활하는 공간인 고장과 관련된 옛이야기와 문화유산의 역사적 가치 등을 인식함으로써 고장에 대한 자긍심을 갖도록 하는 데 주안점을 둔다. 일례로 내용 재구성 프로젝트를 통해 '○○대학교 역사 교수가 되어 우리 고장의 옛이야기를 조사하여 학생들을 위한 교수 자료 만들기'로 진행한다면, 학생들은 고장의 옛이야기와 문화유산 조사 계획을 세워 다양한 방법으로 조사하고 고장을 소개할 수 있다. 이를 바탕으로 학생들은 고장에서 전해 내려오는 옛이야기와 문화유산을 고장의 유래와 특징으로 설명할 수 있을 것이다. 또한, 이 단원은 오늘날의 고장을 이해하고, 고장의 옛날 모습과 옛날에 살았던 사람들의 생활 모습을 짐작할 수 있도록 매개체의 역할을 할 수 있어 우리 고장에 대한 친밀감과 자긍심을 가질 수 있도록 도움을 준다.

'3단원. 교통과 통신수단의 변화'에서는 학생들이 교통과 통신수단의 발달 과정을 탐구하고, 교통과 통신수단의 발달이 우리 고장 사람들의 생활 모습에 어떤 영향을 미쳤는지 파악하는 데 주안점을 둔다. '[4사01-05] 옛날과 오늘날의 교통수단에 관한 자료를 바탕으로 하여 교통수단의 발달에 따른 생활 모습의 변화를 설명한다.'는 성취기준을 반영한 '미래 자동차 디자이너가 되어 미래 교통수단 디자인하기'라는 재구성 프로젝트를 통해 미래의 자동차 디자이너로서 과거나 현재의 교통수단을 미래 교통수단으로 변화시켜보는 활동을 한다. 학생들은 옛날과 오늘날의 교통수단을 살펴보고, 현대의 발달된 교통수단에 따른 생활 모습의 변화도 조사해본 후 다양한 교통수단의 변화 방향이나 특징을 전반적으로 파악할 수 있다. 교통수단과 통신수단의 발달로 달라진 사람들의 생활 모습을 알기에 미래의 생활 모습을 예상할 수 있으며, 고장의 환경에 따라 다른 교통수단과 통신수단의 이용 모습을 탐색하여 발달 과정에서 나타나는 문제점을 이해하고 해결하려는 태도를 가질 수 있을 것이다.

　이러한 단원 구성에 맞추어 우리 고장의 특징적인 모습을 찾아보고 다양한 고장 이야기를 조사하며, 교통과 통신수단의 변화 모습을 탐구하는 과제를 평가할 수 있도록 보고서법, 관찰법, 포트폴리오, 동료평가 등 다양한 방법이 활용될 수 있다. 특히, 3단원의 경우 수업을 진행할 때 학생들이 디자인한 여러 교통수단을 순서대로 모아두면 포트폴리오 평가를 할 수 있다. 또한 작품집을 통해 학생들이 스스로 배움의 과정을 파악할 수 있다. 이때 교사는 학생들이 수집한 자료와 보고서, 활동사진 등을 정리한 자료집을 활용하여 평가할 수 있다.

　이렇게 지속해서 활동 과정을 평가에 반영함으로써 학생 개개인의 변화 과정을 종합적으로 평가할 수 있다. 특히 미래 교통수단과 통신수단의 발달 과정에서 나타나는 문제점을 이해하고 해결하려는 태도를 통해 앞서 제시된 성취기준을 달성했는지 확인할 수 있다. 다음 [표 1]는 일반사회 영역의 수행 과제표이다.

[표 1] 3-1 '일반사회' 영역의 수행 과제

영역	성취기준	수업 구성 개요	수행 과제	단원	평가 유형
일반 사회	[4사01-05] 옛날과 오늘날의 교통수단에 관한 자료를 바탕으로 하여 교통수단의 발달에 따른 생활 모습의 변화를 설명한다.	• 교통수단의 발달 탐색하기 • 교통수단의 발달로 달라진 사람들의 생활 모습 조사하기	미래 자동차 디자이너가 되어 미래 교통수단 디자인하기	3. 교통과 통신수단의 변화	포트폴리오·동료 평가

[표 2] 포트폴리오 활용 교사 평가

항목 이름	주제 이해 (40%)	창의적 사고력 (30%)	표현력 (30%)	총점 (100%)	피드백 사항
김○○					
이○○					
박○○					
.....					

[표 3] 포트폴리오 활용 동료평가

※ 친구들이 디자인한 미래 자동차를 보면서 그 밑에 ★ 스티커를 붙여주세요.
(잘함 ★★, 보통 ★)

이름 ＼ 항목	미래 자동차 디자인이 참신하고 창의적인가?	미래 교통수단의 발달로 인한 생활 모습을 전달하고 있는가?	미래에 사용하게 될 새로운 교통수단의 종류를 알 수 있는가?
김○○			
이○○			
박○○			
....			

　이 수업은 교통수단의 발달 과정을 탐구하고, 이러한 발달이 사람들의 생활 모습에 어떤 영향을 미쳤는지 파악하는 데 주안점을 두었다. 학생들은 오늘날의 교통수단을 이용하면서 불편한 점이 있었는지 생각해보고, 새로운 교통수단이 개발되고 있는 까닭을 생각해볼 수 있도록 하였다. 평가를 위해 교사는 학생들에게 이번 단원에서 배운 자신의 학습 결과물을 포트폴리오 형식으로 누가하여 관리할 수 있도록 한다. 이로써 학생들은 자신의 학습 결과물을 순서대로 차곡차곡 모아둠으로써 자신의 학습 과정과 발전 과정을 스스로 파악할 수 있고, 교사와 다른 친구들에게 쉽게 평가받을 수 있다. 이 수행 과제는 한 차시에 이루어지지 않고, 한 단원 전체에 걸쳐 이루어져 학생들의 발전 과정을 종합적이며 지속해서 평가할 수 있다. 특히 막연하게 만들어지는 모음이 아니기 때문에 일정한 단원에 일정한 학습목표를 가지고 체계적으로

학습 결과물을 모아 평가가 공정하게 이루어진다.

　따라서 교사는 학생들이 주제를 정확하게 이해하고 참신하게 나타내었으며 창의적으로 표현하였는지 포트폴리오를 보며 체계적으로 평가하여 학생들이 자신의 성과물에 대한 느낌이 학습의 실천으로 연결될 수 있게 한다. 또한 동료평가를 통해 학생들은 미래에 사용하게 될 새로운 교통수단에 대해 확산적 사고를 하고 다양한 아이디어를 공유할 수 있다.

3

지역 문제를 해결하는, 4학년 1학기 평가 계획

4학년 1학기에는 우리가 사는 지역의 지리적 환경에 대한 이해를 바탕으로 지역의 특성을 파악하고, 지역의 역사를 이해함으로써 지역에 대한 자부심을 느끼고, 지역 발전에 참여하는 자세에 대해 탐구한다.

'지역의 위치와 특성' 단원에서는 우리가 사는 지역의 지리적 환경을 이해하고 지역의 특성을 파악하도록 한다. 지역의 기초적인 지리 정보를 파악하고, 주민 생활과 관련된 다양한 중심지를 탐색한다. 이를 위해 지도의 기본 요소, 지도 읽기 능력, 여러 자료를 활용해 다양한 중심지의 특성을 탐구하는 데 주안점을 두었다.

우리가 알아보는 '지역의 역사' 단원에서는 현장학습이나 조사학습 등을 통해 우리 지역을 대표하는 문화유산을 알아보고, 우리 지역과 관련된 역사적 인물을 조사해 지역에 대한 자부심을 느끼도록 구성되어 있다. 우리 지역의 문화 해설사가 되어 관광객에게 다양하게 소개하기나 문화재청 소속 공무원이 되어 우리 지역의 문화유산을 보호하는 정책 입안하기 등의 재구성 프로젝트를 통해 학생들은 우리 지역의 문화유산과 역사적 인물을 조사하고 발표하게 된다. 이 과정에서 우리 지역의 문화유산을 소중히 여기는 자세를 기르고 지역의 역사에 대해 자부심을 가질 수 있다.

'3단원. 지역의 공공기관과 주민 참여'는 정치 영역에 해당하며, 학생들이 지역 차원에서 접할 수 있는 내용으로 구성되어 있다. 따라서 교수·학습 방향은 지역 주민의 생활에 도움을 주는 공공기관을 이해하고 지역 문제의 해결 방안을 탐구함으로써 지역의 문제에 적극적으로 참여하는 자세를 기르도록 주안점을 둔다. 재구성 프로젝트를 '지역 문제 비상대책위원회 활동을 통해 주민 참여의 중요성과 방법 알아보기' 등으로 구성한다면, 학생 자신이 사는 지역에서 발생하는 다양한 문제를 인식하고 원인을 탐구해 문제를 해결하고자 자료를 수집하고 대안을 찾아보면서 지역 문제해결 과정에 주체적으로 참여할 수 있을 것이다. 또한 지역 차원에서 발생하는 문제들을 스스로 해결해봄으로써 민주 국가 시민들의 정치 활동을 간접적으로 경험할 수 있게 된다. 이러한 학습은 6학년의 민주주의, 국가기관, 시민 참여, 생활 속의 민주주의, 민주 정치 제도 등의 학습에 밑거름이 된다.

'시대마다 다른 삶의 모습' 단원에서는 생활 도구와 집의 모습, 세시풍속을 중심으로 옛날과 오늘날 고장 사람들의 생활 모습을 탐색하여 시대에 따라 생활 모습이 변화한다는 점을 파악하는 데 주안점을 두었다. 옛날과 달라진 오늘날의 생활 모습 알아보기를 주제로 재구성 프로젝트를 한다고 해보자. 학생들은 미래의 건축 디자인이 되어 과거와 현재를 담는 주거를 디자인하기로 재구성하면서 옛날 사람들이 사용했던 생활 도구와 살았던 집의 모습을 살펴보고 당시 사람들의 생활 모습을 이해할 수 있다. 또한 다양한 모습과 생활상의 공통점과 차이점을 비교해보는 활동을 통해 우리 고장 사람들의 생활 모습이 시대에 따라 달라져왔음을 알 수 있다.

이러한 단원 구성에 맞추어 지역의 위치와 특성에 대한 이해와 지역의 특이한 역사 탐구, 지역의 공공기관과 주민 참여를 실천하는 과제에 대해 평가할 수 있도록 관찰평가, 구술평가, 자기평가 등 다양한 방법을 활용할 수 있다. 특히 이 과정에서 자기평가는 주체적인 평가 요소로 구성될 필요가 있다. 일례로 '[4사03-06] 주민 참여를 통해 지역 문제를 해결하는 방안을 살펴보고, 지역 문제의 해결에 참여하는 태도를 기른다.'는 성취기준을 반영한 3단원에서는 학생들이 지역에서 현안으로 떠오른 '주차, 오염 등'에 대한 문제를 생각해보고 '지역 문제 비상대책위원회'의 활동을 통해 다양한 문제해결 방안과 실천 결과 등을 찾아보며 여러 가지 의견을 하나로 모아보는 활동을 진행할 수 있다. 이러한 과정에서 학생들은 주민들이 직접 지역 문제를 해결하는 방법을 살펴보고, 문제해결에 참여하는 태도를 기른다. 교사는 다양한 활동의 성취기준과 관련하여 학생들이 이를 얼마만큼 수행할 수 있는지 단원에 대한 성취수준이 잘 드러나는 활동을 제시하고 이에 대한 평가 계획을 구성해야 한다. 다음의 [표 4]는 일반사회 영역의 수행 과제표이다.

[표 4] 4-1 '일반사회' 영역의 수행 과제

영역	성취기준	수업 구성 개요	수행 과제	단원	평가 유형
일반 사회	[4사03-06] 주민 참여를 통해 지역 문제를 해결하는 방안을 살펴보고, 문제해결에 참여하는 태도를 기른다.	• 지역 문제 탐색하기 • 지역 문제해결하기	지역 문제 비상대책위원회 활동을 통해 주민 참여의 중요성과 방법 알아보기	3. 지역의 공공 기관과 주민 참여	논술형·구술 평가

[표 5] 4-1 '일반사회' 영역의 GRASPS 활용 수행 과제

학년-학기	영역	단원	교과서
4-1	일반사회	3. 지역의 공공 기관과 주민 참여	121~126쪽
성취기준	[4사03-06] 주민 참여를 통해 지역 문제를 해결하는 방안을 살펴보고, 지역 문제의 해결에 참여하는 태도를 기른다.		
평가 대상	개인	평가 유형	논술형·구술평가
GRASPS를 활용하여 수행 과제 계획하기			
구분	내용		
목표(G) goal	• 우리 지역의 주차 문제에 대한 자료를 조사하고 분석해 해결 방안을 찾아 설명해야 합니다.		

역할(R) role	•지역 문제 비상대책위원회 위원입니다.
대상(A) audience	•우리 지역의 다른 시민들이며, 이 시민들도 지역 문제를 알고 있습니다.
상황(S) situation	•우리 ○○지역에는 주차 문제가 심각합니다. 주차 공간이 부족하고 도로가 자주 막히면서 주민들 간에 다툼도 자주 일어납니다. 따라서 여러분은 지역 문제 비상대책위원회 위원으로 문제를 해결할 수 있는 방안을 마련해야 합니다.
수행(P) performance	•지역의 주차 문제를 해결하기 위해 원인을 파악하고 각 해결 방안의 장단점을 비교하여 문제해결을 위한 방안을 주장과 근거를 들어 설명해야 합니다.
기준(S) standard	•문제해결 방안에는 다음 사항이 포함되어야 합니다. → 해결 방안은 2가지 이상, 각 해결 방안당 장단점을 2가지 이상씩 적어야 합니다.

수행 과제

여러분은 지역 문제 비상대책위원회 위원입니다. 우리 ○○지역에는 주차 문제가 심각합니다. 주차 공간이 부족하고 도로가 자주 막히면서 주민들 간에 다툼도 자주 일어납니다. 따라서 여러분은 지역 문제 비상대책위원회 위원으로 문제를 해결할 수 있는 방안을 마련해야 합니다. 지역의 주차 문제를 해결하기 위해 원인을 파악하고 각 해결 방안의 장단점을 비교하여 문제해결을 위한 방안을 주장과 근거를 들어 설명해야 합니다.

분석적 루브릭

수준 \ 항목	말하기	이해도
가중치	50%	50%
잘함	지역 문제를 해결하는 과정을 이해하고, 문제해결 방안을 2가지 이상 제시한다.	지역 문제가 발생하는 원인을 파악해 해결 방안을 찾아보고 적절한 해결 방안을 선택할 수 있다.
보통	지역 문제를 해결하는 과정을 이해하고, 문제해결 방안을 1가지 이상 제시한다.	지역 문제가 발생하는 원인을 파악해 해결 방안을 1가지만 선택할 수 있다.
노력 요함	지역 문제를 해결하는 과정을 이해하고, 문제해결 방안을 제시하지 못한다.	지역 문제가 발생하는 원인을 파악해 해결 방안을 찾을 수 없다.

[표 6] 4–1 '일반사회' 영역의 GRASPS 활용 수행평가지

사회과 수행평가지

4 학년   반   번   이름(   )

단원명	3. 지역의 공공기관과 주민 참여	차시	9~10/15
과제명	지역 문제 비상대책위원회 위원이 되어 지역 문제 해결하기		
교과서	교과서 121~126쪽		

수행 과제

여러분은 '지역 문제 비상대책위원회' 위원입니다. 우리 ○○지역에는 주차 문제가 심각합니다. 주차 공간이 부족하고 도로가 자주 막히면서 주민들 간에 다툼도 자주 일어납니다. 따라서 여러분은 지역 문제 비상대책위원회 위원으로 문제를 해결할 방안을 마련해야 합니다. 지역의 주차 문제를 해결하기 위해 원인을 파악하고 각 해결 방안의 장단점을 비교하여 문제해결을 위한 방안을 주장과 근거를 들어 설명해야 합니다.

〈 지역 문제 :   〉

해결 방안1	
장점	
단점	

해결 방안2	
장점	
단점	

[표 7] 교사 관찰평가

※ 분석적 루브릭에 의거하여 논술형·구술형 평가를 채점한다.

항목 이름	이해도 (50%)	말하기 (50%)	총점	피드백 사항
김○○				
이○○				
박○○				
....				

[표 8] 자기평가

◆ 나는 지역 문제를 해결하는 데에 (자신 있다/자신 없다)

왜냐하면 (그 이유는)

　　수행평가는 지역의 문제와 그 문제의 해결 방안을 탐구하며 문제해결에 적극적으로 참여하는 자세를 기르는 데 주안점을 두고 있다. 따라서 교사는 학생이 자신이 살고 있는 지역에서 발생하는 문제를 인식하고, 원인을 탐구하며, 문제를 해결하고자 자료를 수집하고 대안을 찾아보는 활동을 하면서 문제해결 과정에 주체적으로 참여하는지를 관찰해야 한다. 교사는 학생들이 지역 사회에서 발생하는 여러 문제를 조사하고, 이를 해결하기 위한 민주적이고 합리적인 방법을 탐색하며 지역 문제해결에 적극적으로 참여하는 태도를 기르도록 해주어야 한다.

평가는 교사 관찰평가를 하되 논술형·구술형 평가를 하여 학생들이 지역 문제를 해결하는 과정을 이해하고, 문제해결 방안을 제시하면서 장단점을 반영하여 해결 방안이 구체화되도록 안내해야 한다.

피드백으로 학생들이 적극적으로 우리 지역의 문제를 해결하고자 다양한 방법을 찾고, 의견을 조정하여 해결하는 과정을 알 수 있게 해야 한다. 이전 차시에서 우리 지역의 문제를 찾는 활동을 했기 때문에, 이를 바탕으로 지역 문제를 해결하는 다양한 방법과 의견을 모으고 조정하는 법을 통해 창의적 체험활동과 연계하여 재구성하면 다양한 문제해결을 위한 사고 과정과 해결 방법을 체득할 수 있다.

인구 대책을 수립하는, 5학년 1학기 평가 계획

5학년 사회과 평가는 1학기에 국토와 우리 생활, 인권 존중과 정의로운 사회에 대해 탐구한다. '국토와 우리 생활' 단원에서는 우리 국토의 위치와 영역, 자연환경과 인문 환경 등 지리적 특성에 대한 이해를 바탕으로 올바른 국토관을 세우고, 국토를 사랑하는 마음과 바람직한 국토 발전에 대한 관심과 이를 실천하는 태도를 기르는 데 주안점을 둔다. 이를 위해 국토의 기초적인 지리 정보를 이해하고, 주요 위치 특성을 탐구한다. 또 기후 환경과 지형 환경을 중심으로 국토의 자연환경 특성과 자연재해를 탐색하며 인구 변화와 도시 발달 과정의 특성, 산업 구조 및 교통 발달 과정의 특성을 탐구한다.

일례로 '[6사01-05] 우리나라의 인구 분포 및 구조에서 나타난 변화와 도시 발달 과정에서 나타난 특징을 탐구한다.'는 성취기준을 반영한 '1단원. 살기 좋은 우리 국토'에서는 우리나라의 인구 구성 변화와 인구 정책의 변화에 따른 다양한 문제점을 알아보고 학생 자신이 정부의 인구대책관리팀의 공무원이 되어 저출산 문제 및 불평등한 인구 분포를 해결하기 위한 정책을 제안서로 만들어보도록 수업을 재구성하였다. 학생들은 다양한 방법으로 제안서를 정리하여 발표하는 활동을 한다. 이후 학생들 간 정책을 서로 검토하며, 정책 제안과 관련해 의견이 같은 학생들끼리 이야기를 나누면서 인구 문제 및 해결 방안을 도출해내는 활동을 거친다. 이러한 과정을 동료평가와 자기평가를 통해 확인할 수 있다.

'인권 존중과 정의로운 사회' 단원에서는 인권 존중을 위해 노력한 역사적 인물과 일상생활의 사례를 통해 인권의 의미와 인권 보장을 위한 헌법의 역할을 탐구하고, 헌법에 기초하여 만들어지는 법의 의미와 역할을 이해하며 법을 준수하는 태도를 기른다. 이를 통해 학생들은 인권을 보장하기 위한 헌법의 역할과 특징을 파악하고, 헌법에서 보장하는 기본권과 의무가 일상생활에 적용된 사례를 조사하며 생활 속 사례에서 법의 역할을 탐색하도록 구성하였다.

이러한 단원 구성에 맞추어 우리 국토와 자연재해에 대한 이해와 도시의 발달 과정에서 나타난 특징을 탐구하고, 인권 보호를 실천하는 과제에 대해 평가할 수 있도록 관찰평가, 구술평가, 자기평가 등 다양한 방법을 활용할 수 있다. 특히, 자기평가는 정의적 측면에 맞게 평가 요소가 구성될 필요가 있다. 특히 '4단원. 우리 사회의 과제와 문화의 발전' 부분에서는 학생들이 어느 정도 성취기준을 달성하고 어느 정도의 성취수준인지를 교사가 확인해야 한다. 학생들은 자신의 경험이나 학습 주제에 대한 동기, 관심, 역량에 따라 수준이 다양하기 때문에 학습자 수준에 따라 수업을 설계했을지라도 학습 수행 수준은 다양할 수밖에 없다. 그리고 이러한 수행 수준에 대해 평가만 하고 다음 단계의 피드백을 제공하지 않는다면 사회 문제에 대한 겉핥기식 수업이 될 수밖에 없다. 따라서 교사는 성취기준과 관련해서 학생들이 얼마만큼 수행할 수 있는지 성취수준이 잘 드러나는 활동을 제시하고, 이에 대한 평가 계획을 세워야 한다. [표 9]는 지리 영역의 수행 과제표이다.

[표 9] 5-1 '지리' 영역의 수행 과제

영역	성취기준	수업 구성 개요	수행 과제	단원	평가 유형
일반 사회	[6사01-05] 우리나라의 인구 분포 및 구조에서 나타난 변화와 도시 발달 과정에서 나타난 특징을 탐구한다.	• 우리나라 인구 변화와 분포 확인하기 • 인구 문제 및 해결 방안 탐구하기	보건복지부 공무원이 되어 인구 대책 세우기	살기 좋은 우리 국토	자기평가·동료평가

[표 10] 5-1 '지리' 영역의 GRASPS 활용 수행 과제

학년-학기	영역	단원	교과서
5-1	지리	1. 살기 좋은 우리 국토	40~43쪽

성취기준	[6사01-05] 우리나라의 인구 분포 및 구조에서 나타난 변화와 도시 발달 과정에서 나타난 특징을 탐구한다.		
평가 대상	개인	평가 유형	자기평가·동료평가

GRASPS를 활용하여 수행 과제 계획하기

구분	내용
목표(G) goal	• 우리나라의 저출산 문제와 불평등한 인구 분포 문제를 해결할 수 있는 정책을 만들어봅시다.
역할(R) role	• 이제 여러분은 인구 문제 관련 정부 인구대책관리팀입니다.
대상(A) audience	• 우리 반 다른 친구들에게 우리 모둠의 정책을 발표합니다.
상황(S) situation	• 현재 우리나라는 아기를 너무 조금 낳는 저출산 문제와 불평등한 인구 분포 문제가 있습니다.
수행(P) performance	• 모둠별로 정책을 만들어 친구들 앞에서 발표합니다.
기준(S) standard	• 정책 제안서는 모둠원이 함께 작성해야 합니다. → 정책 제안을 위해 모둠원 각자가 맡았던 역할 표시하기 → 모둠 친구들이 적극적으로 정책 발표에 참가할 수 있도록 다양하게 표현하는 것도 가능

수행 과제

이제 여러분은 인구 문제 관련 정부 인구대책관리팀입니다. 현재 우리나라에는 아기를 너무 조금 낳는 저출산의 문제와 불평등한 인구 분포 문제가 있어요. 이 문제를 해결하기 위한 정책(방법)을 제안서로 만들어보세요.

분석적 루브릭		
수준 \ 항목	의사소통	발표 태도
가중치	50%	50%
잘함	모둠원 모두가 활발하게 의견을 교환하고 서로 존중하는 가운데 일치된 방안을 도출한다.	친구들이 잘 이해할 수 있도록 분명한 목소리로 발표한다.
보통	일부 학생들이 주도하고 나머지는 소극적인 모습을 보인다.	발표 내용이 명확하지 않고 목소리가 작다.
노력 요함	서로 의견을 나누지 않고 뜻이 맞지 않아 다투는 모습을 보인다.	발표 태도가 소극적이고 발표하기 싫어한다.

[표 11] 5–1 '지리' 영역의 GRASPS 활용 수행평가지

사회과 수행평가지

5 학년   반 번 이름(   )

단원명	1. 살기 좋은 우리 국토	차시	8/11
과제명	인구 문제 관련 공무원이 되어 불평등한 인구 분포 문제 해결하기		
교과서	교과서 126~129쪽		

수행 과제

여러분은 인구 문제 관련 정부 인구대책관리팀입니다. 현재 우리나라는 아기를 너무 조금 낳는 저출산의 문제와 불평등한 인구 분포 문제가 있어요. 이 문제를 해결하기 위한 정책(방법)을 제안서로 만들어보세요.
- 모둠 토의 후 '제안할 정책' 선정하기
- 보건복지부 공무원이 되어 대책별 회의 진행
- 실천 가능한 정책과 목적에 맞는 정책을 1가지 선정
- 정책 제안서 작성하기

1. 인구 문제를 해결하기 위한 방안을 브레인스토밍해봅시다.
불평등한 인구 분포:

2. 모둠별로 '브레인스토밍'한 정책을 돌려 읽은 뒤 훌륭한 제안 1가지를 선정해 아래에 적어봅시다.

3. 정책명:

4. 정책 필요성(※다른 친구들이 작성한 건의사항을 잘 살펴보세요):
5. 정책 내용(글로 간단하게 쓰기):

[표 12] 자기평가

※ 수업 시간에 짝꿍과 함께 어떻게 행동하였는지 생각해봅시다.

★ 모둠 : (   )

내용	해당하는 곳에 ∨표 하세요.
1. 나는 정책을 발표할 때 다른 친구들의 말을 주의 깊게 들었어.	
2. 친구들과 정책 토의할 때 내 의견만 내세우지 않았어.	
3. 친구들이 잘 이해할 수 있도록 분명한 목소리로 발표했어.	
4. 모둠별 정책 토의에서 적극적으로 내 의견을 발표했어.	

[표 13] 동료평가

※ 친구들이 만든 팻말을 보고 그 밑에 ★ 스티커를 붙여주세요.

내용	스티커 개수
1. 불평등한 인구 분포 문제를 해결하기 위한 정책을 만들었나요?	★★★
2. 불평등한 인구 분포 문제를 해결하기 위한 정책을 만들었으나, 정책이 실현되기 어려운가요?	★★
3. 문제에 어울리지 않는 정책을 제안하였나요?	★

이 차시에서는 우리나라의 인구 구성 변화와 불평등한 인구 분포에 대한 호기심을 가지고 모둠별로 이에 대한 해결 방안을 탐구하는 데 목적이 있다. 우리나라의 인구 정책 변화를 수집하고, 저출산과 불평등한 인구 분포에 따른 해결 방법을 알아보며 정책 제안서를 발표하도록 하였다. 이에 교사는 학생들이 모두가 활발하게 의견을 교환하며 서로 존중하며 참여하는 것을 안내하였다.

　평가는 모둠별로 친구들과 함께 활발히 의견을 나누었는지 자신을 돌아보며 실시하게 하였다. 또한 모둠별로 만든 정책 제안을 발표하고, 다른 모둠 친구들로부터 평가를 받게 하였다. 모둠별로 정책 수립 과정에서 의사소통이 어려워 보이는 모둠에는 교사가 개입하여 어떤 문제가 있는지 물어보고 도움을 줄 수 있다. 정책 제안은 일정한 흐름은 따르되 다양한 방식으로 발표할 수 있어야 한다. 이러한 평가는 학습자가 모둠별 의사소통 과정에 얼마나 참여하는지와, 만족하며 학습목표를 성취하였는지, 다른 학습자들과의 협력 관계 등에서 스스로 반성하고 생각할 기회를 제공하여 학생 스스로 학습 과정에 적극적으로 참여하고 돌아볼 기회를 줄 수 있다.

5

지구촌 갈등을 해결하는, 6학년 2학기 평가 계획

6학년 사회과 평가는 2학기에 우리나라의 정치 발전과 경제 발전, 세계의 여러 나라, 통일 한국의 미래와 지구촌의 평화에 대해 알아보는 것으로 선정하였다. '우리나라의 정치 발전' 단원에서 우리나라의 민주주의 발전 과정을 통해 시민의 정치 참여의 중요성을 인식하고, 일상생활에서 민주주의의 의미와 원리를 파악하며, 민주주의의 기본 원리를 실현하는 국가 기관의 역할을 탐구함으로써 우리나라의 정치 발전을 위해 노력하는 자세를 기르는 데 중점을 둔다.

또한 '우리나라의 경제 발전' 단원에서는 경제 주체의 역할과 경제 체제의 특징에 대한 이해를 바탕으로 우리나라의 경제 성장 과정의 특징과 문제점을 탐구하고, 다른 나라와의 경제 교류의 특성을 파악함으로써 경제 발전에 참여하는 자세를 기르도록 하였다. '세계의 여러 나라와 통일 한국의 미래와 지구촌의 평화'에서는 세계 여러 나라의 지리적 특성에 대한 이해를 바탕으로 지구촌 시대를 맞아 세계를 조망하며 더불어 살아가는 태도를 탐구한다. 또한, 변화하는 세계 속에서 우리나라의 고유 영토인 독도에 대한 영토 주권의식을 기르고, 남북통일을 위한 노력과 과제를 살펴보며, 지구촌의 다양한 갈등 사례와 지속가능한 미래 건설의 과제를 탐색하면서 통일 한국의 미래를 구상하는 데 주안점을 두었다.

이번 단원은 우리나라의 정치와 경제 발전, 지구촌 문제, 통일 한국을 다루기 때문에 학생들이 평소에 접할 수 있는 다양한 사회문제를 다루기에 적합하다. 민주주의의 과정은 어떠하며, 경제활동은 어떻게 이루어지고, 독도 문제는 어떻게 해결해야 하는지 등 다양한 이슈에 대한 관심을 높여줄 뿐만 아니라 문제해결이나 과정에 참여하는 실천적 태도를 길러줄 수 있다. 쓰레기 매립지 설치에 대한 해결, 여러 나라 의식주 살펴보기, 외교관이 되어 세계 여러 나라와 교류하기, UN 전문가가 되어 지구촌 갈등 해결하기 등의 수업은 학생들이 이를 해결하기 위한 대안을 제시하는 과정에서 2015 개정 교육과정의 핵심 역량(정보 활용 능력, 문제해결 능력, 창의적 사고력, 의사소통 능력 및 협업 능력)을 신장할 수 있다. 학생들이 신문이나 방송에서 접할 수 있는 지구촌 문제에 대한 문제해결 탐색을 위해 수업은 사전 조사 계획, 지구촌 문제 실태 조사, 조사 후 대안 제시, 토론하기 등으로 설계하였다. 이러한 해결 과정에서 포트폴리오로 과정을 평가하고, 대안 제시 발표에서는 동료평가를 하고, 자기를 성찰할 수 있는 성찰 일기를 작성하도록 하였다.

  일례로 '[6사08-03] 지구촌의 평화와 발전을 위협하는 다양한 갈등 사례를 조사하고 그 해결 방안을 탐색한다.'라는 성취기준을 반영한 '4단원. 변화하는 세계 속의 우리'에서는 공정무역 물건을 구매한 경험을 통해 지역 문제에서 지구촌 문제로 영역을 확장하고, 지구촌 문제를 해결하기 위해 우리가 할 수 있는 일을 찾아보았다. 이를 위해 학생들은 UN 기구 전문가가 되어 다양한 지구촌 문제를 해결하기 위해 여러 참여 방법과 실천 방법이 드러난 광고를 제작할 수 있도록 수업을 재구성하였다. 모둠별로 퍼포먼스, 프레젠테이션, 결과물 전시 등의 방법으로 발표해보고, 다양한 지구촌 문제를 해결하기 위한 방법에 대해 이야기를 나눈다. 또 발표한 광고 작품은 교실에 전시하여 지속해서 지구촌 문제에 관심을 갖고 해결 의지를 갖도록 유도하는 등, 지구촌에서 발생하는 다양한 문제들을 UN 전문가가 되어 해결할 수 있는지에 대해 관찰평가와 동료평가를 통해 확인할 수 있다. 다음의 [표 14]는 가치·태도 영역의 수행 과제표이다.

[표 14] 6-2 '가치·태도' 영역의 수행 과제

영역	성취기준	수업 구성 개요	수행 과제	단원	평가 유형
일반 사회	[6사08-03] 지구촌의 평화와 발전을 위협하는 다양한 갈등 사례를 조사하고 그 해결 방안을 탐색한다.	• 지구촌 문제 알아보기 • 지구촌 문제해결 방법 탐색하기	UN 전문가가 되어 지구촌 갈등 해결하기	4. 변화하는 세계 속의 우리	관찰평가·동료평가

[표 15] 6-2 '가치·태도' 영역의 GRASPS 활용 수행 과제

학년-학기	영역	단원	교과서
6-2	가치·태도	4. 변화하는 세계 속의 우리	192~195쪽

성취기준	[6사08-03] 지구촌의 평화와 발전을 위협하는 다양한 갈등 사례를 조사하고 그 해결 방안을 탐색한다.		
평가 대상	개인	평가 유형	관찰평가·동료평가

GRASPS를 활용하여 수행 과제 계획하기

구분	내용
목표(G) goal	• 지구촌의 문제를 해결하기 위한 광고를 만들어봅시다.
역할(R) role	• 여러분은 UN 전문가입니다.
대상(A) audience	• 우리 반 친구들에게 광고를 발표합니다.
상황(S) situation	• 현재 지구촌에는 전쟁, 자연재해, 인종 차별, 식량 부족, 지구 온난화, 전염병 등의 문제가 있습니다.
수행(P) performance	• 모둠별로 UN 전문가가 되어 이러한 문제를 해결하기 위한 참여 방법과 실천 방법이 담긴 광고를 만들어 친구들 앞에서 발표합니다.

기준(S) standard	• 광고는 모둠원이 모두 참여하여 함께 제작해야 합니다. → 광고 제작을 위해 모둠원 각자가 맡았던 역할 표시하기 → 모둠 친구들이 적극적으로 광고에 참여하도록 다양하게 표현하는 것도 가능

수행 과제
여러분은 UN 전문가입니다. 현재 지구촌에는 전쟁, 자연재해, 인종 차별, 식량 부족, 지구 온난화, 전염병 등 다양한 문제가 있어요. 이런 문제를 해결하기 위한 참여 방법과 실천 방법을 찾아 사람들이 지구촌 문제에 지속적인 관심을 가질 수 있도록 광고를 만들어보세요.

분석적 루브릭		
수준 \ 항목	의사소통	내용
가중치	50%	50%
잘함	모둠원 모두가 활발하게 의견을 교환하고 서로 존중하는 가운데 일치된 방안을 도출한다.	지구촌 문제에 대한 해결 방안을 2가지 이상 알고 있다.
보통	일부 학생들이 주도하고 나머지는 소극적인 모습을 보인다.	지구촌 문제에 대한 해결 방안을 1가지만 알고 있다.
노력 요함	서로 의견을 나누지 않고 뜻이 맞지 않아 다투는 모습을 보인다.	지구촌 문제에 대한 해결 방안을 알지 못한다.

[표 16] 교사 관찰평가

항목 \ 모둠명	의사소통(50%)	피드백 사항
	광고 제작 시 의사소통과 협력을 잘하는지 관찰	
○○모둠		
○○모둠		
○○모둠		
....		

[표 17] 동료평가

※ 친구들이 만든 팻말을 보고 그 밑에 ★ 스티커를 붙여주세요.

내용	스티커 개수
1. 친구가 소개한 광고가 지구촌 문제를 해결할 수 있나요?	★★★
2. 문제해결 방법이 실천 가능한가요?	★★

대부분의 학생은 지구촌의 문제에 대해 수업 시간에 배워서 알고는 있다. 그러나 자기 자신과는 크게 상관없는 문제로 인식하는 경향이 있기 때문에 이번 차시에서는 학생들이 지구촌 문제를 해결하기 위해 실천해볼 방법을 찾는 데 목적을 두었다. 지구촌 문제에 지속적인 관심을 가지고 문제를 해결하는 데 조금이나마 도움이 될 수 있는 참여 방법이나 실천 방법을 생각할 수 있도록 안내하였다.

모둠별로 친구들과 함께 다양한 의견을 나누면서 지구촌 문제를 해결하기 위해 참여 방법을 알아보고, 실천 방법을 찾아보며, 그것을 광고로 제작하여 다른 모둠 친구들로부터 평가를 받게 하였다. 이때 모둠별로 광고 제작 시 의사소통 과정을 관찰하여 교사가 피드백을 줄 수도 있다. 광고는 다양한 방식으로 발표하되, 지구촌의 문제를 해결하려는 실천 방법이 구체적으로 드러나야 한다. 문제해결 방법을 학습하고, 동료평가를 통해 학생들 간 서로 학습한 과정에 대해 평가하며 모두 성취감을 느낄 수 있도록 한다.

4장

수학

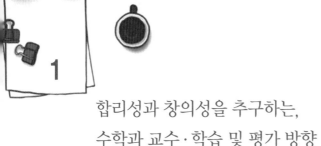

합리성과 창의성을 추구하는,
수학과 교수·학습 및 평가 방향

수학과는 수학의 개념, 원리, 법칙을 이해하고 기능을 습득하며 생활 주변과 사회 및 자연현상을 수학적으로 이해하고, 합리적이고 창의적으로 문제를 해결하는 능력과 태도를 기르는 교과이다. 오늘날 교육에 대한 인식론의 바탕은 인간이 지식의 수동적인 수용자가 아니라 능동적인 학습자라고 생각하는 데 있다. 이에 수학 교육의 큰 방향은 수학을 배운다는 것에서 경험하는 것이라는 개념으로, '학문'으로서보다는 '인간의 활동'으로 간주하며, 이러한 활동으로써 수학을 경험하는 것으로 나아가야 한다. 여기서 활동이란 구체물을 조작하는 것과 같은 단순한 활동을 넘어 수학자가 수학을 해나가는 방법이나 과정과 같이, 활동에서 수학을 적용하는 데 필요한 다양하고 고차원적인 사고가 요구된다.

초등학교에서 학습한 수학은 상급학교에서의 수학 학습의 토대가 될뿐더러 자연과학, 사회과학, 인문과학, 예술 및 체육 등 모든 분야의 기초가 되므로 창의적 역량을 갖춘 융합 인재로 성장할 수 있는 기반을 제공한다. 특히 자연과학을 표현하는 언어라고 할 정도로 수학은 자연과학과 매우 밀접하게 관련되어 있다.

수학을 학습하며 학생들은 수학적 아름다움을 느끼고, 수학의 지식과 기능을 이용하여 실생활과 관련된 여러 가지 수학적 문제와 다른 교과의 문제를 창의적으로 해결한다. 또한 미래 사회의 구성원 역할을 성공적으로 수행할 수 있는 역량을 기르며 자신의 잠재력과 재능을 발현할 기회를 가진다. 일상생활에서 수학의 필요성과 유용성을 이해하고 수학 학습의 즐거움을 느끼면서 수학에 대한 흥미와 자신감을 갖게 된다. 아울러 수학적 의사소통을 통해 민주적 시민의식을 함양한다. 이로써 학생들은 수학의 지식을 이해하고 기능을 습득하는 것과 더불어 문제해결, 추론, 창의·융합, 의사소통, 정보 처리, 태도 및 실천의 6가지 수학 교과 역량을 함양해 나갈 수 있다.

수학 교과의 역량을 기르기 위해 수학 수업은 학생의 능력과 수준 등을 고려하여 설명식 교수, 탐구 학습, 프로젝트 학습, 토의·토론 학습, 협력 학습, 매체 및 도구 활용 학습 등을 적절히 선택하여 적용해야 한다. 수학과 교육과정에서는 6가지 수학 교과 역량을 함양하기 위한 교수·학습 방법을 다음과 같이 제시하고 있다.

첫째, 문제해결 능력을 함양하기 위해서는 문제를 이해하고 해결 전략을 탐색하며 해결 과정을 실행하고 검증 및 반성하는 단계를 거치며, 협력적 문제해결 과제에서는 균형 있는 책임 분담과 상호작용을 통해 동료들과 협력하여 문제를 해결하게 한다. 수학적 모델링 능력을 신장하기 위해 생활 주변이나 사회 및 자연현상 등 다양한 맥락에서 파악된 문제를 해결하면서 수학적 개념, 원리, 법칙을 탐구하고 이를 일반화하게 한다. 문제해결력을 높이기 위해 주어진 문제를 변형하거나 새로운 문제를 만들어 해결하고 그 과정을 검증하는 문제 만들기 활동을 장려한다.

둘째, 추론 능력을 함양하기 위해서 관찰과 탐구 상황에서 귀납, 유추 등의 개연적 추론을 사용하여 학생 스스로 수학적 사실을 추측하고, 적절한 근거에 기초하여 이를 정당화할 수 있게 한다. 또한 수학의 개념, 원리, 법칙을 도출하는 과정과 수학적 절차를 논리적으로 수행하게 하며, 추론 과정이 옳은지 비판적으로 평가하고 반성하도록 한다.

셋째, 창의·융합 능력을 함양하기 위해서는 새롭고 의미 있는 아이디어를 다양하고 풍부하게 산출할 수 있는 수학적 과제를 제공하여 학생의 창의적 사고를 촉진한다. 그리고 하나의 문제를 여러 가지 방법으로 해결하게 하고, 해결 방법을 비교하여 더 효율적인 방법을 찾거나 정교화하게 하며, 여러 수학적 지식과 기능, 경험을 연결하거나 수학과 타 교과나 실생활의 지식, 기능, 경험을 연결·융합하여 새로운 지식, 기능, 경험을 생성하고 문제를 해결하게 한다.

넷째, 의사소통 능력을 함양하기 위해서는 수학 용어, 기호, 표, 그래프 등의 수학적 표현을 이해하고 정확하게 사용하며, 수학적 표현을 만들거나 변환하는 활동을 하게 한다. 수학적 아이디어 또는 수학 학습 과정과 결과를 말, 글, 그림, 기호, 표, 그래프 등을 사용하여 다른 사람과 효율적으로 의사소통할 수 있게 하며, 다양한 관점을 존중하면서 다른 사람의 생각을 이해하고 수학적 아이디어를 표현하며 토론하게 한다.

다섯째, 정보 처리 능력을 함양하기 위해서는 실생활 및 수학적 문제 상황에서 적절한 자료를 탐색하여 수집하고, 목적에 맞게 정리, 분석, 평가하며, 분석한 정보를 문제 상황에 적합하게 활용할 수 있게 한다. 교수·학습 과정에서 적절한 교구를 활용한 조작 및 탐구 활동을 통해 수학의 개념과 원리를 이해하도록 하며, 계산 능력 배양을 목표로 하지 않는 교수·학습 상황에서의 복잡한 계산 수행, 수학의 개념·원리·법칙의 이해, 문제해결력 향상 등을 위하여 계산기, 컴퓨터, 교육용 소프트웨어 등의 공학적 도구를 이용할 수 있게 한다.

여섯째, 태도 및 실천 능력을 함양하기 위해서는 수학을 생활 주변과 사회 및 자연현상과 관련지어 지도하여 수학의 필요성과 유용성을 알게 하고, 수학의 역할과 가치를 인식할 수 있게 한다. 수학에 대한 관심과 흥미, 호기심과 자신감을 갖고 수학 학습에 적극적으로 참여하게 하며, 끈기 있게 도전하도록 격려하고 학습 동기와 의욕을 유발한다. 또한 학생 스스로 목표를 설정하고 학습을 수행하며 학습 결과를 평가하는 자주적 학습 습관과 태도를 갖게 한다. 수학적 활동을 통해 정직하고 공정하며 책임감 있게 행동하고, 어려움을 극복하기 위해 도전하는 용기 있는 태도, 타인을 배려하고 존중하며 협력하는 태도, 논리적 근거를 토대로 의견을 제시하고 합리적으로 의사 결정하는 태도를 갖고 이를 실천하게 한다.

이처럼 지금의 수학 교육은 문제해결 과정을 중요하게 여기는 교육방법을 실천해나가고 있다. 이러한 교육은 조사, 분석, 적용에 대한 풍부한 기회를 제공하는 수행 과제를 통해 제시될 수 있다. 수행 과제를 해결하기 위해 계산기 또는 다양한 컴퓨터 프로그램이나 도구를 사용하기도 하고, 가족과 친구, 이웃의 전문가 및 참고서적 등을 활용하여 여러 가지 정보를 조사, 분석, 적용하면서 수학을 경험한다.

학습은 홈이 패인 공간을 달리는 정형적인 형태로 이루어지는 것이 아니고 불규칙적이며 여러 가지 방향으로 나아가는 매끄러운 공간을 탈주하는 것과 같다. 개인의 지식 이해, 학습 속도, 지식의 요구, 수행에 적용하는 능력 등이 모두 다르기 때문에 학생 개개인의 차이에 따른 다양성이 존재한다. 구조화된 훈련과 반복된 학습은 학생들에게 부정적 영향을 끼칠 수 있으므로 교사는 학생들의 다양성을 인정하여 학습 참여를 유도하고 문제해결 과정에 중점을 두어 학생들의 활동을 이끌어내는 것이 좋다. 학생들은 자신만의 기술과 전략을 세워 언제 어떻게 적용하는지 경험해가는 과정 속에서 학습하게 된다.

평가는 수업의 연장이므로 수업과 평가가 분리된다면 학생들은 완전한 수업을 받았다고 할 수 없다. 평가는 실제적인 경험이 목표에 어느 정도 부합되는지 알려주는 과정이다. 평가는 교육과정이나 수업에 후속하는 것으로 단원의 끝에 이루어지는 단일한 활동이라기보다는 평가 결과를 교수·학습에 피드백시킴으로써 실제 교수·학습이 의도된 대로 나아가도록 교정해주는 역할로 수업의 일부이며 과정이 된다. 평가는 학생의 학습을 향상시키며, 교육적 결정을 내리기 위한 가치 있는 과정이 되어야 한다.

수학 교육의 평가는 수학적 지식의 여러 측면과 그 사이의 관련성을 측정할 수 있어야 한다. 따라서 얼마나 많은 개념과 정보를 아는 것뿐 아니라 알고 있는 개념과 정보를 주어진 상황에 적용하고 정확히 전달하며 수용하는지를 평가할 수 있어야 한다. 필요에 따라 연역적, 귀납적으로 추론하여 문제를 해결하며, 창의적 사고를 요구하는 상황에 적절히 대처하고, 정보를 통합하고 의미 있게 만드는 능력을 평가해야 한다. 수학을 하는 것에 대한 자신감의 여부, 수학의 가치 인식 등도 평가해야 한다.

수학과 교육과정에 제시된 평가 방향은 크게 평가 원칙과 평가 방법으로 구분된다. 평가 원칙은 첫째, 수학과의 평가는 학생의 인지적 영역과 정의적 영역에 대한 유용한 정보를 수집·활용하여 학생의 수학 학습과 전인적 성장을 돕고 교사의 수업 방법을 개선하는 것을 목적으로 한다. 둘째, 수학과의 평가는 교육과정에 제시된 내용의 수준과 범위를 준수하고, 교육과정에 제시된 목표, 내용, 교수·학습과 일관성을 가져야 한다. 셋째, 수학과의 평가에서는 수학의 개념, 원리, 법칙, 기능뿐 아니라 문제해결, 추론, 창의·융합, 의사소통, 정보 처리, 태도 및 실천과 같은 수학 교과 역량을 균형 있게 평가한다. 넷째, 수학과의 평가는 학습자의 수준을 고려하고 평가 목적과 내용에 따라 다양한 평가 방법을 활용한다. 다섯째, 평가 결과는 학생, 학부모, 교사 등에게 환류하여 학생의 수학 학습을 개선하는 데 도움이 되어야 한다.

평가 방법은 크게 4가지이다. 첫째, 학습 결과뿐 아니라 과정 중심 평가도 하여 종합적인 수학 학습 평가가 되게 한다. 둘째, 수업의 전개 국면에 따라 진단평가, 형성평가, 총괄평가를 적절히 하되, 지속적인 평가를 통해 다양한 정보를 수집하고 이를 수업에 활용한다. 셋째, 학생의 수학 학습 과정과 결과는 지필평가, 프로젝트 평가, 포트폴리오 평가, 관찰평가, 면담평가, 구술평가, 자기평가, 동료평가 등 다양한 방법을 사용하여 양적 또는 질적으로 평가한다. 넷째, 평가 내용이나 방법에 따라 학생에게 계산기, 컴퓨터, 교육용 소프트웨어 등의 공학적 도구와 다양한 교구를 이용할 수 있게 한다.

초등학교 수학은 '수와 연산', '도형', '측정', '규칙성', '자료와 가능성'의 5개 영역으로 이루어져 있다. '수와 연산' 영역에서 '수'는 사물의 개수와 양을 나타내기 위해 발생했으며, 자연수와 분수, 소수가 사용된다. '수의 체계' 개념의 학년별 내용 요소는 1~2학년 '네 자리 이하의 수', 3~4학년 '다섯 자리 이상의 수'·'분수'·'소수', 5~6학년 '약수와 배수'·'약분과 통분'·'분수와 소수의 관계'

이다.

'수의 연산' 개념의 일반화된 지식은 자연수에 대한 사칙계산이 정의되고, 이는 분수와 소수의 사칙계산으로 확장된다. 학년별 내용 요소는 1~2학년 '두 자릿수 범위의 덧셈과 뺄셈'·'곱셈', 3~4학년 '세 자릿수의 덧셈과 뺄셈'·'자연수의 곱셈과 나눗셈'·'분모가 같은 분수의 덧셈과 뺄셈'·'소수의 덧셈과 뺄셈', 5~6학년 '자연수의 혼합 계산'·'분모가 다른 분수의 덧셈과 뺄셈'·'분수의 곱셈과 나눗셈'·'소수의 곱셈과 나눗셈'이다.

'도형' 영역에서 '평면도형' 개념의 일반화된 지식은 주변의 모양은 여러 가지 평면도형으로 범주화되고, 각각의 평면도형은 고유한 성질을 갖는다는 것이다. 학년별 내용 요소는 1~2학년 '평면도형의 모양'·'평면도형과 그 구성 요소', 3~4학년 '도형의 기초'·'원의 구성 요소'·'여러 가지 삼각형'·'여러 가지 사각형'·'다각형'·'평면도형의 이동', 5~6학년 '합동'·'대칭'이다.

'입체도형' 개념의 일반화된 지식은 주변의 모양에 따라 여러 가지 입체도형으로 범주화되고, 각각의 입체도형은 고유한 성질을 갖는다는 것이다. 학년별 내용 요소는 1~2학년 '입체도형의 모양', 5~6학년 '직육면체, 정육면체'·'각기둥, 각뿔'·'원기둥, 원뿔, 구'·'입체도형의 공간 감각'이다.

'측정' 영역에서 '양의 측정' 개념의 일반화된 지식은 우리의 생활 주변에는 시간, 길이, 들이, 무게, 각도, 넓이, 부피 등 다양한 속성이 존재하며, 측정은 속성에 따른 단위를 이용하여 양을 수치화하는 것이다. 학년별 내용 요소는 1~2학년 '양의 비교'·'시각과 시간'·'길이(cm, m)', 3~4학년 '시간, 길이(mm, km), 들이, 무게, 각도', 5~6학년 '원주율'·'평면도형의 둘레, 넓이'·'입체도형의 겉넓이, 부피'이다.

'어림하기' 개념의 일반화된 지식은 어림을 통해 양을 단순화하여 표현한다는 것이다. 학년별 내용 요소는 5~6학년 '수의 범위'·'어림하기(올림, 버림, 반올림)'이다.

'규칙성' 영역에서 '규칙성과 대응' 개념의 일반화된 내용은 규칙성은 생활 주변의 여러 현상을 탐구하는 데 중요하며 함수 개념의 기초가 되는 것이다. 학년별 내용 요소는 1~2학년 '규칙 찾기', 3~4학년 '규칙을 수나 식으로 나타내기', 5~6학년 '규칙과 대응'·'비와 비율'·'비례식과 비례배분'이다.

'자료와 가능성' 영역에서 '자료 처리' 개념의 일반화된 지식은 자료의 수집, 분류, 정리, 해석이다. 학년별 내용 요소는 1~2학년 '분류하기'·'표'·'○, ×, /를 이용한 그래프', 3~4학년 '간단한 그림그래프'·'막대그래프'·'꺾은선그래프', 5~6학년 '평균'·'그림그래프'·'띠그래프, 원그래프'이다. '가능성' 개념의 일반화된 지식은 가능성을 수치화하는 것으로 확률의 기초가 되는 것이다. 이에 따른 평가 계획의 실제는 학년별로 1~2개 영역을 선정하여 수행 과제를 기술하였다.

수행 과제는 GRASPS를 사용하여 구성하였다. 개인이 해결해야 하는 과제는 물론 모둠이 협력해서 해결하는 과제도 함께 제시하였다. 수업 중에 평가할 수 있도록 교과서에 나온 문제를 활용하는 방향으로 구상하였고, 수행 과제에 따라 평가지가 필요한 것은 별도로 수행평가지를 제작하였다. 평가 유형은 구술과 지필을 병행한 평가, 구체물을 활용하는 실기 평가, 모둠별 협력 활동 평가, 보고서 등 다양한 방법을 제시하였다. 루브릭은 총체적 루브릭보다 분석적 루브릭을 사용하여 수학의 역량별 분석이 가능하도록 하였다. 고학년에서는 교사와 학생이 함께 만들어가는 학생 참여 루브릭을 제안하였다.

'수와 연산', '측정' 영역의 1학년 평가 계획

2015 개정 교육과정에 따른 '수학과 교육과정'에서 1학년 수학은 '얼마나 알고 있나요'와 '놀이 수학'·'탐구 수학'에서 평가를 제시하고 있으며, 각각의 차시에서도 필요한 경우 평가를 시행할 수 있도록 구성되어 있다. 평가로 인하여 학습 부담이 가중되지 않도록 단원 평가 문항의 난이도는 본문 차시 수준을 유지하도록 했으며, 단원에서 꼭 알아야 할 내용의 수행 정도를 평가하는 방식을 지향하였다. 1학년에서는 수와 연산 영역과 측정 영역에서 평가 계획을 구성하였다. 교육과정에서 제시한 '수와 연산', '측정' 영역의 내용을 살펴보자.

'수'는 수학에서 다루는 가장 기본적인 개념으로, 실생활뿐 아니라 다른 교과나 수학의 다른 영역을 학습하는 데 필수적이다. '수'가 발생하게 된 것은 사물의 개수나 양을 나타내기 위해서였다. 자연수는 '수' 세기를 통해 학습되고 이어지는 수학 경험은 0과 자연수에 대한 덧셈, 뺄셈이 된다.

1학년의 '수와 연산'에서 다루는 학습 요소는 덧셈, 뺄셈, 짝수, 홀수이며 기호로는 '+', '−', '=', '>', '<'이 있다. 이 영역의 교수·학습 방법과 유의 사항은 다음과 같다. 자연수가 개수, 순서, 이름 등을 나타내는 경우가 있음을 알고, 실생활에서 수가 쓰이는 사례를 통하여 수의 필요성을 인식하게 하며, 수 세기가 필요한 장면에서 묶어 세기, 뛰어 세기의 방법으로 수를 세어보고, 실생활 장면에서 짝수와 홀수를 직관적으로 이해하게 한다. 또한 두 자릿수를 10개씩 묶음과 낱개로 나타내게 함으로써 위치적 기수법의 기초 개념을 형성하게 하고, 수를 분해하고 합성하는 활동은 20 이하의 수의 범위에서 이루어지도록 한다.

덧셈과 뺄셈의 의미에 친숙해지도록 '더한다', '합한다', '~보다 ~ 큰 수', '~보다 ~ 작은 수', '뺀다', '덜어낸다', '합', '차' 등의 일상 용어를 사용하며, 덧셈은 두 자릿수의 범위에서 다루되, 합이 세 자릿수인 경우도 포함하고 덧셈과 뺄셈을 여러 가지 방법으로 계산하는 활동을 통해 연산 감각을 기르게 한다. 그리고 한 가지 상황을 덧셈식과 뺄셈식으로 나타내는 활동을 통해 덧셈과 뺄셈의 관계를 이해하게 한다.

□가 사용된 덧셈식과 뺄셈식은 □의 값을 직관적으로 구할 수 있는 수준으로 다루고, 학생들에게 친근한 실생활의 상황을 이용해 덧셈과 뺄셈에 관련된 문제를 만들고 해결하게 한다. 수와 연산 영역의 문제 상황에 적합한 문제해결 전략을 지도하여 문제해결 능력을 기르게 한다.

덧셈과 뺄셈을 여러 가지 방법으로 계산하는 활동을 평가할 때에는 학생들이 자유롭게 계산하도록 하는 데 초점을 두어야 한다. 또한 이를 지나치게 형식화하지 않도록 관찰, 면담 등의 다양한 방법을 이용해야 한다.

'측정'은 여러 가지 속성의 양을 비교하고, 단위를 이용하여 재거나 어림해봄으로써 양을 수치화하는 것이다. 우리의 생활 주변에는 시간, 길이, 들이, 무게, 넓이 등 다양한 속성이 존재한다. 이러한 다양한 속성을 측정하는 과정에서 경험하는 양의 비교, 측정, 어림은 학생들이 수학 학습을 통해 길러야 할 중요한 기능이다. 이는 실생활이나 타 교과의 학습에서 유용하게 활용되며, 측정을 통해 길러지는 양감은 수학적 소양을 기르는 데 도움이 된다.

1학년의 '측정' 영역에서 요구하는 학습 요소는 시, 분, 대략이다. 교수·학습 방법 및 유의 사항을 보면, 양의 비교는 직관적인 비교, 직접 비교, 간접 비교 등을 상황에 따라 알맞게 다루며, 시각 읽기는 학생의 경험을 소재로 하고, 학생이 모형 시계를 조작하며 '몇 시', '몇 시 몇 분' 등의 시각을 읽게 하는 것이다.

이를 바탕으로 '수와 연산(두 자릿수 범위의 덧셈과 뺄셈)' 영역에서 평가는 지필평가를 하되 흥미를 높이기 위해 숨은그림찾기 형식을 취하였다. 즉, 주어진 문제의 덧셈과 뺄셈 계산을 한 후, 계산 결과가 가장 작은 수부터 점차 큰 수로 이어 숨겨져 있는 그림을 찾아 완성하는 것이다. '측정(양의 비교)' 영역에서는 산가지를 정(井) 자 모양으로 정해진 시간 동안 쌓아 누가 더 높이 쌓았는지 비교하는 활동이다. 높이 쌓은 것을 짝과 비교하고 이어 모둠에서 비교하고, 나아가 반 전체에서 비교하면서 우리 반의 '쌓기왕'이 누구인지 찾는 활동으로 계획하였다. 다음의 [표 1]은 앞서 서술한 내용을 토대로 1학년 수학과의 수행 과제를 나타낸 것이다.

[표 1] 1학년 '수와 연산' 영역과 '측정' 영역의 수행 과제

영역	성취기준	수업 구성 개요	수행 과제	단원	평가 유형
수와 연산 (두 자릿수 범위의 덧셈과 뺄셈)	[2수01-06] 두 자릿수의 범위에서 덧셈과 뺄셈의 계산 원리를 이해하고 그 계산을 할 수 있다.	• 교과서 문제해결 • 평가지 문제해결 • 정답 확인하고 친구와 비교하기	덧셈과 뺄셈 계산을 한 후 계산 결과가 가장 작은 수부터 점차 큰 수로 이어 숨겨져 있는 그림 찾기	2학기 2. 덧셈과 뺄셈(1)	지필 평가
측정 (양의 비교)	[2수03-01] 구체물의 길이, 들이, 무게, 넓이를 비교하여 각각 '길다·짧다', '많다·적다', '무겁다·가볍다', '넓다·좁다' 등을 구별하여 말할 수 있다.	• 주어진 시간 동안 나무젓가락을 정(井) 자 모양으로 높이 쌓기 • 도구를 이용하여 높이 간접 비교하기 • '쌓기왕' 찾기	산가지를 정(井) 자 모양으로 정해진 시간 동안 쌓아 누가 높이 쌓았는지 짝, 모둠, 반 전체에서 비교하여 '쌓기왕' 찾기	1학기 4. 비교하기	실기 평가

수와 연산

[표 2] 1-2 '수와 연산' 영역의 GRASPS 활용 수행 과제

수행 과제			
덧셈과 뺄셈 계산을 한 후 계산한 값을 가장 작은 수부터 점차 큰 수로 이어 숨겨져 있는 그림 찾기			
성취기준		평가 대상	평가 유형
[2수01-06] 두 자릿수의 범위에서 덧셈과 뺄셈의 계산 원리를 이해하고 그 계산을 할 수 있다.		개인	지필평가
학년-학기	영역	단원	교과서
1-2	수와 연산 (두 자릿수의 덧셈과 뺄셈)	2. 덧셈과 뺄셈(1)	56~57쪽
GRASPS를 활용하여 수행 과제 계획하기			
구분	내용		
목표(G) goal	• 두 자릿수의 범위에서 덧셈과 뺄셈을 할 수 있다.		
역할(R) role	• 당신은 덧셈과 뺄셈 계산왕입니다.		
대상(A) audience	• 두 자릿수 범위에서 덧셈과 뺄셈을 하는 초등학생		
상황(S) situation	• 주어진 덧셈과 뺄셈의 문제를 계산하고 계산한 값을 수의 계열에 따라 가장 작은 수부터 점차 큰 수로 연결하여 숨겨진 그림을 찾아야 합니다.		
수행(P) performance	• 주어진 덧셈과 뺄셈의 문제를 계산하고 계산한 값을 수의 계열에 따라 가장 작은 수부터 점차 큰 수로 연결하여 숨겨진 그림을 찾고, 학생들이 바르게 계산하여 수의 계열에 맞게 연결하였는지 확인합니다.		

기준(S) standard	• 결과에는 다음과 같은 사항이 포함되어야 합니다. → 두 자릿수 범위의 덧셈과 뺄셈의 계산 방법 → 두 자릿수의 계열 → 숨겨진 그림이 무엇인지 찾기		
분석적 루브릭			

항목 수준	문제해결	정보처리	추론
가중치	40%	30%	30%
잘함	두 자릿수 범위의 덧셈과 뺄셈을 잘할 수 있음.	두 자릿수의 계열을 잘 알고 순서에 맞게 연결할 수 있음.	건너뛰는 수의 계열을 잘 찾고 숨겨진 그림을 맞게 찾을 수 있음.
보통	두 자릿수 범위의 덧셈과 뺄셈을 할 수 있음.	두 자릿수의 계열을 알고 순서에 맞게 연결할 수 있음.	건너뛰는 수의 계열을 찾고 숨겨진 그림을 찾을 수 있음.
노력 요함	두 자릿수 범위의 덧셈과 뺄셈을 어려워함.	두 자릿수의 계열 및 순서에 맞게 연결하기를 어려워함.	수의 계열 및 숨겨진 그림 찾기를 어려워함.

'2단원. 덧셈과 뺄셈(1)'의 성취 기준은 두 자릿수의 범위에서 덧셈과 뺄셈의 계산 원리를 이해하고 그 계산을 하는 것이다. 평가는 두 자릿수 범위에서 여러 유형의 덧셈과 뺄셈식을 지필평가지로 제시하였다.

덧셈과 뺄셈 계산을 한 후 계산한 값을 가장 작은 수부터 점차 큰 수로 줄을 이어 숨겨져 있는 그림을 찾고 색칠하는 것이다. 더 나아가 수의 계열을 바르게 이해하고 있는지 평가할 수 있도록 계산한 결과의 값이 가장 작은 수부터 점차 큰 수로 이어 숨겨져 있는 그림을 찾아 완성하도록 평가지를 작성하였다. 계산한 값이 순차적이지 않고 건너뛰는 수가 대부분이므로 이에 유의하여 숨은 그림을 찾아야 한다.

숨겨진 그림을 맞게 찾았는지 확인하고 친구와 비교하는 가운데 동료평가와 자기평가를 할 수 있다. 여러 유형의 덧셈과 뺄셈을 정확히 풀고 점검하는 과정에서 문제해결 역량을 기를 수 있으며, 계산한 결과의 값이 순차적이지 않은 경우에도 수의 계열을 바르게 찾는 과정에서 정보처리 및 추론 역량을 기를 수 있다.

자릿수의 계열을 이해하고 두 자릿수 범위의 덧셈과 뺄셈을 능숙하게 하는 학생은 실생활과 관련된 다양한 문제를 풀어보거나 유사한 문제를 만들어보는 활동을 하게 한다. 자릿수의 계열 이해와 두 자릿수 범위의 덧셈과 뺄셈을 어려워하는 학생은 구체물을 조작하여 덧셈과 뺄셈을 해보도록 한다.

[표 3] 1-2 '수와 연산' 영역의 GRASPS 활용 수행평가지

수학과 수행평가지

1학년 반 번 이름(   )

단원명	2. 덧셈과 뺄셈(1)
과제명	숨겨진 그림 찾기

수행 과제

* 덧셈과 뺄셈 계산을 한 후 계산한 결과의 값을 가장 작은 수부터 점차 큰 수로 이어 숨겨져 있는 그림을 찾으시오.

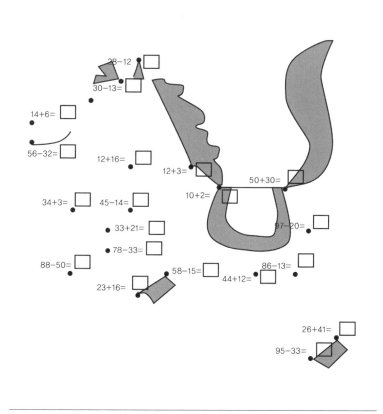

측정

[표 4] 1-1 '측정' 영역의 GRASPS 활용 수행 과제

수행 과제

나무젓가락(또는 산가지)을 정(井) 자 모양으로 정해진 시간 동안 쌓은 뒤 누가 높이 쌓았는지 짝과 비교하기, 모둠에서 비교하기, 반 전체에서 비교하여 쌓기왕 찾기

성취기준		평가 대상	평가 유형
[2수03-01] 구체물의 길이, 들이, 무게, 넓이를 비교하여 각각 '길다·짧다', '많다·적다', '무겁다·가볍다', '넓다·좁다' 등을 구별하여 말할 수 있다.		개인	실기 평가

학년-학기	영역	단원	교과서
1-1	측정(양의 비교)	4. 비교하기	104~105쪽

GRASPS를 활용하여 수행 과제 계획하기	
구분	내용
목표(G) goal	• 정해진 시간에 나무젓가락을 정(井) 자 모양으로 높이 쌓고 누가 더 높이 쌓았는지 비교할 수 있습니다.
역할(R) role	• 당신은 높이 쌓기 전문가입니다.
대상(A) audience	• 높이 쌓기 놀이에 참여하는 초등학생
상황(S) situation	• 정해진 시간 동안 나무젓가락을 정(井) 자 모양으로 높이 쌓고 높이 쌓은 쌓기왕을 찾아야 합니다.
수행(P) performance	• 정해진 시간 동안 나무젓가락을 정(井) 자 모양으로 높이 쌓아 친구와 높이 쌓은 것을 비교하고, 모둠에서 누가 높이 쌓았는지 비교하며, 반 전체에서 높이 쌓은 쌓기왕을 찾습니다.

기준(S) standard	• 결과에는 다음과 같은 사항이 포함되어야 합니다. → 도구를 이용하여 높이 간접 비교하기 → 쌓은 나무젓가락의 수를 '많다·적다'로 비교하기 → 활동에 적극적으로 참여하기

분석적 루브릭				
항목 수준	문제해결	정보처리	추론	태도 및 실천
가중치	30%	30%	30%	10%
잘함	높이 비교를 위한 해결 방법을 찾아 비교를 잘함	도구를 이용하여 높이의 간접 비교를 잘함	쌓은 나무젓가락의 수를 '많다·적다' 개념으로 바꾸어 비교를 잘함	끈기와 의지를 가지고 주어진 시간 안에 나무젓가락을 높이 잘 쌓음
보통	높이 비교를 위한 해결 방법을 찾아 비교를 함	도구를 이용하여 높이의 간접 비교를 함	쌓은 나무젓가락의 수를 '많다·적다' 개념으로 바꾸어 비교를 함	끈기를 가지고 주어진 시간 안에 나무젓가락을 높이 쌓음
노력 요함	높이 비교를 위한 해결 방법을 찾아 비교하기를 어려워함	도구를 이용한 높이의 간접 비교를 어려워함	쌓은 나무젓가락의 수를 '많다·적다' 개념으로 바꾸어 비교하기를 어려워함	주어진 시간 안에 나무젓가락 쌓기를 어려워함

'4단원. 비교하기'의 성취수준은 구체물의 길이, 들이, 무게, 넓이를 비교하여 각각 '길다·짧다', '많다·적다', '무겁다·가볍다', '넓다·좁다' 등을 구별하여 말하는 것이다. 평가는 주어진 시간 동안 나무젓가락이나 산가지를 정(井) 자 모양으로 쌓아 누가 더 높게 쌓았는지 비교하는 과정을 밟았다. 준비물은 나무젓가락, 끈이나 실, 긴 막대 등이다.

쌓은 물건의 높이 차가 작은 것은 직접 비교가 어려우므로 간접 비교가 필요하게 된다. 이러한 간접 높이 비교를 위해 끈이나 긴 막대와 같은 도구를 주변에서 찾아 활용하며, 이를 친구들과 협력하여 문제를 해결해나가야 한다. 이때 누가 높이 쌓았는가가 아닌 주변 도구를 이용하여 간접 비교를 하는가의 여부를 평가한다. 자신이 쌓은 것을 짝과 비교해보고 모둠에서 비교해보며, 최종적으로 반에서 비교하여 누가 '쌓기왕'인지 찾아보는 활동으로 재미를 더하였다.

간접 높이 비교를 위해 적절한 해결 방법을 찾고 친구들과 협력하여 도구를 이용한 높이 비교 활동으로 문제해결, 정보처리는 물론 추론 역량을 기를 수 있다. 정해진 시간 동안 끈기를 갖고 일정하게 나무젓가락을 쌓으면서 성취감을 느끼며 책임감을 함양할 수 있다. 또한 어림하여 비교하기와 도구를 이용하여 간접 비교하는 활동으로 높이에 대한 양감을 기를 수 있다.

높이 비교를 잘하는 학생은 나무젓가락을 정(井) 자 모양 외에 다르게 쌓는 방법을 탐구하여 높이 쌓고 친구와 높이 비교하기, 다른 물건의 길이와 비교하기 등을 해보도록 한다. 높이 간접 비교를 어려워하는 학생은 도구를 이용한 길이 비교 조작 활동을 많이 해보고 높이와 길이를 관련지어 생각해보게 한다.

3

'놀이 수학'과 '달력 만들기'를 적용한, 2학년 평가 계획

2015 개정 교육과정에 따른 '수학과 교육과정'에는 '놀이 수학'이 포함되어 있다. '놀이 수학'은 '탐구 수학'과 함께 태도 및 실천 영역을 평가하기에 적절한 차시라고 여겨진다. '측정' 영역에서 '놀이 수학'을 평가에 활용하였고, 규칙성 영역에서는 달력 만들기를 과제로 제시하였다.

2학년의 '측정' 영역에서 요구하는 학습 요소는 시, 분, 약, cm, m이다. 시각 읽기는 '몇 시 몇 분', '몇 시 몇 분 전' 등의 시각을 읽게 하며, 시간의 여러 가지 단위를 지도할 때 단위 사이의 관계를 이해하는 데 중점을 두며, 지나친 단위 환산은 다루지 않는다. 또한 표준 단위를 도입하기 전에 여러 가지 임의 단위를 사용하여 구체물의 길이를 재어보게 하며, 측정 영역의 문제 상황에 적합한 문제해결 전략을 지도하여 문제해결 능력을 기르게 한다.

'몇 시 몇 분 전'의 시각 읽기를 평가할 때 '5분 전', '10분 전', '15분 전' 등과 같이 실생활에서 자주 사용되는 경우를 다루고, '2시

48분'을 '12분 전 3시'로 나타내는 것과 같이 복잡한 경우는 다루지 않는다. 1일, 1주일, 1개월, 1년 사이의 관계를 평가할 때에는 달력을 이용하여 그 관계를 이해하는지에 중점을 둔다.

'규칙성'은 생활 주변에 존재하는 다양한 현상을 탐구하는 데 중요하며 함수 개념의 기초가 된다. 생활 주변이나 여러 현상에서 찾을 수 있는 규칙은 실생활의 복잡한 문제를 해결하는 데 유용하고, 규칙 찾기를 통해 추론 능력을 기를 수 있다.

2학년 '규칙성' 영역의 학습은 물체나 무늬의 배열에서 크기, 색깔, 위치, 방향 등에 대한 단순한 규칙을 다루고, 그 규칙을 말, 수, 그림, 기호, 구체물, 행동 등의 다양한 방법으로 표현하게 한다. 그리고 물체나 무늬의 배열에서 다음에 올 것이나 중간에 빠진 것을 추측하여 말하게 한다. 수의 배열뿐 아니라 수 배열표, 덧셈표, 곱셈표를 활용하여 수의 규칙을 찾고, 자신이 정한 규칙에 따라 색칠하거나 ○, □ 등으로 나타내게 하며 자신만의 규칙을 창의적으로 만들어보고, 다른 사람의 배열에서 규칙을 찾아보거나 규칙에 대해 서로 말하게 한다. 또한 규칙성 영역의 문제 상황에 적합한 문제해결 전략을 지도하여 문제해결 능력을 기르게 한다. 규칙 찾기 평가 시 자신이 만든 규칙이나 다른 학생이 만든 규칙에 대해 의사소통을 하는 과정을 평가하는 것이 필요하다.

'측정(길이)' 영역의 평가는 교과서 104~105쪽의 '개미 명령어 만들기' 놀이로 구안하였다. 모둠원이 돌아가면서 개미 명령어를 만들어 친구들에게 명령어를 제시하면 친구들이 그 명령어에 따라 선을 긋는 활동이다. 선 긋기 후에는 개미가 지나간 길을 보고 거꾸로 개미 명령어를 추론해보도록 하였다.

'규칙성(시각과 시간)' 영역의 평가는 주어진 11월 달력을 보고 그다음 달인 12월 달력을 만드는 활동으로 구안하였다. 이를 위해서는 1주일이 7일이라는 것과 12월이 큰달이라는 개념을 알고 있어야 하며, 달력의 규칙성을 이해하고 있어야 해결할 수 있는 문제이다. 심화 과정으로 다음 학년도 1년 달력 만들기에 도전하도록 하였다. 다음의 [표 5]는 전술한 바를 토대로 2학년 수학과의 수행 과제를 나타낸 것이다.

[표 5] 2학년 '측정' 영역과 '규칙성' 영역의 수행 과제

영역	성취기준	수업 구성 개요	수행 과제	단원	평가 유형
측정 (길이)	[2수03-07] 여러 가지 물건의 길이를 어림하여 보고, 길이에 대한 양감을 기른다.	• 모둠원이 돌아가면서 개미 명령어 만들기 • 명령어에 따라 선 긋기 놀이하기	'개미 명령어 만들기' 놀이하기	1학기 4. 길이 재기	구술·실기 평가
규칙성(시각과 시간)	[2수03-04] 1분, 1시간, 1일, 1주일, 1개월, 1년 사이의 관계를 이해한다.	• 제시된 11월 달력을 보고 12월 달력을 완성하기 • 친구의 잘한 점 이야기하기	11월 달력을 보고 12월 달력 만들기 다음 학년도 1년 달력 만들기	2학기 4. 시각과 시간	실기 평가

측정

[표 6] 2-1 '측정' 영역의 GRASPS 활용 수행 과제

수행 과제
교과서 104~105쪽: 모둠원이 돌아가면서 개미 명령어 만들어 친구들이 명령어에 따라 선 긋기 놀이하기, 개미가 지나간 길을 보고 거꾸로 개미 명령어 추론하기

성취기준		평가 대상	평가 유형
[2수03-07] 여러 가지 물건의 길이를 어림하여 보고, 길이에 대한 양감을 기른다.		모둠	구술·실기 평가

학년-학기	영역	단원	교과서
2-1	측정(길이)	4. 길이 재기	104~105쪽

GRASPS를 활용하여 수행 과제 계획하기	
구분	내용
목표(G) goal	• 개미 명령어를 이해하고 명령어에 따라 선 긋기를 할 수 있습니다.
역할(R) role	• 당신은 개미 명령어 만들기 놀이 진행자입니다.
대상(A) audience	• 개미 명령어 만들기 놀이에 참여한 초등학생
상황(S) situation	• 개미 명령어 놀이 방법을 설명하고 개미 명령어를 만들어 모둠에서 함께 선 긋기 놀이를 해야 합니다.
수행(P) performance	• 개미 명령어 놀이 방법을 설명하고 개미 명령어를 만들어 모둠에서 함께 선긋기 놀이를 합니다.
기준(S) standard	• 결과에는 다음과 같은 사항이 포함되어야 합니다. → 자를 이용하여 선을 바르게 긋기 → 선 긋기와 개미 명령어 사이의 관계 설명하기 → 개미 명령어 만들기 → 창의적으로 개미 명령어를 만들어 놀이하기

분석적 루브릭			
항목 수준	문제해결	정보처리	추론	태도 및 실천
가중치	25%	25%	25%	25%
잘함	개미 명령어를 익히고 놀이 전략을 잘 세울 수 있음	자를 이용하여 선을 바르게 그음	선 긋기와 개미 명령어 사이의 관계를 잘 이해함	창의적으로 개미 명령어를 만들어 선 긋기 놀이를 함
보통	개미 명령어를 익히고 놀이 전략을 세울 수 있음	자를 이용하여 선을 그을 수 있음	선 긋기와 개미 명령어 사이의 관계를 이해함	개미 명령어를 만들어 선 긋기 놀이를 함
노력 요함	개미 명령어 익히기를 어려워함	자를 이용하여 선 긋기를 어려워함	선 긋기와 개미 명령어 사이의 관계를 이해하지 못함	개미 명령어를 만들어 선 긋기 놀이를 어려워함

'4단원. 길이 재기'의 성취기준은 여러 가지 물건의 길이를 어림하여 보고, 길이에 대한 양감을 기르는 것이다. 평가는 모둠원이 개미 명령어를 만들어 선 긋기 놀이를 하는 것을 평가로 구성하였다. 준비물은 자, 개미 명령어 놀이판(점 종이)이다.

선 긋는 방법을 알고 바르게 긋고 명령어를 만들어보는 활동으로, 모둠이 함께 놀이하는 과정 속에 평가가 이루어진다. 모둠원이 만든 개미 명령어에 따라 친구들이 선을 긋고, 선 긋기가 끝나면 개미가 지나간 길을 보고 거꾸로 개미 명령어를 추론하는 활동으로 cm 길이에 대한 양감을 기를 수 있다. 이 활동은 자를 능숙하게 사용하는 방법을 충분히 익힌 뒤 활동에 임하는 것이 좋다.

자를 사용하여 올바르게 선을 긋는 방법, 개미 명령어를 만들어서 선을 긋는 놀이 과정에서 정보처리 역량을 기를 수 있다. 개미가 지나간 길을 보고 거꾸로 개미 명령어를 추론하는 활동으로 추론 역량을 기를 수 있으며, 선을 보고 명령어를 만드는 과정에서 창의·융합 역량을 기를 수 있다.

개미 명령어 그리기 활동을 어려워하는 학생은 출발점에서 시작하여 출발점으로 돌아온다고 안내하여 함께 놀이할 수 있도록 한다. 자를 능숙하게 사용하여 선을 바르게 긋는 학생은 교사용 지도서에 제시된 길 긋기 놀이를 개미 명령어로 만들어보거나 선 긋기 놀이판에 선을 긋고 개미 명령어를 만들어보는 활동을 하게 한다.

규칙성

'4단원. 시각과 시간'의 성취기준은 1분, 1시간, 1일, 1주일, 1개월, 1년 사이의 관계를 이해하는 것이다. 평가는 11월 달력을 보여주고 다음 12월 달력을 완성하는 활동이다. 준비물은 달력 틀, 1년 달력 틀(심화)이다.

12월 1일은 무슨 요일인지 11월의 달력을 통해 정보를 찾아 달력 틀에 표시하고 1주일은 7일임과 12월이 큰달임을 알고 날짜를 채워 12월 달력을 완성하는 활동이다. 1주일은 7일, 12월은 큰 달, 11월 30일 다음 날인 12월 1일의 요일을 알면 12월 달력을 완성할 수 있다. 이 활동이 끝난 학생은 심화 활동으로 완성한 12월 달력을 보고 다음 1년 달력을 완성하고 꾸미는 활동을 할 수 있도록 구성하였다.

직접 달력을 만들어 날짜를 작성해보면서 달력 속에 있는 규칙을 파악하여 문제해결과 추론 역량, 달력을 완성하고 꾸미면서 창의·융합 역량을 기를 수 있다. 유의 사항은 학생들이 같은 요일이 7일마다 반복됨을 알고 7일간이 1주일이라는 점을 알고 있어야 하고, 1주일은 요일의 순서와 상관없이 7일이라는 시간의 양을 나타냄을 인지해야 한다.

12월의 달력을 잘 완성한 학생은 완성한 12월 달력을 보고 다음 해의 1년 달력을 만들어보게 한다. 12월 달력 만들기를 어려워하는 학생은 12월 1일이 무슨 요일에서 시작하는지 말하게 하고 1주일이 7일임을 설명하고 달력표에 날짜를 채우도록 한다. 실제 12월이 며칠까지 있는지 달의 마지막 날을 확인하여 최종적으로 12월 달력을 완성하도록 한다.

[표 7] 2-2 '규칙성' 영역의 GRASPS 활용 수행 과제

수행 과제			
11월 달력을 보고 12월 달력 만들기 * 심화: 다음 학년도 1년 달력 만들기			
성취기준			평가 대상
[2수03-04] 1분, 1시간, 1일, 1주일, 1개월, 1년 사이의 관계를 이해한다.			개인
학년- 학기	영역	단원	교과서
2-2	규칙성(시각과 시간)	4. 시각과 시간	94~95쪽
GRASPS를 활용하여 수행 과제 계획하기			
구분	내용		
목표(G) goal	• 제시된 달력을 바탕으로 그다음 달의 달력을 만들 수 있다.		
역할(R) role	• 당신은 달력 제작자입니다.		
대상(A) audience	• 다음 달 또는 다음 연도 달력을 만드는 초등학생		
상황(S) situation	• 제시된 11월 달력을 보고 12월 달력을 완성해야 합니다. • 심화: 완성한 12월 달력을 보고 다음 1년 달력을 만들어야 합니다.		
수행(P) performance	• 제시된 11월 달력을 보고 12월 달력을 완성합니다. • 심화: 완성한 12월 달력을 보고 다음 1년 달력을 완성합니다.		
기준(S) standard	• 결과에는 다음과 같은 사항이 포함되어야 합니다.		

기준(S) standard	→ 주어진 달력을 이용하여 다음 달의 날짜를 추측하기 → 1주일=7일을 이용하여 달력에 날짜 채우기 → 12월을 큰달로 나타내기 → 창의적으로 달력 꾸미기

분석적 루브릭		

항목 수준	문제해결	추론	창의·융합
가중치	40%	40%	20%
잘함	달력의 규칙을 알고 다음 달 달력을 정확하게 완성함	제시된 달력을 이용하여 다음 달의 날짜를 맞게 추측함	창의적으로 달력을 잘 꾸밈
보통	달력의 규칙을 알고 다음 달 달력을 완성함	제시된 달력을 이용하여 다음 달의 날짜를 추측함	창의적으로 달력을 꾸밈
노력 요함	달력의 규칙을 어려워하고 다음 달 달력을 완성하지 못함	제시된 달력을 이용하여 다음 달의 날짜 추측을 어려워함	달력 꾸미기를 어려워함

'수와 연산', '도형' 영역의 3학년 1학기 평가 계획

2015 개정 교육과정에 따른 '수학과 교육과정'에서는 3학년 2학기의 교과서가 아직 출판되지 않은 상황이므로 1학기 교과서에서 평가 문제를 제시하였다. '수와 연산' 영역과 '도형' 영역에서 각각 평가 계획을 구상하였다. 3학년에서 자연수는 큰 수로 범위가 확장되기 시작하며 자연수에 대한 사칙계산이 정의된다. 자연수로 나타낼 수 없는 양을 표현하기 위해 수 개념은 분수, 소수로 확장되고 각각에 대한 덧셈과 뺄셈이 정의된다.

3학년에서 덧셈은 세 자릿수의 범위에서 다루되, 합이 네 자리 수인 경우도 포함한다. 곱셈은 '(두 자릿수)×(한 자릿수)', '(세 자릿수)×(한 자릿수)', '(두 자릿수)×(두 자릿수)', '(세 자릿수)×(두 자릿수)'를 포함한다. 나눗셈에서 '(두 자릿수)÷(한 자릿수)'는 나누어떨어지는 경우 몫을 이해하게 한다. 한 가지 상황을 곱셈식과 나눗셈식으로 나타내는 활동을 통하여 곱셈과 나눗셈의 관계를 이해하게 한다. 덧셈, 뺄셈, 곱셈, 나눗셈을 하기 전에 계산 결과를 어림해보고, 어림한 값을 이용하여 계산 결과가 타당한지 확인해보도록 한다. 학생들에게 친근한 실생활 상황을 이용하여 덧셈, 뺄셈, 곱셈, 나눗셈에 관련된 문제를 만들고 해결하게 한다. 자연수의 사칙계산에서 계산 원리를 이해하거나 계산 기능을 숙달하는 것이 목적이 아닌 경우에는 계산기를 사용하게 할 수 있다.

1보다 작은 양을 나타내는 경우를 통하여 분수의 필요성을 인식하게 하고, 분수를 도입할 때 '분모', '분자'를 사용한다. 소수의 덧셈과 뺄셈은 계산 원리를 이해할 수 있는 수준에서 간단히 다룬다. 수와 연산 영역의 문제 상황에 적합한 문제해결 전략을 지도하고, 문제해결 과정을 설명하게 하여 문제해결 능력을 기르게 한다. 나눗셈에 대한 검산에서는 나눗셈식을 보고 곱셈식으로 나타내는 것보다 검산의 목적과 필요성을 이해하는지에 초점을 두고 평가를 해야 한다.

'도형' 영역에서 평면도형은 구성 요소의 특성에 따른 분류 활동을 통해 다양하게 범주화될 수 있고, 각각의 평면도형은 고유한 성질을 갖는다. 평면도형이나 입체도형의 개념과 성질에 대한 이해는 실생활의 문제를 해결하는 데 기초가 되며, 수학의 다른 영역의 개념과 밀접하게 관련되어 있다. 또한 도형을 다루는 경험으로부터 비롯되는 공간 감각은 수학적 소양을 기르는 데 도움이 된다.

3학년에서 도형은 구체적인 사례나 활동을 통하여 각을 도입하고, 각의 변이 반직선임을 알게 한다. 여러 가지 삼각형과 사각형의 이름 짓기 활동을 통해 각 도형의 정의에 대해 학생들 스스로 사고하게 한다. 여러 가지 사각형의 성질은 구체적인 조작 활동을 통해 간단한 것만 다루고, 여러 가지 사각형 사이의 관계는 다루지 않는다. 도형 영역의 문제 상황에 적합한 문제해결 전략을 지도하고, 문제해결 과정을 설명하게 하여 문제해결 능력을 기르게 한다. 직선, 선분, 반직선에 대한 평가에서는 정확한 정의나 표현보다는 직선, 선분, 반직선을 서로 구별할 수 있는지에 중점을 두어야 한다.

'수와 연산' 영역의 수행 과제는 '3단원. 나눗셈'에서 구안하였다. 곱셈식과 나눗셈식의 관계를 이해하는 문제와 나눗셈의 몫의 의미를 알고 몫이 같은 것과 다른 것을 찾을 수 있는지 확인하는 과제이다. '도형' 영역의 수행 과제는 '2단원. 평면도형'에서 구안한 바, 제시한 도형의 색칠된 부분을 겹치지 않게 덮는 데에 사용되는 2가지 직사각형 모형의 조각 수를 구하고 해결한 방법을 친구에게 설명하는 것이다. 다음의 [표 8]은 전술한 바를 토대로 3학년 수학과의 수행 과제를 표로 나타낸 것이다.

[표 8] 3-1 '수와 연산' 영역과 '도형' 영역의 수행 과제

영역	성취기준	수업 구성 개요	수행 과제	단원	평가 유형
수와 연산 (나눗셈)	[4수01-07] 나눗셈이 이루어지는 실생활 상황을 통하여 나눗셈의 의미를 알고, 곱셈과 나눗셈의 관계를 이해한다. [4수01-08] 나누는 수가 한 자릿수인 나눗셈의 계산 원리를 이해하고 그 계산을 할 수 있으며, 나눗셈에서 몫과 나머지의 의미를 안다.	• 그림에 알맞은 곱셈식과 나눗셈식을 만들고 곱셈과 나눗셈의 관계 설명하기 • 몫이 같은 것끼리 연결하기	• 그림에 알맞은 곱셈식과 나눗셈식을 완성하고 나눗셈 18 나누기 2와 몫이 같은 것과 다른 것을 찾기	3-1 3. 나눗셈	구술· 지필 평가
일반 사회	[4수02-10] 여러 가지 모양의 사각형에 대한 분류 활동을 통해 직사각형, 정사각형, 사다리꼴, 평행사변형, 마름모를 알고, 그 성질을 이해한다.	• 색칠된 부분을 겹치지 않게 덮는 데 사용되는 직사각형 모형 조각의 수 구하기 • 해결한 방법을 친구에게 설명하기	• 색칠된 부분을 겹치지 않게 덮는 데 사용되는 2가지 직사각형 모형 조각의 수를 구하고 해결한 방법을 친구에게 설명하기	3-1 2. 평면 도형	구술· 실기 평가

수와 연산

'3단원. 나눗셈'의 성취기준은 실생활에서 나눗셈이 이루어지는 상황을 통하여 나눗셈의 의미를 알고, 곱셈과 나눗셈의 관계를 이해하는 것과, 나누는 수가 한 자릿수인 나눗셈의 계산 원리를 이

[표 9] 3-1 '수와 연산' 영역의 GRASPS 활용 수행 과제

수행 과제
1. 그림에 알맞은 곱셈식과 나눗셈식을 쓰시오. 2. 나눗셈 18 나누기 2와 몫이 같으면 '예' 화살표를, 다르면 '아니오' 화살표를 따라가서 어떤 번호와 연결되는지 번호를 쓰시오.

성취기준	평가 대상
[4수01-07] 나눗셈이 이루어지는 실생활의 상황을 통해 나눗셈의 의미를 알고, 곱셈과 나눗셈의 관계를 이해한다. [4수01-08] 나누는 수가 한 자릿수인 나눗셈의 계산 원리를 이해하고 그 계산을 할 수 있으며, 나눗셈에서 몫과 나머지의 의미를 안다.	개인

학년-학기	영역	단원	교과서
3-1	수와 연산(나눗셈)	3. 나눗셈	64~65쪽

GRASPS를 활용하여 수행 과제 계획하기	
구분	내용
목표(G) goal	• 실생활 상황을 곱셈식과 나눗셈식으로 나타내고 나눗셈의 몫을 구하고 그 몫을 이용하여 문제를 해결할 수 있습니다.
역할(R) role	• 당신은 수학 선생님입니다.
대상(A) audience	• 배운 내용의 문제를 풀고 있는 초등학생
상황(S) situation	• 주어진 문제를 해결하고 학생이 해결한 평가지를 채점하고 정답과 오답인 이유를 설명해야 합니다.
수행(P) performance	• 주어진 문제를 해결하여 정답을 확인하고 학생의 평가지를 채점한 뒤 학생이 해결한 방법이 맞는지, 틀리는지 설명합니다.

기준(S) standard	• 결과물에는 다음 사항이 포함되어야 합니다. → 문제해결 하기 → 학생이 해결한 평가지 채점하기 → 학생이 해결한 방법이 맞는지, 틀리는지 설명하기

분석적 루브릭			
항목 수준	문제해결	추론	정보처리
가중치	40%	30%	30%
잘함	그림에 맞는 곱셈식과 나눗셈식을 쓰고 나눗셈의 몫을 정확히 구할 수 있음	곱셈식과 나눗셈의 관계를 바르게 이해함	나눗셈의 몫이 같은 것과 다른 것을 정확히 찾아 화살표를 따라 정답에 이를 수 있음
보통	그림에 맞는 곱셈식과 나눗셈식을 쓰고 나눗셈의 몫을 구할 수 있음	곱셈식과 나눗셈의 관계를 이해함	나눗셈의 몫이 같은 것과 다른 것을 찾아 화살표를 따라갈 수 있음
노력 요함	그림에 맞는 곱셈식과 나눗셈식 쓰기와 나눗셈의 몫 구하기를 어려워함	곱셈식과 나눗셈의 관계를 이해하지 못함	나눗셈의 몫이 같은 것과 다른 것 찾기를 어려워함

해하고 그 계산을 할 수 있으며, 나눗셈에서 몫과 나머지의 의미를 아는 것이다. 평가는 교과서 64~65쪽의 단원평가 문항 외에 별도의 평가지를 작성하였다.

곱셈과 나눗셈의 관계를 이해하고 있는지를 알 수 있는 문항과 나눗셈의 몫의 의미를 알고 몫이 같은 나눗셈식과 다른 나눗셈식을 찾아보는 문항을 제시하였다. 한 가지 상황을 곱셈식과 나눗셈식으로 나타내는 활동으로 곱셈과 나눗셈의 관계를 이해하도록 하였다.

나눗셈의 몫을 이해하고, 몫을 구하는 문제를 풀면서 같은 몫을 가지는 나눗셈식인지 다른 몫을 가지는 나눗셈식인지 비교하는 과정에서 정보처리, 추론 역량을 기를 수 있다. 또한 문제를 해결하는 다양한 방법을 찾아보면서 문제해결력을 기를 수 있다.

[표 10] 3-1 '수와 연산' 영역의 GRASPS 활용 수행평가지

수학과 수행평가지

3학년　반　번　이름(　　　　)

단원명	3. 나눗셈
과제명	곱셈과 나눗셈의 관계 알기와 나눗셈의 몫이 같은 것 찾기

수행 과제

1. 그림에 알맞은 곱셈식과 나눗셈식을 쓰시오.

곱셈식:
□ × □ = □, □ × □ = □

나눗셈식:
□ ÷ □ = □, □ ÷ □ = □

2. 나눗셈 18÷2와 몫이 같으면 '예' 화살표를, 다르면 '아니오' 화살표를 따라가서 어떤 번호와 연결되는지 번호를 쓰시오.(　　)

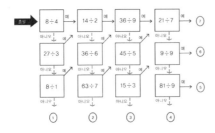

곱셈과 나눗셈의 관계를 바르게 이해하지 못한 학생은 자동차의 수를 이용하여 곱셈식을 만들고 나눗셈식으로 바꿔봄으로써 곱셈과 나눗셈의 관계를 이해할 수 있도록 다시 한 번 지도가 이루어져야 한다. 나눗셈의 몫을 구하고 그 몫이 같은 식과 다른 식을 찾지 못하는 학생은 나눗셈의 몫을 곱셈구구로 구하는 활동을 반복하도록 한다.

나눗셈의 이해가 빠른 학생에게는 수학적 나누기가 '똑같이'라는 용어 속에 '공평'을 내재하고 있으므로 다양하고 복잡한 나눗셈 문제를 해결하게 하고, 그 속에서 나눔과 공평의 의미를 찾아내는 수학적 인성 교육이 이루어지도록 하면 좋을 것이다.

도형

'2단원. 평면도형'의 성취기준은 여러 가지 모양의 사각형을 분류하는 활동을 통해 직사각형, 정사각형, 사다리꼴, 평행사변형, 마름모를 알고 각각의 성질을 이해하는 것이다. 평가는 교과서 45쪽에 제시된 문제를 활용한다. 준비물은 두 종류의 직사각형 조각 각각 6개씩이다.

두 종류의 다른 직사각형 모양 조각을 사용하여 색칠한 부분을 겹치지 않게 덮어보고, 조각을 각각 몇 개씩 사용하면 되는지 찾아본다. 정답이 하나만 있는 것이 아니기 때문에 문제해결에 다양한 방법이 있음을 이해하는 기회가 된다.

　모양이 다른 두 직사각형 조각을 사용하여 문제를 해결한 과정과 결과를 친구들에게 발표하는 과정에서 문제해결, 의사소통 역량을 기르며, 모양이 다른 두 직사각형 조각을 사용하여 색칠된 그림을 덮는 다양한 방법을 이해하고 공유하는 과정에서 다른 사람을 배려하고 존중, 협력하는 태도를 실천할 수 있다. 두 직사각형 조각을 조작하여 색칠한 부분을 덮는 경우를 찾는 과정에서 추론 및 정보처리 역량을 기를 수 있다.

[표 11] 3-1 '도형' 영역의 GRASPS 활용 수행 과제

수행 과제			
교과서 45쪽의 색칠한 부분을 겹치지 않게 덮는 데 사용되는 2가지 직사각형 모형 조각의 수를 구하고 해결한 방법을 친구들에게 설명하기			
성취기준		평가 대상	평가 유형
[4수02-10] 여러 가지 모양의 사각형을 분류하는 활동을 통해 직사각형, 정사각형, 사다리꼴, 평행사변형, 마름모를 알고 각각의 성질을 이해한다.		개인	구술·실기 평가
학년-학기	영역	단원	교과서
3-1	도형	2. 평면도형	44~45쪽
GRASPS를 활용하여 수행 과제 계획하기			
구분	내용		
목표(G) goal	• 색칠한 부분을 겹치지 않게 덮는 데 사용되는 직사각형 모형 조각의 수를 구하고, 그 해결 방법을 설명할 수 있습니다.		

역할(R) role	• 당신은 테트리스 구성 전문가입니다.
대상(A) audience	• 색칠한 부분을 겹치지 않게 덮는 데 필요한 모형 조각의 수를 구해야 하는 초등학생
상황(S) situation	• 색칠한 부분을 겹치지 않게 덮는 직사각형 모형 조각의 수를 구하고 구한 방법을 설명해야 합니다.
수행(P) performance	• 색칠한 부분을 겹치지 않게 덮는 데 사용되는 2가지 직사각형 모형 조각의 수를 구합니다. 그리고 그 해결 방법을 학생에게 설명합니다.
기준(S) standard	• 결과물에는 다음 사항이 포함되어야 합니다. → 문제에서 알아야 할 조건 말하기 → 겹치지 않게 덮는 데 사용된 직사각형 모형 조각의 수 구하기 → 해결 방법 설명하기

분석적 루브릭				
항목 수준	문제해결	추론	정보처리	의사소통· 태도 및 실천
가중치	30%	20%	20%	30%
잘함	문제해결을 위해 알아야 할 조건을 정확히 이해함	색칠한 부분을 겹치지 않게 덮는 방법을 잘 찾을 수 있음	두 직사각형을 여러 가지 방법으로 조작하여 문제를 잘 해결할 수 있음	문제해결 방법을 바르게 설명하고 친구의 의견을 존중, 수용하며 배려함
보통	문제해결을 위해 알아야 할 조건을 이해함	색칠한 부분을 겹치지 않게 덮는 방법을 찾을 수 있음	두 직사각형을 조작하여 문제를 해결할 수 있음	문제해결 방법을 설명하고 친구의 의견을 존중, 수용하며 배려하려고 노력함
노력 요함	문제해결을 위해 알아야 할 조건을 이해하지 못함	색칠한 부분을 겹치지 않게 덮는 방법 찾기를 어려워함	두 직사각형을 조작하여 문제해결하기를 어려워함	문제해결 방법을 설명하거나 친구의 의견을 존중하는 태도가 부족함

문제해결 능력이 우수한 학생은 색칠한 부분을 ⊞와 같이 변형하였을 경우 결과가 어떻게 다른지 해결하고, 그 해결 방법을 다른 친구들과 공유하며 다양한 방법으로 해결할 수 있음을 알게 할 수 있다. 문제해결에 필요한 조건을 이해하지 못하는 학생은 문제를 다시 한 번 확인하여 무엇을 구하고 어떤 방법을 이용할 수 있는지 설명하도록 한다. 문제해결 방법을 설명하는 것이 어려운 학생은 친구들의 방법과 자신의 방법을 비교하고 자신이 설명하기 쉬운 방법을 찾아보도록 안내한다.

5

'도형', '자료와 가능성' 영역의
4학년 1학기 평가 계획

2015 개정 교육과정에 따른 '수학과 교육과정'에서 4학년은 2학기 교과서가 아직 출판되지 않은 상황이므로 1학기 교과서에서 '도형' 영역과 '자료와 가능성' 영역에서 수행평가를 구안하였으며, 수학적 지식을 적용하여 학생들의 삶에서 일어나는 여러 가지 문제를 해결하는 과정에서 수학적 지식이나 기능을 이해하고 수학 교과 역량을 기를 수 있도록 계획하였다. 한 차시 전부가 평가되는 경우와 차시 일부가 평가되는 경우를 제시하였다.

4학년의 '도형' 영역에서는 실생활에서 평면도형의 이동을 활용한 사례를 찾아서 이동에 따른 변화를 추론하고 설명하게 한다. 평면도형의 이동을 활용하여 자신만의 규칙적인 무늬를 만들고, 다른 사람이 만든 무늬에서 규칙을 찾아 설명하게 한다. 도형 영역의 문제 상황에 적합한 문제해결 전략을 지도하고, 문제해결 과정을 설명하게 하여 문제해결 능력을 기르게 한다. 평면도형의 이동을 활용하여 모양의 변화나 무늬를 설명하게 할 때 설명 방법이 다양할 수 있음에 유의하여 평가한다.

'자료와 가능성' 영역에서는 자료의 수집, 분류, 정리, 해석을 통해 통계의 주요 과정을 익히게 한다. 다양한 자료를 수집, 분류, 정리, 해석함으로써 미래를 예측하고 합리적인 의사 결정을 하도록 한다. 자료의 특성을 알아보는 데 편리성을 도모하는 것은 그래프이다. 꺾은선그래프를 그릴 때 변화의 경향이 잘 드러날 수 있도록 눈금의 크기를 적절히 선택하게 한다. 간단한 그림그래프, 막대그래프, 꺾은선그래프의 특성을 비교하여 자료의 특성에 맞는 그래프로 나타내게 한다. 꺾은선그래프에서는 변화의 경향을 파악하는지를 중점적으로 평가한다.

'도형' 영역의 수행 과제는 '4단원. 평면도형의 이동'에서 양면 색종이 2장으로 규칙적인 무늬를 만드는 조작 활동으로 구안하였다. 색종이 1장을 16개의 정사각형으로 자르고 똑같이 접어 규칙적인 무늬를 만들고, 다른 1장에 16개의 접은 모양을 이동시켜 무늬를 만드는 과제이다.

'자료와 가능성' 영역의 수행 과제는 '5단원. 막대그래프'에서 학생들이 흥미를 느끼는 올림픽이나 월드컵 경기 내용을 조사하도록 한 뒤, 이를 바탕으로 막대그래프가 포함되는 보고서를 작성하여 발표하는 활동이다. 다음의 [표 12]는 전술한 바를 토대로 4학년 수학과의 수행 과제를 나타낸 것이다.

[표 12] 4-1 '도형' 영역과 '자료와 가능성' 영역의 수행 과제

영역	성취기준	수업 구성 개요	수행 과제	단원	평가 유형
도형 (평면 도형 의 이 동)	[4수02-05] 평면 도형의 이동을 이 용하여 규칙적인 무늬를 꾸밀 수 있다.	• 무늬의 규칙 찾기 • 규칙을 정하여 색 종이로 규칙적인 무 늬 만들고, 내가 만 든 무늬 설명하기 • 친구들의 작품으 로 직접 교실 꾸미 기	• 색종이로 규칙 적인 무늬 만드 는 방법 알아보 기 • 양면 색종이를 이용하여 규칙 적인 무늬 만들 기	4. 평면 도형의 이동	구술· 실기 평가
자료 와 가 능성 (자료 의 정 리)	[4수05-01] 실생 활에서 자료를 수 집하여 간단한 그 림그래프나 막대 그래프로 나타낼 수 있다.	• 조사한 자료에 막 대그래프를 넣어 이 야기, 보고서 작성 • 자신이 만든 내용 발표하기	• 올림픽이나 월 드컵에 대해 궁 금한 것 조사하 기 • 막대그래프를 넣어 보고서 작 성하기	5. 막대 그래프	구술· 보고서

도형(평면도형의 이동)

'4단원. 평면도형의 이동'의 성취기준은 평면도형의 이동을 이용하여 규칙적인 무늬를 꾸미는 것이다. 평가는 색종이를 활용하여 규칙적인 무늬를 만드는 조작 활동이다. 색종이로 다양한 무늬를 만드는 활동을 제시하였으며, 준비물은 양면 색종이, 풀, 가위이다.

무늬를 보고 규칙을 찾으며, 스스로 무늬를 꾸밀 규칙을 정하고 색종이로 규칙적인 무늬를 만들어보게 한다. 자신이 만든 무늬의

규칙을 설명하고, 친구들과 협동하여 만든 작품으로 직접 교실을 꾸밀 수 있다. 유의할 점은 반드시 평면도형의 이동(밀기, 뒤집기, 돌리기)을 사용해야 한다.

제시된 무늬를 관찰하고 탐구하여 일정한 규칙을 발견하는 과정에서 추론 역량을, 평면도형의 이동에 대한 이해를 바탕으로 규칙적인 무늬를 만들기 위해 일정한 규칙을 생각하는 과정에서 독창성·유창성과 함께 교실을 꾸미는 활동 속에서 창의·융합 역량을 기를 수 있다. 색종이를 활용한 조작 활동으로 정보처리 역량과, 자신이 만든 규칙적인 무늬를 친구들에게 설명하는 활동으로 수학적 의사소통 역량을 기를 수 있다.

[표 13] 4-1 '도형' 영역의 GRASPS 활용 수행 과제

수행 과제			
교과서 106~107쪽 1. 색종이로 규칙적인 무늬를 만드는 방법을 알아보시오. 2. 양면 색종이를 이용하여 규칙적인 무늬를 만드시오. 3. 규칙적인 무늬를 설명하시오. 4. 친구들과 함께 교실을 꾸미시오.			
성취기준		평가 대상	평가 대상
[4수02-05] 평면도형의 이동을 이용하여 규칙적인 무늬를 꾸밀 수 있다.		개인	구술·실기 평가
학년-학기	영역	단원	교과서
4-1	도형(평면도형의 이동)	4. 평면도형의 이동	106~107쪽

GRASPS를 활용하여 수행 과제 계획하기	
구분	내용
목표(G) goal	• 색종이로 규칙적인 무늬를 만들고 만든 방법을 설명할 수 있습니다.
역할(R) role	• 당신은 예술가입니다.
대상(A) audience	• 색종이로 규칙적인 무늬를 꾸미려는 초등학생
상황(S) situation	• 색종이를 접어 나타나는 일정한 모양을 밀기, 뒤집기, 돌리기를 이용하여 규칙적인 무늬를 꾸미고 학생에게 자신이 만든 규칙을 설명해야 합니다.
수행(P) performance	• 양면 색종이를 작은 정사각형 16개로 자르고 이를 양면 색이 잘 드러나게 접어 같은 모양 16개를 만듭니다. 이 모양 16개를 밀기, 뒤집기, 돌리기를 하여 다른 색종이에 붙여 규칙적인 무늬를 만듭니다. 이 규칙적인 무늬를 학생에게 어떻게 만들었는지 설명합니다.
기준(S) standard	• 결과물에는 다음 사항이 포함되어야 합니다. → 16개의 작은 정사각형을 똑같이 접어 모양 만들기 → 16개의 모양을 규칙을 정하고 규칙적인 무늬 만들기 → 자신이 만든 무늬의 규칙 설명하기 → 친구들과 교실 꾸미기

분석적 루브릭					
항목 수준	문제해결	추론	창의·융합	정보처리	의사소통
가중치	20%	20%	20%	20%	20%
잘함	규칙적인 무늬를 만들 계획을 잘 수립함	제시된 무늬에서 일정한 규칙을 정확히 찾을수 있음	무늬 규칙을 만들기 위해 다양한 방법을 적용하여 해결할 수 있음	양면 색종이를 조작하여 규칙적인 무늬를 잘 만들수 있음	자신이 만든 무늬 규칙을 친구들에게 잘 설명할 수 있음

보통	규칙적인 무늬를 만들 계획을 수립함	제시된 무늬에서 일정한 규칙을 찾을 수 있음	무늬 규칙을 만들 수 있음	양면 색종이를 조작하여 규칙적인 무늬를 만들 수 있음	자신이 만든 무늬 규칙을 친구들에게 설명할 수 있음
노력 요함	규칙적인 무늬를 만들 계획 수립을 어려워함	제시된 무늬에서 일정한 규칙 찾기를 어려워함	무늬 규칙을 만들기 어려워함	양면 색종이를 조작하여 규칙적인 무늬 만들기를 어려워함	무늬 규칙을 친구들에게 설명하기 어려워함

규칙을 정하여 색종이로 무늬를 만들고 설명을 잘하는 학생은 다양한 규칙으로 만들어진 무늬를 보고 무늬를 만든 기본 모양과 규칙을 찾아본 후 설명하게 하거나 활동을 어려워하는 학생을 돕도록 한다. 규칙을 정하여 규칙적인 무늬 만들기를 어려워하는 학생은 교과서 106쪽에 있는 무늬를 따라 만들어보고 무늬를 만든 기본 모양과 규칙이 무엇인지 설명해보도록 한다.

자료와 가능성(자료의 정리)

'5단원. 막대그래프'의 성취기준은 실생활에서 자료를 수집하여 간단한 그림그래프나 막대그래프로 나타내는 것이다. 평가는 그래프를 활용한 조사 보고서를 작성하는 것이다.

올림픽이나 월드컵과 같이 학생들이 흥미 있어 하는 분야에서 접근한다. 교과서의 올림픽 개최지 선정 방법과 조사한 내용을 막대그래프를 이용하여 이야기로 나타낸 것을 살펴보면서 자신이 궁금해하는 것을 조사할 계획을 세우고 이를 막대그래프를 활용하여 이야기나 보고서로 나타내는 활동이다. 조사한 내용을 발표하는 활동으로 다양한 관점이 있음을 이해하는 기회가 되도록 한다. 유의할 점은 사전에 과제를 제시하여 조사를 해오도록 하며 주제에 따른 목적, 방법, 문제해결 과정을 막대그래프를 활용하여 보고서로 적절하게 나타내게 하는 것이다. 올림픽(월드컵)에 대한 조사 발표회를 열어 관점의 다양성을 이해하고, 친구의 발표를 보며 문제해결 과정과 막대그래프로 나타낸 것이 적절한지 서로 평가하는 태도를 실천할 수 있다.

보고서를 우수하게 작성한 학생은 우리 학교 체육대회 시 어떤 경기를 하고 싶은지, 또는 학교 축제 때 어떤 장기자랑을 하고 싶은지 계획을 세워 조사하고 이를 보고서로 작성하도록 한다. 조사 계획을 세우는 활동이 어려운 학생은 올림픽의 필드 경기와 트랙 경기 비교, 월드컵 최다 우승국, 월드컵 조 추첨 방법 등 예시 자료를 주어 선택하여 조사하도록 한다.

보충 지도가 필요한 학생에게는 가로 항목과 세로 항목의 구분, 간격의 중요성 등을 다시 한 번 지도한다. 특히 간격이 다르면 해석하는 데 어려움이 있으므로 눈금 간격, 세로와 가로의 간격을 일정하게 해야 한다는 것을 강조한다.

[표 14] 4-1 '자료와 가능성' 영역의 GRASPS 활용 수행 과제

수행 과제

교과서 127쪽
1. 올림픽이나 월드컵에 대해 궁금한 것을 조사하시오.
2. 막대그래프를 넣어 보고서를 작성하시오.
3. 자신이 만든 내용을 발표하고 친구들과 의견을 나누어보시오.

성취기준	평가 대상	평가 대상
[4수05-01] 실생활 자료를 수집하여 간단한 그림 그래프나 막대그래프로 나타낼 수 있다.	개인	구술·실기 평가
학년-학기	영역	단원	교과서
3-1	자료와 가능성(자료의 정리)	5. 막대그래프	126~127쪽

GRASPS를 활용하여 수행 과제 계획하기	
구분	내용
목표(G) goal	• 생활 속의 자료를 수집, 조사하여 막대그래프를 그려 넣어 이야기나 보고서로 꾸밀 수 있습니다.
역할(R) role	• 당신은 리포터입니다.
대상(A) audience	• 올림픽이나 월드컵 등의 궁금한 내용을 조사하고 이를 막대그래프를 넣어 이야기나 보고서를 작성하는 초등학생
상황(S) situation	• 궁금한 내용을 조사하는 계획을 세우고 이를 조사하며 조사 주제에 따른 목적, 방법, 문제해결 과정을 막대그래프를 활용하여 보고서로 만들고 이를 발표해야 합니다.
수행(P) performance	• 사전에 올림픽이나 월드컵 등의 궁금한 내용을 조사하는 계획을 세우고 이를 조사합니다. 조사 주제에 따른 목적, 방법, 문제해결 과정을 막대그래프를 활용하여 보고서를 작성합니다. 조사 발표회에서 발표합니다.

기준(S) standard	• 결과물에는 다음 사항이 포함되어야 합니다. → 올림픽(월드컵)에 대해 궁금한 것 조사 계획 세우기 → 막대그래프를 정확하게 그리기 → 보고서 작성하기 → 자신이 만든 내용 발표하고 의견 나누기

분석적 루브릭				
항목 수준	문제해결	정보처리	창의·융합	태도 및 실천
가중치	30%	30%	30%	10%
잘함	주제에 따른 목적, 방법, 문제해결 과정이 잘 드러나게 보고서를 작성할 수 있음	막대그래프를 정확하게 그릴 수 있음	창의적인 조사 계획을 세울 수 있음	친구의 의견을 존중, 수용, 배려할 수 있음
보통	보고서를 작성할 수 있음	막대그래프를 그릴 수 있음	조사 계획을 세울 수 있음	친구의 의견을 수용할 수 있음
노력 요함	보고서의 작성을 어려워함	막대그래프 그리기를 어려워함	조사 계획 세우기를 어려워함	친구의 의견 수용하기를 어려워함

'수와 연산' 영역의 5학년 1학기 평가 계획

고학년의 수학 평가는 수학적 지식은 물론 수학적 사고, 문제해결 능력을 다루어야 한다. 평가를 통하여 학생이 알고 있는 수학적 지식과, 틀린 수학 문제를 어떻게 생각하고 있는지 알 수 있어야 하며, 평가 후 학생이 모르는 내용이 있다면 이를 바로잡아주는 기회로 활용해야 한다.

5학년에서는 '수와 연산' 영역에서 문제를 구상하였다. 수와 연산 영역에서 '수'는 자연수, 분수, 소수가 사용된다. 수 세기를 통해 도입된 자연수 개념을 바탕으로 수 개념이 분수와 소수까지 확장되고, 각각에 대한 사칙계산이 정의된다. 학습 요소는 약수, 공약수, 최대공약수, 배수, 공배수, 최소공배수, 약분, 통분, 기약분수이다.

자연수의 혼합 계산은 계산 순서에 중점을 두고, 지나치게 복잡한 혼합 계산은 다루지 않는다. 약수와 배수는 실생활에서 활용되는 경우를 찾아 자연수 범위에서 다룬다. 최대공약수와 최소공배수는 두 수에 대해서 구하게 한다. 분모가 다른 분수의 크기 비교에서 수 감각을 이용하여 추론하고 토론하는 활동을 하게 한다. 분수의 나눗셈은 '(분수)÷(자연수)', '(분수)÷(분수)', '(자연수)÷(분수)'를 다룬다. 소수의 곱셈과 나눗셈은 계산 원리를 이해하는 수준에서 간단히 다루고, 복잡한 계산은 계산기를 사용하게 할 수 있다. 수와 연산 영역의 문제 상황에서 문제해결 전략 비교하기, 주어진 문제에서 필요 없는 정보나 부족한 정보 찾기, 조건을 바꾸어 새로운 문제 만들기, 문제해결 과정의 타당성 검토하기 등을 통해 문제해결 능력을 기르게 한다.

　분수의 사칙계산에서 기약분수로 나타낼 것을 요구하지 않을 경우, 계산 결과를 기약분수가 아닌 분수로 나타내는 것도 허용한다. 분수의 통분을 이용한 문제에서 공통분모로 최소공배수뿐 아니라 분모의 곱과 같은 공배수도 이용할 수 있게 한다.

　'수와 연산(약수와 배수)' 영역에서는 1학기 '1단원. 약수와 배수'에서 정해진 직사각형 테이블에 같은 크기의 정사각형 타일을 붙일 때 가장 큰 정사각형 타일을 붙이도록 최대공약수를 활용한 문제를 제시하였다. 최소공배수를 활용한 문제는 직사각형 모양의 타일을 빈틈없이 배열하여 만들 수 있는 가장 작은 정사각형 테이블의 크기를 구하는 것으로 제시하였다. 다음의 [표 15]는 이를 토대로 5학년 수학과의 수행 과제를 나타낸 것이다.

[표 15] 5-1 '수와 연산' 영역의 수행 과제

영역	성취기준	수업 구성 개요	수행 과제	단원	평가 유형
도형 (평면 도형 의 이 동)	[6수01-02] 약수, 공약수, 최대공약 수의 의미를 알고 구할 수 있다. [6수01-03] 배수, 공배수, 최소공배 수의 의미를 알고 구할 수 있다.	• 조건에 맞는 타일 수와 정사각형 한 변의 길이 구하기 • 구하는 방법 설명 하기	조건에 맞는 정 사각형 한 변의 길이와 필요한 타일의 개수를 구하고 구한 방 법 설명하기	1학기 1. 약 수와 배수	구술· 지필 평가

　1단원의 성취기준은 약수, 공약수, 최대공약수의 의미를 알고 구하기 및 배수, 공배수, 최소공배수의 의미를 알고 구하는 것이 다. 평가는 최대공약수와 최소공배수를 활용하는 문제를 제시하 되 교과서에 제시된 체험 마당의 활동을 타일공 역할을 해보는 활 동으로 바꾸어 제시하였다. 준비물은 120x90cm 크기의 직사각 형 종이, 5x7cm 크기의 직사각형 종이(포스트 잇), 투명 테이프이 다.

　최대공약수 활용 문제는 정해진 직사각형 모양의 탁자에 같은 크기의 정사각형 타일을 붙일 때 가능한 한 가장 큰 정사각형 타 일로 붙인다면, 이때 정사각형 타일 한 변의 길이는 얼마이며 타 일은 모두 몇 개가 필요한지 해결하는 것이다. 최소공배수 활용 문제는 정해진 직사각형 모양의 타일을 빈틈없이 배열하여 만들 수 있는 가장 작은 정사각형 한 변의 길이와 이 탁자에 들어갈 타 일의 수를 구하는 것으로 친구에게 설명하도록 하였다. 평가 시 유의할 점은 설명이 부족하더라도 120×90cm 크기의 직사각형 종이 위에 5×7cm 크기의 직사각형 종이를 놓아가는 것이라고 설명하는 것도 수용하는 것이다. 아울러 수행 과제를 제시한 후 교사는 학생들과 함께 루브릭을 조정하여 학생 참여 루브릭을 구성하고 평가에 활용할 수 있다.

이 활동은 실제 가정에서 사용하는 가구의 크기와 최대공약수, 최소공배수가 관련 있음을 이해하는 기회가 된다. 이 수행 과제를 해결함으로써 문제해결 능력, 추론, 정보처리 역량을 기를 수 있으며 해결 방법을 설명하는 과정에서 의사소통 역량과 친구의 의견을 존중하며 경청하는 태도를 실천할 수 있다.

수행 능력이 우수한 학생들은 조건을 바꿔 문제를 만들고 짝과 바꾸어 풀어보는 활동이나 모둠별로 교과서 30~31쪽의 '놀이마당'에 제시되어 있는 놀이 활동을 하도록 한다. 또는 창의·융합적인 활동으로 배열하는 타일의 모양, 색, 무늬 등을 넣고 이를 규칙적으로 배열해보도록 한다. 최대공약수와 최소공배수에 대한 이해가 부족한 학생과 이해가 빠른 학생의 또래 집단을 만들어 또래 간 배움이 일어날 수 있도록 지도한다.

[표 16] 5-1 '수와 연산' 영역의 GRASPS 활용 수행 과제

수행 과제
최대공약수 활용 문제: 가로 길이 120cm, 세로 길이 90cm인 직사각형 모양의 탁자에 같은 크기의 정사각형 타일을 붙일 때 가능한 한 가장 큰 정사각형 타일로 붙이려고 한다. ① 이때 정사각형 타일 한 변의 길이는 얼마인가? ② 타일은 모두 몇 개가 필요한가? 답: ① 120과 90의 최대공약수 15cm ② 8X6=48개 최소공배수 활용 문제: 가로 길이 5cm, 세로 길이 7cm인 직사각형 모양의 타일을 빈틈없이 배열하여 만들 수 있는 가장 작은 정사각형 모양으로 탁자를 만들려고 한다. ① 이때 만들 수 있는 가장 작은 정사각형 한 변의 길이는 얼마인가? ② 이 탁자에 들어갈 타일의 수는 몇 개인가? 답 : ① 35cm ② 35개

성취기준		평가 대상	평가 유형
[6수01-02] 약수, 공약수, 최대공약수의 의미를 알고 구할 수 있다. [6수01-03] 배수, 공배수, 최소공배수의 의미를 알고 구할 수 있다.		개인	구술·지필평가
학년-학기	영역	단원	교과서
5-1	수와 연산	1. 약수와 배수	28~29쪽

GRASPS를 활용하여 수행 과제 계획하기	
구분	내용
목표(G) goal	• 조건에 맞는 정사각형 한 변의 길이와 필요한 타일의 개수를 구할 수 있습니다.
역할(R) role	• 당신은 타일공 팀장입니다.
대상(A) audience	• 테이블에 타일을 붙여 새롭게 구성하기를 원하는 초등학생
상황(S) situation	• 크기에 맞는 정사각형 타일의 한 변의 길이를 구하는 방법과 필요한 타일의 개수 구하는 방법을 설명해야 합니다. • 직사각형의 타일을 붙여 만들 수 있는 가장 작은 정사각형 모양의 탁자의 한 변의 길이를 구하는 방법과 필요한 직사각형 타일의 개수 구하는 방법을 설명해야 합니다.

수행(P) performance	• 당신은 조건에 맞는 정사각형 한 변의 길이와 필요한 타일의 개수를 알기 위해 테이블을 새로 구성하기를 원하는 가정을 방문하여 사전 조사를 실시하고, 조건에 맞는 정사각형 한 변의 길이와 필요한 타일의 개수를 구하고 구한 방법을 설명합니다.
기준(S) standard	• 결과물에는 다음 사항이 포함되어야 합니다. → 약수와 배수를 구하는 방법 → 최대공약수와 최소공배수를 구하는 방법 → 조건에 맞는 정사각형 타일 한 변의 길이와 필요한 타일 수를 구하는 방법 → 학생(다른 타일공)에게 자신이 해결한 방법 설명하기

분석적 루브릭				
항목 수준	문제해결	추론	정보처리	의사소통· 태도 및 실천
가중치	30%	20%	20%	30%
잘함	조건에 맞는 탁자의 크기, 타일의 크기와 타일 수를 모두 정확하게 구할 수 있음	최대공약수와 최소공배수를 활용하여 해결 방법을 잘 찾을 수 있음	직사각형 종이를 조작하여 문제해결 방법을 잘 찾을 수 있음	문제해결 과정을 잘 설명하며 친구의 의견을 존중하여 경청할 수 있음
보통	조건에 맞는 탁자의 크기, 타일의 크기와 타일 수를 맞게 구할 수 있음	최대공약수와 최소공배수를 활용하여 해결 방법을 찾을 수 있음	직사각형 종이를 조작하여 문제해결 방법을 찾을 수 있음	문제해결 과정을 설명하며 친구의 의견을 들음
노력 요함	조건에 맞는 탁자의 크기, 타일의 크기와 타일 수 구하기를 어려워함	최대공약수와 최소공배수를 활용하기를 어려워함	직사각형 종이를 조작하여 문제해결 방법 찾기를 어려워함	문제해결 과정을 설명하는 것을 어려워하며 친구의 의견을 들으려는 노력이 요구됨

'도형' 영역의 6학년 2학기 평가 계획

6학년의 평가는 학생의 인지발달 단계를 고려하고 교육과정에 제시된 내용의 수준과 범위를 준수하여 실시해야 한다. 6학년 수학과의 수행 과제는 모둠별로 협력하여 주어진 과제를 해결하거나 친구에게 문제해결 과정을 설명하여 이해 정도를 파악할 수 있도록 하였다. 2학기 '1단원. 쌓기나무'에서 '도형' 영역의 수행 과제를 구안하였다.

'도형' 영역의 입체도형은 구성 요소의 특성에 따른 분류 활동을 통해 다양하게 범주화될 수 있고, 각각의 입체도형은 고유한 성질을 갖는다. 학습 요소에는 합동, 대칭, 대응점, 대응변, 대응각, 선대칭도형, 점대칭도형, 대칭축, 대칭의 중심, 직육면체, 정육면체, 면, 모서리, 밑면, 옆면, 겨냥도, 전개도, 각기둥, 각뿔, 원기둥, 원뿔, 구, 모선이 있다.

6학년의 '도형' 영역 학습은 실생활에서 같은 무늬 찾기, 종이 겹쳐 오리기, 도장 찍기, 데칼코마니 등 구체적인 조작 활동으로

도형의 합동 의미를 알게 한다. 실생활에서 선대칭도형과 점대칭도형의 예를 찾아 설명하게 한다. 선대칭도형과 점대칭도형의 성질을 이용하여 각 도형의 나머지 부분을 그리게 한다. 각기둥의 전개도는 간단한 형태만 다루고, 각뿔과 원뿔의 전개도는 다루지 않는다. 한 직선을 중심으로 직사각형, 직각삼각형, 반원을 돌리는 활동을 통하여 원기둥, 원뿔, 구를 만들어보게 한다. 모형을 이용해 입체도형의 구성 요소와 성질을 확인하게 한다. 도형 영역의 문제 상황에서 문제해결 전략 비교하기, 주어진 문제에서 필요 없는 정보나 부족한 정보 찾기, 조건을 바꾸어 새로운 문제 만들기, 문제해결 과정의 타당성 검토하기 등을 통하여 문제해결 능력을 기르게 한다.

선대칭도형과 점대칭도형 그리기를 평가할 때는 점판이나 격자를 이용하여 쉽게 그릴 수 있게 한다. 입체도형의 전개도에 대한 평가는 전개도가 될 수 있는 것과 될 수 없는 것을 구별하는 데 중점을 둔다. 쌓기나무로 만든 입체도형의 위, 앞, 옆에서 본 모양에 대한 평가를 할 때에는 간단한 모양을 이용한다.

'도형(입체도형의 공간 감각)' 영역의 평가에서 개인의 능력보다는 모둠원 간의 협력이 중요하게 작용하도록 하였다. 4명이 한 모둠이 되어 3명은 교사가 제시하는 쌓기나무 모양을 보고 위, 앞, 옆에서 본 모양을 각각 그리고, 눈을 가리고 있던 나머지 1명은 친구들의 그림을 보고 쌓은 모양을 예상하여 똑같이 쌓기나무를 쌓는다. 모둠원이 협력하여 똑같이 쌓는 것으로 점수를 높이며, 점수가 가장 많은 모둠이 칭찬을 받는 활동으로 과제를 제시하였다.

[표 17] 6-2 '도형' 영역의 수행 과제

영역	성취기준	수업 구성 개요	수행 과제	단원	평가 유형
도형 (입체도형의 공간감각)	[6수02-11] 쌓기나무로 만든 입체도형의 위, 앞, 옆에서 본 모양을 표현할 수 있고, 이러한 표현을 보고 입체도형의 모양을 추측할 수 있다.	• 모둠 역할 1, 2, 3, 4 정하기 • 3명이 쌓기나무 모양을 보고 위, 옆, 앞에서 본 모양 그리기 • 다른 1명이 그림을 보고 쌓은 모양을 예상하여 똑같이 쌓기나무 쌓기	4명의 모둠원 중 3명은 주어진 쌓기나무 모양을 보고 위, 앞, 옆에서 본 모양을 그리고, 나머지 1명은 친구들의 그림을 보고 쌓은 모양을 예상하여 똑같이 쌓기나무 쌓기 활동	2학기 1. 쌓기나무	실기 평가

'1단원. 쌓기나무'의 성취기준은 쌓기나무로 만든 입체도형의 위, 앞, 옆에서 본 모양을 표현할 수 있고, 이러한 표현을 보고 입체도형의 모양을 추측하는 것이다. 평가는 모둠별 협력 활동으로 과제를 해결하도록 하였다. 준비물은 쌓기나무, 쌓기나무 카드, 모눈종이이다.

4명이 한 모둠이 되어 3명은 주어진 쌓기나무 모양을 보고 위, 앞, 옆에서 본 모양을 각각 그리고, 나머지 1명이 친구들의 그림을 보고 주어진 모양과 똑같이 쌓기나무를 쌓는 과제로 친구와 협력을 하여 문제를 해결하는 것이다.

각각의 역할을 맡은 학생들은 책임감을 가지고 자신이 맡은 역할을 수행하며 친구들의 실수를 비난하지 않는 협력적 자세를 갖추어야 한다. 유의할 점은 협력하여 문제를 해결하는 것이 목표이므로 성실히 맡은 역할을 수행하고 서로의 실수를 비난하지 않도록 한다. 아울러 수행 과제를 제시한 후 교사는 학생들과 함께 루브릭을 조정하여 학생 참여 루브릭을 구성하여 평가에 활용할 수 있다.

　4명이 한 모둠이 되어 역할을 나누고 자신이 맡은 역할을 정확히 수행하여 교사나 다른 학생이 제시한 모양대로 쌓기나무를 쌓는 과정에서 문제해결, 추론, 정보처리, 창의·융합 역량을 높일 수 있으며, 맡은 역할을 돌아가며 골고루 수행함으로써 협력하는 태도도 함양할 수 있을 것이다.

　과제 수행을 잘한 모둠 학생들은 2명이 짝이 되어 하는 다른 놀이 활동을 제시한다. 두 학생 사이에 가림판을 두고 한 학생이 쌓기나무로 자신만의 모양을 쌓은 후 그 모양을 짝에게 설명하고 짝은 설명을 들으면서 친구가 쌓은 모양을 예상하여 쌓기나무를 쌓는다. 다 쌓은 후 가림판을 내려 두 모양을 확인하고 똑같이 쌓은 경우 서로 칭찬해주고 다르게 쌓은 경우는 왜 다르게 쌓았는지 서로 이야기해보는 활동을 하도록 한다. 협력 활동을 잘 수행하지 못한 모둠 학생들은 잘한 모둠의 우수한 점과 우리 모둠의 부족한 점을 생각해보는 반성의 기회를 가지도록 한다.

[표 18] 6-2 '도형' 영역의 GRASPS 활용 수행 과제

수행 과제
교과서 30~31쪽 4명이 한 모둠이 되어 3명은 교사 또는 학생 대표가 제시하는 쌓기나무 모양을 보고 위, 앞, 옆에서 본 모양을 각각 그리고, 나머지 1명은 친구들이 그리는 동안 눈을 감고 기다린다. 친구들이 다 그리고 나면 나머지 1명이 친구들의 그림을 보고 쌓은 모양을 예상하여 똑같이 쌓기나무를 쌓는다. 역할은 번갈아가며 맡는다.

제시할 쌓기나무 카드
1~6번 (쌓기나무 6개), 7~10번(쌓기나무 7개)

1	2	3	4	5
6	7	8	9	10

성취기준	평가 대상	평가 유형
[6수02-11] 쌓기나무로 만든 입체도형의 위, 앞, 옆에서 본 모양을 표현할 수 있고, 이러한 표현을 보고 입체도형의 모양을 추측할 수 있다.	모둠	구술·지필평가

학년-학기	영역	단원	교과서
6-2	도형	1. 쌓기나무	30~31쪽

GRASPS를 활용하여 수행 과제 계획하기	
구분	내용
목표(G) goal	• 쌓기나무 놀이로 모둠별 협력학습을 할 수 있습니다.
역할(R) & 대상(A) role & audience	• 우리는 모둠의 구성원입니다.

상황(S) situation	• 4명이 한 모둠이 되어 3명은 교사나 학생이 제시하는 쌓기나무 모양을 보고 위, 앞, 옆에서 본 모양을 각각 그리고 나머지 1명이 친구들의 그림을 보고 주어진 모양과 똑같이 쌓기나무를 쌓아야 합니다.
수행(P) performance	• 4명이 한 모둠이 되어 3명은 교사나 학생이 제시하는 쌓기나무 모양을 보고 위, 앞, 옆에서 본 모양을 각각 그리고, 나머지 1명은 친구들이 그리는 동안 눈을 감고 기다립니다. 친구들이 다 그리고 나면 나머지 1명이 친구들의 그림을 보고 쌓은 모양을 예상하여 똑같이 쌓기나무를 쌓습니다. 역할은 번갈아 가며 맡습니다.
기준(S) standard	• 결과물에는 다음 사항이 포함되어야 합니다. → 교사가 제시하는 쌓기나무를 보고 위, 앞, 옆에서 본 모양 그리기 → 위, 앞, 옆에서 본 모양을 보고 똑같이 쌓기나무 쌓기 → 모둠원과 협력하여 실행하기 → 협력을 잘하여 점수를 가장 많이 얻은 모둠 칭찬하기

분석적 루브릭

항목 수준	문제해결	추론	정보처리	창의·융합	의사소통· 태도 및 실천
가중치	20%	20%	20%	20%	20%
잘함	모둠원이 자신의 역할을 잘 수행하여 문제를 해결함	위, 앞, 옆에서 본 모양을 보고 쌓기나무를 똑같이 쌓음	쌓기나무를 조작, 활용하여 문제를 잘 해결함	다양한 관점에서 해결 방법을 잘 찾음	활동에 흥미를 갖고 맡은 역할을 협력하여 수행함
보통	모둠원이 자신의 역할을 수행하여 문제를 해결할 수 있음	위, 앞, 옆에서 본 모양을 보고 쌓기나무를 쌓으나 1~2개 실수가 있음	쌓기나무를 조작, 활용하여 문제를 해결함	해결 방법을 찾음	맡은 역할을 협력하여 수행함
노력 요함	모둠원이 자신의 역할 수행을 어려워함	위, 앞, 옆에서 본 모양을 보고 쌓기나무 쌓기를 어려워함	쌓기나무를 조작, 활용하여 문제해결 하기를 어려워함	해결 방법 찾기를 어려워함	활동에 참여도가 부족함

5장

과학

1

인문과 과학의 균형을 고려하는,
과학과 교수·학습 및 평가 방향

4차 산업혁명이 이루어지고 있는 현재 인공지능, 빅 데이터, 바이오 기술 등의 발전으로 미래 사회는 눈부신 발전을 할 것으로 기대된다. 이러한 4차 산업혁명에 적응하고 미래 사회를 살아가는 데 필요한 능력을 함양하기에 꼭 필요한 교과는 '과학'이다. 이런 흐름에 맞춰 2015 개정 교육과정에 따른 '과학과 교육과정'은 총론이 추구하는 '인문학적 상상력과 과학 기술 창조력을 갖춘 균형 잡힌 인재의 양성'을 반영하여 개정되었다.

과학과 교육과정 내용을 살펴보면 '운동과 에너지', '물질', '생명', '지구와 우주', '통합'의 5개 분야로 나뉜다. 영역별로 '힘과 운동', '전기와 자기', '열과 에너지', '파동', '물질의 성질', '물질의 변화', '생명과학과 인간의 생활', '생물의 구조와 에너지', '항상성과 몸의 조절', '생명의 연속성', '환경과 생태계', '고체 지구', '대기와 해양', '우주' 등으로 구성되며 핵심 개념과 과학 탐구가 학교급과 학년 그리고 영역 간에 연계성을 갖는다. 또한 통합 교육과정에 따른 핵심 개념(big idea) 중심의 통합을 반영하여, 4학년의 '물의 여행', 6학년의 '에너지와 생활'이 통합주제 단원이다. 구체적인 단원의 내용은 다음 [표 1]과 같다.

[표 1] 학년군에 따른 과학과 분야와 단원 내용

학년군 분야	3~4학년군	5~6학년군
운동과 에너지	• 자석의 이용(3-1학기) • 소리의 성질(3-2학기) • 물체의 무게(4-1학기) • 그림자와 거울(4-2학기)	• 온도와 열(5-1학기) • 물체의 운동(5-2학기) • 빛과 렌즈(6-1학기) • 전기의 이용(6-2학기)
물질	• 물질의 성질(3-1학기) • 물질의 상태(3-2학기) • 혼합물의 분리(4-1학기) • 물질의 상태 변화(4-2학기)	• 용해와 용액(5-1학기) • 산과 염기(5-2학기) • 여러 가지 기체(6-1학기) • 연소와 소화(6-2학기)
생명	• 동물의 한살이(3-1학기) • 동물의 생활(3-2학기) • 식물의 한살이(4-1학기) • 식물의 생활(4-2학기)	• 다양한 생물과 우리 생활(5-1학기) • 생물과 환경(5-2학기) • 식물의 구조와 기능(6-1학기) • 우리 몸의 구조와 기능(6-2학기)
지구와 우주	• 지구의 모습(3-1학기) • 지표의 변화(3-2학기) • 지층과 화석(4-1학기) • 화산과 지진(4-2학기)	• 태양계와 별(5-1학기) • 날씨와 우리 생활(5-2학기) • 지구와 달의 운동(6-1학기) • 계절의 변화(6-2학기)
통합	• 물의 여행(4-2학기)	• 에너지와 생활(6-2학기)

출처: 초등학교 교사용 지도서 《과학》, 22쪽

이렇게 개정된 과학과는 탐구 학습을 통해 과학의 핵심 개념을 이해하고 '과학적 사고력', '과학적 탐구 능력', '과학적 문제해결력', '과학적 의사소통 능력', '과학적 참여와 평생학습 능력' 등과 같은 핵심 역량을 균형 있게 기를 수 있도록 교수·학습 방향을 제시하였다.

과학적 사고력은 과학적 주장과 증거의 관계를 탐색하는 과정에서 필요한 사고이다. 과학적 세계관 및 자연관, 과학적 지식과 방법, 과학적인 증거와 이론을 토대로 합리적이고 논리적으로 추론하는 능력, 추리 과정과 논증에 대해 비판적으로 고찰하는 능력, 다양하고 독창적인 아이디어를 산출하는 능력 등을 포함한다.

과학적 탐구 능력은 과학적 문제해결을 위해 실험, 조사, 토론 등 다양한 방법으로 증거를 수집, 해석, 평가하여 새로운 과학 지식을 얻거나 의미를 구성해가는 능력을 말한다. 과학적 탐구를 위해서는 과학 탐구 기능과 지식을 통합하여 적용하고 활용하는 능력이 필요하며, 과학적 사고력이 이 과정에 기초가 된다.

과학적 문제해결력은 과학적 지식과 사고를 활용하여 개인 혹은 공적 문제를 해결하는 능력이다. 일상생활의 문제를 해결하기 위해 문제와 관련 있는 과학적 사실, 원리, 개념 등의 지식을 생각해내고 활용하며, 다양한 정보와 자료를 수집, 분석, 평가, 선택, 조직하여 가능한 해결 방안을 제시하고 실행하는 능력이 필요하다. 문제해결력은 문제해결 과정에 대한 반성적 사고 능력과 문제해결 과정에서의 합리적 의사 결정 능력도 포함한다.

과학적 의사소통 능력은 과학적 문제해결 과정과 결과를 공동체 내에서 공유하고 발전시키기 위해 자기 생각을 주장하고 타인의 생각을 이해하며 조정하는 능력을 말한다. 말, 글, 그림, 기호 등 다양한 양식의 의사소통 방법과 컴퓨터, 시청각 기기 등 다양한 매체를 통해 제시되는 과학기술 정보를 이해하고 표현하는 능력, 증거에 근거하여 논증 활동을 하는 능력 등을 포함한다.

과학적 참여와 평생학습 능력은 사회에서 공동체의 일원으로 합리적이고 책임 있게 행동하기 위해 과학기술의 사회적 문제에 대한 관심을 가지고 의사 결정 과정에 참여하며 새로운 과학기술 환경에 적응하기 위해 스스로 지속적으로 학습해나가는 능력을 가리킨다.[3]

과학과 핵심 역량을 함양하기 위한 구체적인 교수·학습은 다음과 같다.

첫째, 과학과 성취기준에 따라 교수·학습이 이루어지도록 한다. 과학과 성취기준은 교과의 지식과 기능 및 태도를 담고 있으며, 학습의 결과로 학생들이 할 수 있어야 할 것을 담고 있다. 따라서 교수·학습은 과학과 핵심 개념과 일반화된 과학적 지식의 심층적 이해와 탐구를 할 수 있도록 각 단원에서 도달해야 할 성취기준을 반영하여 학생들의 사고를 자극하고 탐구를 유도하는 심층 학습을 할 수 있도록 해야 한다.

둘째, 다양한 탐구 중심의 교수·학습이 이루어지도록 한다. 이를 위해 학생의 능력과 흥미 등 개인차를 고려하여 적절한 실험수

---

3. 교육부, 〈초·중등학교 교육과정 총론〉, 교육부 고시 제2015-74호, 2015, 3~4쪽

업과 다양한 학습 방법을 활용한다. 특히 실험은 과학의 고유한 탐구 방법으로, 과학 수업에서도 필수적인 방법이다. 초등학생의 경우 구체적 현상을 접하고 이를 다루어봄으로써 과학 지식과 탐구 기능을 습득할 수 있기 때문에 실험은 과학 학습에 매우 유용한 교수·학습으로 주로 활용하고 있다. 또한 3학년 1학기 '3단원. 동물의 한살이'에서 학생들의 흥미와 표현력을 고려한 '관찰일기', 5학년 1학기 '3단원. 식물의 구조와 기능'의 '역할놀이', 6학년 1학기 '1단원. 지구와 달의 운동'의 '과학적 글쓰기' 등과 같이 학생의 과학적 사고력과 과학적 문제해결력을 함양하기 위한 다양한 학습 방법이 활용될 수 있도록 한다.

마지막으로 과학과의 핵심 개념과 일반화된 지식 및 기능이 학생의 발달단계에 따라 그 폭과 깊이를 심화할 수 있도록 체계적으로 교수·학습한다. 학생들은 대체로 연령에 따라 다른 발달적 특성과 인지 능력을 보인다. 이러한 발달단계를 고려하여 3~4학년에선 기초 탐구 과정(관찰, 분류, 측정, 예상, 추리, 의사소통 등), 5~6학년에선 통합 탐구 과정(문제 인식, 가설 설정, 변인 통제, 자료 해석, 결론 도출, 일반화 등)을 중심으로 증거에 기초한 토론과 논증 등의 기능을 학습 내용과 관련지어 과학의 핵심 개념을 이해하도록 하였다.

이러한 과학과 교수·학습에 맞춘 평가는 '운동과 에너지', '물질', '생명', '지구와 우주' 분야를 중심으로 과학과 핵심 역량 및 탐구 역량이 성장할 수 있도록 방향을 설정하였다.

과학과 평가의 특징을 살펴보면 다음과 같다. 먼저 성취기준에 기반하여 수업 중에 이루어지는 평가이다. 이미 교수·학습에서 성취기준에 중점을 둔 수업을 하였기에 일관성 있는 평가를 위해 성취기준에 기반을 두었다. 나아가 과거의 지필평가를 지양하고 학급과 학교의 실정을 고려하여 수업 중에 평가가 이루어질 수 있게 한다.

둘째, 모든 평가는 GRASPS를 활용한 수행평가 과제를 개발하고 명시적인 루브릭을 만들어 학생들에게 안내하고 평가한다. 이것은 학생들이 구체적 상황이나 맥락 속에서 과학적 지식을 적용하여 문제를 해결할 수 있는지를 평가하는 것에 중점을 둔 것이다. 이런 수행평가 과제는 교육과정에 기반을 두고 있어 교과 통합적이며, 여러 차원의 지식과 인지적 기능을 측정할 수 있어 과학과의 핵심 역량을 함양하고, 학생의 성장을 돕는 데 적합하다.

셋째, 다양한 평가 방법을 활용한다. 학생은 실험·실기와 관찰과 추리 등 탐구 과정에서 과학적 지식을 얻고, 그 지식을 활용하여 과학적 설명이나 이해, 과학적 글쓰기, 과학적 의사소통, 역할놀이 등의 다양한 평가 방법으로 과학과 핵심 역량이 성장하도록 한다.

마지막으로 학습자의 발달을 위한 평가 결과를 활용한다. 평가의 목적은 학생의 교육목표 도달도를 확인하고 교수·학습의 질을 개선하는 데 주안점이 있다. 따라서 학생에게 평가 결과에 대한 적절한 정보 제공과 추후 지도를 통해 학생 스스로 자신의 학습을 지속해서 성찰하고 개선할 수 있도록 '평가 전후 활용 피드백 활동지'를 활용한다. 또한 과정과 결과를 함께 평가하고 성장 과정에 대한 지속적인 평가, 의사소통 및 협업 등 능동적 학습활동을 유도한다. 이러한 평가의 일련 과정은 '교육과정-수업-평가-기록 일관화'를 위한 과정 중심 평가의 방향성을 반영한 것이다.

2

구체적 사물을 통한, 3~4학년 평가 계획

인지발달 단계에 따르면 3~4학년 학생들은 구체적 조작 단계에 있다. 이는 구체적인 사물을 통해 인지 활동과 사고가 가능한 단계라고 할 수 있다. 이 단계에서는 가역적 사고를 하고, 전체와 부분은 서로 관계가 있다는 것을 알게 되며, 물체를 분류할 수 있고 순서를 결정할 수 있다.

이러한 인지발달에 적합한 3학년 1학기의 평가 단원은 '2단원. 물질의 성질', '3단원. 동물의 한살이'다. 2단원에서는 우리 주변에서 흔히 접할 수 있는 물체를 관찰하는 활동을 통해 물질의 성질을 이해하도록 한다. 이를 바탕으로 다양한 물체를 만들어 물질의 성질과 물체의 기능이 연관됨을 탐구할 수 있도록 평가에 반영하고자 했다. 또 3단원에서는 살아 있는 동물을 관찰하며 색깔과 모양, 크기, 움직이는 모습, 먹이를 먹는 모습, 똥을 누는 모습 등을 관찰하며 자연스럽게 인지 활동과 사고가 가능하고 다양한 수업 방법과 평가를 적용할 수 있도록 하였다.

4학년 1학기에서는 '2단원. 지층과 화석', '4단원. 물체의 무게'를 평가 단원으로 선택하였다. 2단원에서는 퇴적암에서 나올 수 있는 여러 가지 화석을 관찰하여 지층 속 화석의 생성 과정을 이해하고 화석 모형을 만들어보는 활동을 평가에 반영하였다. 4단원에서는 학생들이 간단한 저울을 만들어 무게를 재어보는 활동을 한다. 학생들은 저울을 만들기 위해 구체적인 사물을 조작하며, 결과를 바로 확인할 수 있어 놀이처럼 즐겁게 평가를 받을 수 있다. 또 저울을 만드는 재료는 비슷하지만 다른 학생들의 생각을 살펴보며 과학적 탐구력과 사고력, 의사소통 능력을 함양할 수 있다. 다음의 [표 2]는 3~4학년군의 과학과 영역별 수행 과제를 나타낸 것이다.

[표 2] 3~4학년군의 과학과 영역별 수행 과제

분야 (영역)	성취기준	수업 구성 개요	수행 과제	단원	평가 유형
물질 (물질 의 성 질)	[4과01-04] 여러 가지 물질을 선택하여 다양한 물체를 설계하고 장 단점을 토의할 수 있다.	• 나만의 연필꽂이 만들기 • 내가 만든 연필꽂이 소개하기	연필꽂 이 만들 기	2.물질 의 성질 (3학년 1학기)	실험 실기· 구술 평가
생명 (생명 의 연 속성)	[4과10-02] 동물의 한살이 관찰 계획을 세우고, 동물을 기르면서 한 살이를 관찰하며, 관찰한 내 용을 글과 그림으로 표현할 수 있다. 〈탐구 활동〉 동물의 한살이 관찰하기	• 배추흰나비를 기르는 계획 세우기 • 배추흰나비의 자라는 과정 관찰하기 • 배추흰나비의 한살이 특징 설명하기	배추흰 나비의 한살이 과정을 관찰하 고 일기 쓰기	3. 동물 의 한살 이(3학 년 1학 기)	포트 폴리 오(관 찰일 기)

지구와 우주 (지층과 화석)	[4과06-03] 화석의 생성 과정을 이해하고 화석을 관찰하여 지구의 과거 생물과 환경을 추리할 수 있다. 〈탐구 활동〉 화석을 관찰하고 화석 모형 만들기	• 화석이 만들어지는 과정 생각하기 • 화석 모형 만들기 • 화석이 만들어지는 과정 정리하기	화석 모형 만들기	2. 지층과 화석 (4학년 1학기)	실험 실기· 서술 평가
운동과 에너지 (힘과 운동)	[4과09-04] 간단한 저울을 설계하여 제작하고 그 결과물을 평가할 수 있다. 〈탐구 활동〉 간단한 저울 만들기	• 모둠별로 나만의 저울 설계하기 • 나만의 저울 만들기 • 나만의 저울로 무게 재기	나만의 저울을 만들어 무게 재기	4. 물체의 무게 (4학년 1학기)	실험 실기· 구술 평가

물질

'2단원. 물질의 성질'의 성취기준은 '[4과01-04] 여러 가지 물질을 선택하여 다양한 물체를 설계하고 장단점을 토의할 수 있다.'이다. 이를 바탕으로 평가 방향은 여러 가지 물질의 성질을 이용하여 창의적으로 연필꽂이를 만들고 좋은 점과 보완할 점을 서로 이야기할 수 있도록 하였다. 평가를 위한 차시명은 '물질의 성질을 이용해 연필꽂이 설계하기'이며, 학습목표는 '여러 가지 물질을 선택하여 물질의 성질을 이용한 창의적인 연필꽂이를 만들고 소개할 수 있다.'라고 정했다.

이 수업을 위해 전 차시까지 우리 주변에서 흔히 접할 수 있는 물체를 관찰하는 활동을 통해 물체와 물질의 개념을 기초적인 수준에서 이해하도록 하였다. 학생들은 여러 가지 물체가 무엇으로 이루어져 있는지 호기심을 갖고 궁금증을 해결하기 위한 과학적 탐구 능력을 기르도록 하였다. 실제 우리 생활에서 물질의 성질을 바탕으로 다양한 물체를 찾아보는 활동을 통해 물질의 성질과 물체의 기능이 연관됨을 이해한다.

다시 본 차시와 연계하여 평가를 위한 수업 도입은 먼저 일상생활에서 연필꽂이의 불편한 점 찾아보는 활동이다. 학생들이 연필꽂이의 불편한 점을 잘 찾지 못하면 과학 교과서의 〈지연이의 연필꽂이〉 이야기를 읽고 지연이가 왜 연필꽂이를 불편해했는지 의견을 나눈다. 이때 연필꽂이가 어떤 물질로 이루어져 있는지, 물질의 성질과 관련하여 불편한 점을 찾아 이야기를 나눈다. 이후 자신이 지연이라면 어떤 물질을 사용하여 연필꽂이를 만들지 생각하게 한다. 생각을 떠올린 학생을 중심으로 돌아가며 이야기를 나누는 것도 좋은 방법이다.

이제 본격적인 활동에 앞서 수행 과제를 안내한다. 이때 실험관찰을 활용하여 '나만의 연필꽂이 설계하기' 활동을 한다. 학생들은 이때 어떤 물질을 사용할지, 주변에서 재활용할 수 있는 물질이나 물체를 생각하고, 물질의 어떤 성질을 이용할 것인지 정한다. 자신이 정한 방법대로, 만들고 싶은 연필꽂이를 글과 그림으로 정성껏 나타내게 한다. 그리고 설계한 연필꽂이의 각 부분에 사용할 재료는 물질의 어떤 성질을 이용한 것인지 쓴다. 연필꽂이 설계가 끝나면 수행 과제의 핵심이라 할 수 있는 설계한 대로 만들기 활동을 한다.

　만들기 활동이 끝나면 내가 만든 연필꽂이를 친구들에게 소개한다. 이때 친구들은 친구가 만든 연필꽂이의 좋은 점과 보완할 점 등을 자유롭게 이야기한다. 학생들 중에 장난이 심한 친구나 놀리는 말을 자주 하는 학생이 있을 수 있으므로 자신이 만든 연필꽂이를 소개하기 전에 주의사항을 자세하게 안내하는 것도 필요하다. 이러한 일련의 수업 활동을 평가에 반영한다. 다음의 [표3]과 [표4]는 GRASPS 활용 수행 과제와 평가 전후 활용 피드백 활동지이다.

[표 3] 3-1 '물질의 성질' 영역의 GRASPS 활용 수행 과제

학년-학기	영역	단원	교과서 (실험관찰)
3-1	물질의 성질	2. 물질의 성질	과학 38~39쪽 (실험관찰 19쪽)
성취기준	[4과01-04] 여러 가지 물질을 선택하여 다양한 물체를 설계하고 장단점을 토의할 수 있다.		
평가 대상	개인	평가 유형	실험 실기·구술평가
GRASPS를 활용하여 수행 과제 계획하기			
구분	내용		
목표(G) goal	• 여러 가지 물질의 성질을 이용하여 창의적으로 연필꽂이를 만들어 소개할 수 있습니다.		
역할(R) role	• 연필꽂이를 새롭게 만들어 소개해야 합니다.		

대상(A) audience	• 새롭게 만든 연필꽂이의 장단점과 만든 물질의 성질을 알고 싶어 하는 친구들
상황(S) situation	• 새 학기를 맞은 친구들은 가지고 있던 연필꽂이가 낡아 새로운 연필꽂이가 필요합니다. 낡은 연필꽂이를 대신하여 새로운 것을 사는 것보다 주변의 여러 가지 물질로 창의적인 연필꽂이를 만들어 사용하려 합니다.
수행(P) performance	• 친구들과 연필꽂이를 어떻게 만들지 이야기를 나누어 본 후, 주변에서 재활용할 수 있는 물질이나 물체로 창의적인 나만의 연필꽂이를 만들어 소개할 수 있습니다.
기준(S) standard	• 연필꽂이는 이렇게 만들어서 소개해야 합니다. → 주변에서 쉽게 구할 수 있는 물질이나 물체를 재활용 한다. → 각 부분에 사용한 재료는 물질의 어떤 성질을 이용한 것인지 설명해야 한다. → 스스로 나만의 연필꽂이의 장단점을 생각하여 말해야 한다.

수행 과제

새 학기를 맞이해 가지고 있던 연필꽂이가 낡아 새로운 연필꽂이를 가지고 싶습니다. 돈을 주고 사는 것보다 주변의 여러 가지 물질이나 물체로 창의적인 연필꽂이를 만들어 사용하고 싶습니다. 새로운 연필꽂이는 어떤 물질의 성질을 이용하여 만드는 것이 좋을까요? 친구들과 함께 연필꽂이를 어떻게 만들면 좋을지 이야기를 나누고 창의적인 나만의 연필꽂이를 만들어 장단점을 소개하여 봅시다.

분석적 루브릭

항목 수준	연필꽂이 만들기	연필꽂이 소개하기
가중치	40%	60%
잘함	3가지 이상의 물질의 성질을 이용해 창의적으로 연필꽂이를 잘 만든다.	자신이 만든 연필꽂이의 장단점과 이용한 물질의 성질을 자세히 설명한다.
보통	2가지 이하의 물질의 성질을 이용해 연필꽂이를 만든다.	자신이 만든 연필꽂이의 장단점과 이용한 물질의 성질을 간단히 설명한다.
노력 요함	물질의 성질을 이용하지 못하거나 연필꽂이를 만드는 데 미흡하다.	자신이 만든 연필꽂이의 장단점과 이용한 물질의 성질을 설명하지 못한다.

[표 4] 평가 전후 활용 피드백 활동지

연필꽂이를 만들 때 가장 신경을 많이 썼던 부분은?	
내가 만든 연필꽂이의 가장 좋은 점은?	
연필꽂이를 만들며 아쉬웠던 점은?	
친구들의 칭찬	
선생님 말씀	

 수업이 곧 평가 과정이라 연필꽂이를 만들며 학생들이 말하지 못한 이야기를 〈평가 전후 활용 피드백 활동지〉에 담아내도록 했다. '자신이 연필꽂이를 만들 때 가장 신경을 많이 썼던 부분이 무엇인지?', '내가 만든 연필꽂이의 가장 좋은 점은 무엇인지?'에 대한 생각을 정리한 후 소개할 때 활용하는 것도 좋은 방법이다. 또한 연필꽂이를 만들며 아쉬웠던 점은 무엇인지 생각하는 메타적 사고를 하도록 한다. 학생들의 발표가 끝나면 적절하게 교사가 말로 조언을 해주어 '선생님 말씀'난에 스스로 기록하게 하는 것도 활동지를 활용하는 한 방법이다. 다른 방법으로는 교사가 '선생님 말씀'난에 직접 자필로 학생의 성장을 위한 조언을 써준다. 예를 들어, 전반적으로 평가가 우수한 학생에게는 앞으로 간단하게 만들 수 있는 물건은 주변에서 쉽게 구할 수 있는 재료를 선택하여 만들어 쓸 수 있도록 격려한다. 그러나 연필꽂이를 만드는

과정이나 소개가 미흡한 학생에게는 평가 후 '선생님 말씀'난에 부족한 과학적 지식과 보충학습을 할 수 있는 유용한 내용으로 피드백을 해주면 좋을 것이다.

생명

'3단원. 동물의 한살이'의 성취기준은 '[4과10-02] 동물의 한살이 관찰 계획을 세우고, 동물을 기르면서 한살이를 관찰하며, 관찰한 내용을 글과 그림으로 표현할 수 있다.'와 '〈탐구 활동〉 동물의 한살이 관찰하기'이다. 평가 방향은 배추흰나비의 한살이 과정을 관찰하며, 인내심과 끈기를 가지고 관찰한 것을 날짜와 시간에 따라 변화된 모습을 관찰 보고서에 나타나게 하였다.

배추흰나비의 한살이 전체를 관찰하기 위해서는 약 한 달 정도 기간이 필요하므로 교육과정 재구성을 통해 배추흰나비의 알과 애벌레, 번데기, 어른벌레를 적절한 시기에 관찰할 수 있도록 계획을 세워야 한다. 교실에서 배추흰나비 애벌레를 기르면서 관찰하려면 사육 상자를 꾸며 기르는 것이 좋다. 이렇게 하면 학생들은 교실에서 배추흰나비의 한살이 과정을 관찰하며 관찰 기록장에 글을 쓰고 그림을 그릴 수 있다. 배추흰나비를 기르며 한살이를 관찰하고 기록하려면 인내심과 끈기가 필요하지만 이러한 과정을 통해 학생들은 과학적 사고력과 탐구력을 기를 수 있다. 또한 생명 존중에 대한 태도도 기를 수 있다. 따라서 이런 과학과 핵심 역량을 평가에 반영한 것이 학생들이 배추흰나비를 기르는 동안 관찰하고 기록하는 평가이다. 이런 평가 방법으로 적합한 것은 포트폴리오 또는 관찰 보고서 형태의 관찰 일기이다.

먼저 평가를 위한 차시는 '배추흰나비를 기르면서 한살이를 알아보려면 어떻게 해야 할까요?'로 정했다. 학습목표는 '배추흰나비의 한살이 관찰 계획을 세울 수 있다.'이다.

수업의 도입 부분에서는 배추흰나비를 본 경험을 서로 이야기한다. 배추흰나비의 알, 애벌레, 번데기, 어른벌레를 본 경험을 사전에 공유하는 것이다. 이후 '배추흰나비의 한살이'를 관찰하는 계획 세우기로 자연스럽게 넘어간다. 배추흰나비를 기를 때 필요한 것은 무엇인지, 기를 때 주의할 점, 배추흰나비를 기르면서 무엇을 관찰하면 좋을지, 배추흰나비의 알, 애벌레, 번데기, 어른벌레를 어떤 방법으로 관찰하며 좋을지 자연스럽게 묻고 답한다. 또 관찰한 내용을 어떻게 기록하면 좋을지도 생각하게 한다.

이렇게 이야기를 나눈 후 수행평가에 대해 자세하게 안내한다. 앞서 이야기를 나눈 모든 내용은 실험 관찰장에 정리할 수 있으므로 '배추흰나비의 한살이 관찰 계획서'를 쓰게 한다. 학생이 쓴 관찰 계획서와 함께 발표도 기준에 맞춰 평가하도록 하였다. 그리고 관찰 계획서를 반영한 관찰 일기가 평가에서 차지하는 비중이 크기 때문에 최소 분량과 관찰 일기에 들어가야 할 내용을 루브릭에 맞춰 자세하게 안내한다. 관찰한 내용은 자신이 표현할 수 있거나 활용할 수 있는 도구를 자유스럽게 사용하여 기록하도록 안내한다. 배추흰나비가 알, 애벌레, 번데기, 어른벌레로 변하는 과정은 약 한 달 정도의 기간이 필요하다. 학급의 형편에 맞게 학생들이 관찰하기 쉽도록 사육 상자를 만들어 관리하는 과정도 쉽지는 않다. 기르는 도중에 예상치 못한 사고는 늘 있기 마련이다. 학생들도 관찰한 내용을 글과 그림으로 나타내야 하므로 교사와 학생 모두 많은 인내와 끈기가 필요하다. 다음의 [표 5]와 [표 6]은 GRASPS 활용 수행 과제와 평가 전후 활용 피드백 활동지이다.

[표 5] 3-1 '생명의 연속성' 영역의 GRASPS 활용 수행 과제

학년-학기	영역	단원	교과서 (실험관찰)
3-1	생명의 연속성	3. 동물의 한살이	과학 50~51쪽 (실험관찰 25쪽)
성취기준			
평가대상	개인	평가 유형	관찰 보고서

성취기준	[4과10-02] 동물의 한살이 관찰 계획을 세우고, 동물을 기르면서 한살이를 관찰하며, 관찰한 내용을 글과 그림으로 표현할 수 있다. 〈탐구 활동〉 동물의 한살이 관찰하기

GRASPS를 활용하여 수행 과제 계획하기	
구분	내용
목표(G) goal	• 배추흰나비를 기르며, 배추흰나비의 한살이 과정을 관찰하여 그 결과를 글과 그림(사진)으로 표현할 수 있습니다.
역할(R) role	• 당신은 배추흰나비를 기르며 연구하는 곤충학자입니다.
대상(A) audience	• 배추흰나비 한살이를 알고 싶어 하는 친구들

상황(S) situation	• 무밭에서 배추흰나비가 날아다니는 것을 친구와 함께 보았습니다. 친구는 배추흰나비가 어떻게 태어나고 자라는지 궁금해했습니다. 곤충학자는 배추흰나비 알을 기르며 그 과정을 친구에게 글과 그림으로 설명해주어야 합니다.
수행(P) performance	• 곤충학자가 되어 교실에서 배추흰나비를 기르며 관찰한 내용을 글과 그림(사진)으로 표현하며 관찰 일기를 써야 합니다.
기준(S) standard	• 관찰 일기에는 다음과 같은 내용이 포함되어야 합니다. → 관찰 계획서를 바탕으로 관찰 일기를 기록한다. → 배추흰나비 한살이(알 → 애벌레 → 번데기 → 어른벌레)를 글과 그림(사진)으로 표현해야 한다.

수행 과제

당신은 곤충학자입니다. 친구와 함께 무밭에서 배추흰나비가 날아다니는 것을 보았습니다. 친구는 배추흰나비가 어떻게 태어나고 자라는지 궁금해합니다. 친구를 위해 곤충학자인 당신은 교실에서 배추흰나비 알을 기르며 관찰한 내용을 글과 그림(사진)으로 나타낸 관찰 일기를 쓰고 친구에게 보여줘야 합니다. 먼저 관찰하기 전에 관찰 계획서를 작성해야 하며, 관찰 계획서를 바탕으로 관찰 일기를 쓸 때 배추흰나비 한살이를 글과 그림(사진)으로 표현해야 합니다.

분석적 루브릭

항목 수준	관찰 계획서	관찰 일기
가중치	20%	80%
잘함	배추흰나비를 기르면서 무엇을 어떤 방법으로 관찰할지 자세하게 계획한다.	배추흰나비의 한살이 과정을 적극적으로 관찰하며, 관찰한 내용을 글과 그림(사진)으로 자세하게 표현한다.
보통	배추흰나비를 기르면서 무엇을 어떤 방법으로 관찰할지 간단하게 계획한다.	배추흰나비의 한살이 과정을 관찰하며, 관찰한 내용을 글과 그림(사진)으로 간단하게 표현한다.
노력 요함	배추흰나비를 기르면서 무엇을 어떤 방법으로 관찰할지 나타나 있지 않다.	배추흰나비의 한살이 과정을 관찰하나, 관찰한 내용을 글과 그림(사진)으로 나타내는 데 미흡하다.

[표 6] 평가 전후 활용 피드백 활동지

배추흰나비를 기를 때 자세히 관찰하고 싶은 것은?	
관찰 일기를 쓰며 어려웠던 부분이나 아쉬운 부분은?	
내가 쓴 관찰 일기 중 가장 잘 표현한 내용은?	
배추흰나비를 기르고 관찰 일기를 쓰며 깨달은 점은?	
친구들의 칭찬	
선생님 말씀	

    학생들이 배추흰나비의 한살이 관찰 계획서대로 오랜 시간 동안 관찰하며 글과 그림으로 나타내는 일기를 쓰기는 쉽지 않다. 학생들의 관찰 일기가 다 모아지면 교실 한편에 전시한다. 관찰 일기는 교사만 보고 끝내는 것이 아니라 교실에서 전시한 후 학생들과 나눠보는데, 스스로 자신의 것을 평가해보고 다른 친구들의 일기도 평가할 수 있는 시간을 갖는 것이다. 이후 수행평가를 위해 학생들이 겪었던 어려움이나 관찰 일기를 통해 잘 나타내고 싶었던 내용을 〈평가 전후 활용 피드백 활동지〉에 담아내도록 한다. 학생들 사이에 나눠볼 수 있는 칭찬, 관찰 일기를 쓰며 어려웠던 부분이나 아쉬운 부분, 자신이 관찰하고 싶었던 것, 깨달은 점

등을 정리하게 한다. 교사도 시간을 갖고 관찰 일기를 보면서 학생들의 성장을 위해 필요한 조언을 하며, 그동안의 어려움이나 잘한 점에 대해 격려한다.

　이러한 활동은 평가를 넘어 학생들의 다양한 사고력과 메타인지가 더 성장할 수 있도록 한다. 평가와 관련된 활동이 끝난 후 '선생님 말씀'을 통해 교사의 관점에서 관찰 일기의 잘된 부분, 잘못된 부분, 앞으로 관찰하면 좋을 동식물 등을 기록하여 학생의 성장을 위한 피드백으로 활용한다. 또한 〈평가 전후 활동 피드백 활동지〉에 나타난 학생들의 생각을 통해 다음 평가 때 반영할 점이나 자신의 수업과 관련하여 스스로 질적인 개선을 해보는 성찰의 시간을 가져보는 것도 좋을 것이다.

지구와 우주

　'2단원. 지층과 화석'의 성취기준은 '[4과06-03] 화석의 생성 과정을 이해하고 화석을 관찰하여 지구의 과거 생물과 환경을 추리할 수 있다.'와 '〈탐구 활동〉 화석을 관찰하고 화석 모형 만들기'이다. 평가의 방향은 학생들이 각자 만들고 싶은 화석 모형을 만들어보고 실제 화석과의 공통점과 차이점을 서술할 수 있도록 하는 것이다. 따라서 이 단원에서는 무엇보다 과학적 탐구 역량을 중심으로 평가에 반영하였다. 평가를 위한 차시는 '화석은 어떻게 만들어질까요?'로, 학습목표는 '화석 모형을 만들고 실제 화석과 비교할 수 있다.'로 정하였다.

평가를 위한 도입 부분에서 학생들과 화석이 만들어지는 과정을 생각하여 나눈다. 교사는 "옛날에 살았던 생물은 모두 화석으로 남았을까?", "화석은 어떻게 만들어질까?"와 같은 질문을 던지며 학생들이 스스로 생각하고 답하게 하였다. 이후 평가와 관련된 '화석 모형 만들기'에 대한 실험 활동을 자세히 안내한다. 사전에 자신이 만들고 싶은 화석 모형과 관련하여 조개껍데기 등을 준비하게 하는 것도 학생들의 흥미를 불러일으킬 수 있다. 화석을 만드는 순서는 다음과 같이 안내한다.

① 찰흙 반대기에 조개껍데기를 올려놓고 손으로 눌렀다가 떼어낸다.
② 찰흙 반대기에 생긴 조개껍데기 자국이 모두 덮이도록 알지네이트 반죽을 붓는다.
③ 알지네이트가 다 굳으면 찰흙 반대기에서 떼어낸다.

이때 주의할 점은, 알지네이트 반죽은 빨리 굳으므로 교사가 수업 중에 만들어 학생들에게 나누어주어야 한다. 한편, 반죽할 때 물의 양이 넉넉하면 굳는 시간을 늘릴 수 있으므로 참고한다.

이후 학생들과 화석 모형과 실제 화석의 공통점과 차이점을 생각하여 이야기를 나눈다. 실제 화석은 생명체가 죽어 어떤 부분이 남아서 어떤 과정을 거쳤는지 깨닫게 하여, 화석이 만들어지는 과정을 설명할 수 있게 한다. 이런 일련의 과정이 끝나면 실험 관찰을 활용해 화석이 만들어지는 과정을 정리한다. 마지막으로 교사가 완성된 모형과 실제 화석을 비교하여 정리하여 마무리하는 것도 좋다. 다음의 [표 7]은 GRASPS 활용 수행 과제이다.

[표 7] 4-1 '지층과 화석' 영역의 GRASPS 활용 수행 과제

학년-학기	영역	단원	교과서 (실험관찰)
4-1	지층과 화석	2. 지층과 화석	과학 36~37쪽 (실험관찰 17쪽)
성취기준	[4과06-03] 화석의 생성 과정을 이해하고 화석을 관찰하여 지구의 과거 생물과 환경을 추리할 수 있다. 〈탐구 활동〉 화석을 관찰하고 화석 모형 만들기		
평가 대상	개인	평가 유형	실험 실기·서술 평가
GRASPS를 활용하여 수행 과제 계획하기			
구분	내용		
목표(G) goal	• 화석 모형을 만들고 실제 화석과 비교할 수 있습니다.		
역할(R) role	• 화석 모형을 만들고 실제 화석과 비교하여 서술합니다.		
대상(A) audience	• 우리 반 친구들과 선생님		
상황(S) situation	• 옛날에 살았던 생물의 몸체와 생활한 흔적이 남아 있는 것을 화석이라고 합니다. 이런 생물의 몸체와 생활한 흔적이 어떻게 남았는지 화석 모형을 만들어 친구들과 선생님에게 알려주어야 합니다.		

수행(P) performance	• 조개껍데기 외에 각자 만들고 싶은 화석 모형에 필요한 재료를 준비하여 다양한 화석 모형을 만듭니다. 완성된 화석 모형을 관찰한 후 실험 관찰서에 정리합니다.
기준(S) standard	• 화석 모형 만들기를 하면서 관찰한 내용을 서술해야 합니다. → 완성된 화석 모형과 실제 화석을 비교하여 설명하기 → 화석 모형 만들기를 바탕으로 화석이 만들어지는 과정 설명하기

수행 과제

옛날에 살았던 생물의 몸체와 생활한 흔적이 남아 있는 것을 화석이라고 합니다. 이런 생물의 몸체와 생활한 흔적이 어떻게 남았는지 화석 모형을 만들어 친구들과 선생님에게 알려주어야 합니다. 각자 준비한 만들고 싶은 화석 모형에 필요한 재료를 사용하여 화석 모형을 만들고 관찰한 후 실험 관찰서에 정리합니다.

분석적 루브릭

항목 수준	관찰 계획서	관찰 일기
가중치	20%	80%
잘함	화석 모형 만들기에 흥미를 가지고 적극적으로 참여하여 화석 모형을 정성껏 만든다.	완성된 화석 모형과 실제 화석을 비교하고 화석이 만들어지는 과정을 자세히 설명한다.
보통	화석 모형 만들기에 흥미를 가지고 참여하며 화석 모형을 만든다.	완성된 화석 모형과 실제 화석을 비교하고 화석이 만들어지는 과정을 간단히 설명한다.
노력 요함	화석 모형 만들기에 흥미가 없거나 화석 모형을 완성하지 못한다.	완성된 화석 모형과 실제 화석을 비교하지 못하거나 화석이 만들어지는 과정을 설명하지 못한다.

이 차시에서 평가하고자 했던 것은 화석 만들기 모형을 통한 이해가 실제 현상에 대한 이해로 연결되도록 하는 것이다. 따라서

모형 실험에서 사용한 것이 실제로는 무엇을 대신하는 것인지 명확히 이해시켜야 한다. 화석 모형 만들기 실험에서 찰흙 반대기는 지층을, 조개껍데기는 옛날에 살았던 생물을, 그리고 찰흙 반대기에 찍힌 조개의 겉모양과 알지네이트로 만든 조개의 형태는 화석에 비유된다는 교사의 설명으로 충분히 인지시킨다.

또한 실험에 대한 과학적 태도와 기능을 평가하는 것이라 일련의 수업 과정을 자세히 관찰하며 필요한 기록을 해둬야 한다. 이러한 탐구 활동을 바탕으로 실험 관찰을 활용하여 배운 내용을 정리하는 시간도 충분히 준다.

화석 모형 만들기와 실험 관찰 평가가 끝난 후 전체 학생의 이해 수준에서 오개념이 있다면 바로잡거나 보충 설명을 해줘야 한다. 많은 학생이 수행 과제를 잘 해냈다면 집에서 간단히 해볼 수 있는 식빵과 젤리로 지층과 화석의 모형 만들기를 해보는 활동을 소개해줄 수도 있다. 심화 활동으로 몰드와 캐스트에 대해 설명해주는 것도 좋을 것이다.

운동과 에너지

'4단원. 물체의 무게'의 성취기준은 '[4과09-04] 간단한 저울을 설계하여 제작하고 그 결과물을 평가할 수 있다.'와 '〈탐구 활동〉 간단한 저울 만들기'이다. 학생들이 일상생활에서 경험하는 무게에 대해 과학적으로 탐구함으로써 무게 측정의 필요성을 인식하도록 한다. 평가의 방향은 학생들이 구상하여 만든 저울이 어떤 성질이나 원리를 이용한 것인지 설명하고 직접 만든 저울을 사용해 물체의 무게를 측정하거나 비교할 수 있도록 구성하였다. 평가를 위한 단원의 차시는 '간단한 저울 만들기'로 학습목표는 '우리 생활에서 쉽게 구할 수 있는 재료를 사용해 저울을 만들고 여러 가지 물체의 무게를 비교할 수 있다.'이다.

도입 단계에서는 저울과 관련된 동영상을 보고 친구들이 도전하고 있는 과제를 알아보는 것이다. 이 동영상을 통해 학생들 스스로 어떤 저울을 만들어 과제를 해결할지 생각하게 하고, 반 전체와 이야기를 나눈 후 모둠별로 저울을 어떻게 만들지 브레인스토밍을 하며 과제를 해결할 방법을 모색하게 한다.

전개 단계에서 본격적인 수행 과제를 제시한다. 과제는 모둠이 발명팀이 되어 다투지 않고 과학적으로 무게를 측정할 수 있는 간단한 저울을 만드는 것이다. 저울을 만들 때는 반드시 저울의 기본적인 성질이나 원리를 적용하고 우리 생활에서 쉽게 구할 수 있는 재료를 사용해야 한다. 모둠끼리 어떤 모양으로 만들어야 하는지 의견을 나눈다. 그리고 어떤 물건을 사용해야 모둠이 생각하는 저울을 만들 수 있는지 의견을 모은다. 생각이 하나로 모아지면 모둠에서 생각한 저울을 그림으로 그려보고, 필요한 준비물과 저울의 이름을 함께 정한다. 만약 이 과정에서 저울 만들기를 어려워하는 모둠이 있다면 교사는 교과서와 교사용 지도서에 제시된 여러 가지 저울의 예를 안내한다. 저울이 완성되면 처음에 제시한 여러 물체의 무게를 측정하여 무게가 많이 나가는 순서로 나열해본다. 모둠이 함께 저울을 만들고 무게를 측정하는 일련의 과정이 평가이므로 모둠원끼리의 상호작용을 면밀하게 관찰하고 기록해둬야 한다.

실험이 끝난 후 정리 단계에서는 모둠별로 만든 저울을 소개하는 활동을 한다. 이때 잘한 점과 부족한 점을 함께 이야기하며 동료 간의 피드백을 학생들의 성장과 발달을 위한 긍정적 자료로 활용할 수 있다. 간단한 저울 만들기에 대한 구체적인 수행 과제는 다음의 [표 8]과 [표 9]에 제시된 GRASPS 활용 수행 과제와 평가 전후 활용 피드백 활동지를 참고한다.

[표 8] 4-1 '힘과 운동' 영역의 GRASPS 활용 수행 과제

학년-학기	영역	단원	교과서 (실험관찰)
4-1	힘과 운동	4. 물체의 무게	과학 50~51쪽 (실험 관찰 25쪽)
성취기준	[4과09-04] 간단한 저울을 설계하여 제작하고 그 결과물을 평가할 수 있다. 〈탐구 활동〉 간단한 저울 만들기		
평가 대상	모둠	평가 유형	실험 실기 평가
GRASPS를 활용하여 수행 과제 계획하기			
구분	내용		

목표(G) goal	모둠원과 저울을 만들고 여러 가지 물체의 무게를 비교할 수 있습니다.
역할(R) role	우리 모둠은 발명팀입니다.
대상(A) audience	무게가 비슷한 여러 가지 물체의 무게를 측정하고 싶은 친구
상황(S) situation	무게가 비슷한 물체를 무거운 순서대로 나열해보고 싶은 친구가 있습니다. 이 친구를 위해 발명팀으로서 물체의 무게를 측정할 수 있는 저울을 만들어야 합니다.
수행(P) performance	발명팀은 무게가 비슷한 여러 가지 물체의 무게를 측정할 수 있는 간단한 저울을 만들고 비교를 해야 합니다.
기준(S) standard	간단한 저울에는 다음과 같은 내용이 포함되어야 합니다. →저울의 기본적인 성질이나 원리를 반영해야 합니다. →우리 생활에서 쉽게 구할 수 있는 재료를 사용해야 합니다.

수행 과제

쉬는 시간 필통 안에서 크기와 모양이 비슷한 연필을 꺼내 서로 무게를 비교하는 친구들이 눈대중으로 자신의 연필이 무겁다고 주장했습니다. 이 모습을 지켜보고 있던 우리 모둠은 발명팀이 되어 친구들이 다투지 않고 과학적으로 무게를 측정할 수 있는 간단한 저울을 만들기로 합니다. 간단한 저울을 만들 때는 반드시 저울의 기본적인 성질이나 원리를 적용하고 우리 생활에서 쉽게 구할 수 있는 재료를 사용해야 합니다.

분석적 루브릭

항목 수준	실험 실기	과학적 의사소통 능력
가중치	80%	20%
잘함	모둠에서 설계한 저울을 창의적으로 제작하고, 물체의 무게를 정확하게 측정하거나 비교한다.	간단한 저울 만들기 및 물체의 무게 재기 활동에 적극적이고 능동적으로 참여하여, 모둠원과 협력한다.
보통	모둠에서 설계한 저울을 제작하고, 물체의 무게를 정확하게 측정하거나 비교한다.	간단한 저울 만들기 및 물체의 무게 재기 활동에 참여하고, 모둠원의 도움을 받아 일정 역할을 수행한다.

노력 요함	모둠에서 설계한 저울을 제작하지 못 하거나 물체의 무게를 정확하게 측정 하거나 비교하지 못한다.	간단한 저울 만들기 및 물체의 무게 재 기 활동에 참여하지 않는다.

[표 9] **평가 전후 활용 피드백 활동지**

모둠에서 저울을 만들 때 중 요하게 생각한 점은?	
모둠에서 내가 열심히 한 일	
저울을 만들며 아쉬운 점이 나 어려웠던 점 또는 잘 된 점은?	
선생님 말씀	

　이 평가는 개별 과제로 주고 평가해도 되지만 모둠 평가로 바꾸어 주어진 문제해결을 위해 서로 돕도록 하였다. 이를 위해 역할을 정하고 공동체 역량을 발휘하여, 편리하고 튼튼한 저울을 만들어 물체의 무게를 정확하게 비교하는 과정을 평가하도록 하였다. 사전에 모둠 활동을 할 때 유의할 점이나 중점 관찰 내용을 교사가 안내하도록 한다.

　평가 과정에서 교사는 학생들이 어떻게 과제를 수행하는지 그 과정을 면밀하게 관찰하며, 탐구 활동을 잘 못하거나 모둠원끼리 의견이 맞지 않아 어려움을 겪는 상황이 발생하면 적절히 개입하여 방향을 잡아주고 안내하는 역할을 한다.

　모둠 평가지만 〈평가 전후 활용 피드백 활동지〉와 탐구 활동에서

열심히 참여하고 의사소통을 적극적으로 한 학생은 세심하게 관찰하고 따로 기록하여 두었다가 평가에 반영하도록 한다. 평가에 대한 전체적인 피드백은 모둠별로 바로 해주지만, 개인별 피드백은 〈평가 전후 활용 피드백 활동지〉를 통해 해준다.

3

기초 및 통합 탐구 과정을 살피는,
5~6학년 평가 계획

인지발달 단계에 따르면 5~6학년 학생들은 구체적 조작 단계에서 형식적 조작 단계에 해당한다. 형식적 조작 단계는 구체적 사물이 없어도 추상적이고 개념적인 사고가 가능한 단계이다. 이 단계에서는 변인을 알아내고 분리, 조절할 수 있으며, 가설을 형성하고 이를 검증하며 그 효과를 해석할 수 있다. 또 문제를 해결하는 데 사용된 과정을 분석하고 비판적으로 평가할 수 있다. 이러한 학생들의 발달단계를 고려하여 기초 탐구 과정과 함께 통합 탐구 과정이 포함된 활동을 통해 과학 탐구에 필요한 탐구 능력을 기를 수 있는 평가를 계획하였다. 5~6학년의 과학 교과는 2019년부터 2015 개정 교육과정이 적용되므로 2009 개정 교육과정이 반영된 과학 교과서로 평가 내용을 구성하였다.

[표 10] 5~6학년군의 과학과 영역별 수행 과제

영역	성취기준	수업 구성 개요	수행 과제	단원	평가 유형
생명 (생물 의 구 조와 에너 지)	[6과12-02] 식물의 전체적인 구조를 관찰과 실험을 통해 뿌리, 줄기, 잎, 꽃의 구조와 기능을 설명할 수 있다. 〈탐구 활동〉 증산작용과 줄기를 통한 물의 이동 실험하기/광합성 산물 확인하는 실험하기	• 식물기관이 하는 일 이야기하기 • 식물기관의 관련성 이야기하기 • 식물기관의 관련성 역할놀이 하기	식물 기관의 관련성 역할놀이	3. 식물 의 구 조와 기능 (5학 년 1 학기)	역할 놀이 평가
물질 (물질 의 성 질)	[6과08-02] 지시약을 이용해 여러 가지 용액을 산성 용액과 염기성 용액으로 분류할 수 있다. 〈탐구 활동〉 지시약을 만들어 산성 용액과 염기성 용액 구분하기	• 식초에 의한 붉은 양배추의 변화 • 붉은 양배추 지시약 만들기 • 용액 분류하기	붉은 양배추 지시약을 만들어 용액 분류하기	2. 산과 염기 (5학 년 2 학기)	실험·실기 평가
지구 와 우주 (우주)	[6과09-01] 하루 동안 태양과 달의 위치가 달라지는 것을 지구의 자전으로 설명할 수 있다. 〈탐구 활동〉 하루 동안 태양과 달의 위치 변화 관찰하기	• 지구와 달의 운동 개념 정리하기 • 미래의 하루 상상하기	미래의 하루 상상하기	1. 지구 와 달 의 운동(6 학년 1학 기)	서술형 평가
운동 과 에 너지 (전기 와 자 기)	[6과13-01] 전지와 전구, 전선을 연결하여 전구에 불이 켜지는 조건을 찾아 설명할 수 있다. 〈탐구 활동〉 전구에 불 켜기	• 도체와 부도체에 대하여 알아보기 • 전지, 전구, 전선을 연결하여 전구에 불 켜기 • 전기회로와 전류의 개념 알아보기	전기회로를 꾸며 전구에 불 켜기	2. 전기 의 작 용(6 학년 2학 기)	실험 실기·구술 평가

먼저 5학년 1학기 평가를 위해 '식물의 구조와 기능' 단원을 선택하여 식물의 뿌리, 줄기, 잎, 꽃과 같은 식물기관의 구조와 기능에 대하여 알아보고, 식물기관이 서로 관련되어 통합적으로 작용하여 생명을 이어가고 있음을 평가에 반영하였다. 또한 평가를 위한 탐구활동으로 식물의 전체적인 구조를 관찰하고, 풀과 나무 등의 식물이 뿌리, 줄기, 잎, 꽃과 열매로 이루어져 있음을 알도록 구성하였다.

이를 위해 학생들은 뿌리의 생김새를 관찰하고 뿌리의 지지 기능과 저장 기능을 이해하도록 하였다. 그리고 양파를 기르는 탐구활동을 통해 뿌리의 흡수 기능을 이해하고 줄기의 겉모습을 관찰하며 줄기에서 물이 이동하는 과정을 알아보는 탐구활동을 제시하여 줄기의 구조와 기능을 이해하도록 하였다. 이러한 이해를 바탕으로 학생들은 식물기관의 관련성에 대한 역할놀이를 수행하고 그것을 평가에 반영하였다.

5학년 2학기는 '산과 염기' 단원을 평가 단원으로 선택하였다. 주변에서 자주 접하는 붉은 양배추를 사용하여 천연 지시약을 만들어 여러 가지 용액의 성질을 확인하도록 하였다. 이러한 활동을 통해 산과 염기에 대한 내용을 자연스럽게 정리하며 그 과정을 평가에 반영하였다. 나아가 자연스럽게 단원을 공부하며 궁금했던 점을 스스로 찾아보고 해결해보는 기회를 제공하였다.

6학년 1학기는 '지구와 달의 운동' 단원을 평가 단원으로 선택하였다. 이 단원에서는 지구와 달의 자전과 공전의 개념을 이해할 수 있다. 하지만 학생들은 지구의 자전과 공전, 달의 공전에 의하여 일어나는 현상을 실제 하늘을 관찰하며 이해하는 데는 한계가 있다. 따라서 먼저 지구와 달의 자전과 공전의 개념을 알아본 다음에 기존에 알고 있었던 개념을 수정하는 것이 적절하다고 생각하여 이를 평가 계획에 반영하였다. 또한 추상적 사고를 할 수 있는 학년이기에 지구의 자전과 공전, 달의 공전으로 일어나는 현상을 학생들이 일상생활에서 경험하는 현상과 연결시키는 과정을 평가하고자 하였다.

6학년 2학기는 '전기의 작용' 단원을 평가 단원으로 정하였다. 교육과정에서 제시한 이 단원의 주요 학습 내용은 전기회로에서 전구에 불이 켜지는 조건을 알고 전지의 연결 방법과 전지의 연결 방법에 따른 전구의 밝기 비교, 전류의 이해, 전기 절약과 전기를 안전하게 사용하는 방법을 익히게 하는 것이다. 따라서 평가의 방향은 전지, 전구, 전선을 연결하여 전구에 불을 켜는 활동을 통해 전구에 불이 켜지는 조건을 탐구하여 실험하는 것을 평가하는 데 중점을 두었다.

생명

'3단원. 식물의 구조와 기능'의 성취기준은 '[6과12-02] 식물의 전체적인 구조 관찰과 실험을 통해 뿌리, 줄기, 잎, 꽃의 구조와 기능을 설명할 수 있다.'이다. 이를 바탕으로 평가 방향은 식물의 전체적인 구조를 관찰하고, 식물의 뿌리, 줄기, 잎, 꽃의 구조와 각각의 기능을 설명하는 내용이 반영된 역할놀이를 통해 식물기관이 유기적으로 서로 도움을 주고받으며 생명을 이어가는 것을 깨닫도록 정하였다. 이를 위한 차시는 '식물의 기관은 어떤 관련이 있을까요?'로 정하고, 학습목표는 '식물의 기관이 서로 관련되어 있음을 역할놀이를 통하여 표현할 수 있다.'라고 정하였다.

도입은 역할놀이를 하는 예시 동영상을 살펴보며 이야기를 나눠보는 것도 좋지만 학생들의 창의적인 생각을 가로막을 수 있다고 생각해, 전 차시에 배운 내용인 식물기관이 하는 일에 대해 이야기를 나누는 것으로 하였다. 교사는 학생들에게 뿌리가 하는 일, 줄기가 하는 일, 잎이 하는 일, 꽃이 하는 일에 대해 질문을 하며 식물의 각 기관이 하는 일을 떠올리도록 한다. 이렇게 식물의 각 기관이 하는 일에 대해 떠올린 다음 전개 과정에서 수행 과제에 대해 안내를 한다. 수행 과제는 모둠원이 식물의 한 기관이 되어 여름철 식물 안에서 일어날 수 있는 일을 역할극으로 표현하는 것이며, 역할놀이 시 식물에서 물과 양분이 어떻게 이동하는지 표현해야 한다는 것을 명확하게 안내한다.

이후 전개 활동에서 학생들은 모둠별로 식물 기관의 관련성 역할놀이를 계획한다. 모둠원과 함께 식물기관의 역할을 정하고 덥고 건조한 여름철 날씨에 식물에게 생길 수 있는 특별한 상황을 정하고, 각 기관의 역할을 어떻게 표현할지 의견을 나눈 후 대본을 써본 후 필요한 소품 등을 만들고 역할놀이를 연습한다. 만약 학생들이 어려워한다면 교과서의 예시 상황이나 지도서의 대본을 제공하는 것도 좋다. 학생들이 충분히 연습할 수 있도록 차시를 탄력적으로 운영하는 것도 교사로서 중요한 태도이다. 모둠별로 연습과 준비가 충분히 되었다면 이제 역할놀이를 발표한다. 교사는 모둠별 발표를 자세히 관찰하여 평가한다.

역할놀이가 끝나면 정리 활동으로 역할놀이에 대해 반성하는 시간을 가진다. 모둠별로 역할놀이에서 잘한 점, 보완할 점, 재미있었던 점 등을 자유롭게 이야기 나누도록 유도한다. 다음의 [표 11]과 [표 12]에 제시된 GRASPS 활용 수행 과제와 평가 전후 활용 피드백 활동지를 참고한다.

[표 11] 5-1 '생명의 구조와 에너지' 영역의 GRASPS 활용 수행 과제

학년-학기	영역	단원	교과서 (실험관찰)
5-1	생물의 구조와 에너지	3. 식물의 구조와 기능	과학 98~99쪽 (실험관찰 53쪽)
성취기준	[6과12-02] 식물의 전체적인 구조를 관찰하고 실험을 통해 뿌리, 줄기, 잎, 꽃의 구조와 기능을 설명할 수 있다. 〈탐구 활동〉 증산작용과 줄기를 통한 물의 이동 실험하기/광합성 산물 확인하는 실험하기		
평가대상	모둠	평가 유형	역할놀이
GRASPS를 활용하여 수행 과제 계획하기			

구분	내용
목표(G) goal	• 식물의 한 기관이 되어 여름철 식물한테 생길 수 있는 특정 상황을 역할놀이로 표현할 수 있습니다.
역할(R) role	• 식물의 뿌리, 줄기, 잎의 한 부분입니다.
대상(A) audience	• 식물의 안에서 일어나는 일을 세심하게 관찰하고 싶은 친구
상황(S) situation	• 무더운 여름, 친구들은 화단에서 여러 가지 꽃을 보며 식물들이 햇빛을 받았을 때 안에서 어떤 일이 일어나는지 궁금해합니다. 식물의 안에서 어떤 일이 일어나는지 친구들에게 이해할 수 있도록 역할놀이를 합니다.
수행(P) performance	• 식물의 한 기관이 되어 여름철 식물 안에서 일어날 수 있는 일을 역할극으로 표현합니다.
기준(S) standard	• 역할놀이에는 다음과 같은 내용이 포함되어야 합니다. → 식물에서 물과 양분이 어떻게 이동하는지 표현해야 합니다.

수행 과제

무더운 여름, 친구들은 화단에서 여러 가지 꽃을 보며 햇빛을 받았을 때 식물 안에서 어떤 일이 일어나는지 궁금해합니다. 식물의 안에서 어떤 일이 일어나는지 친구들에게 이해할 수 있도록 역할놀이를 하는데, 이때 식물 안에서 물과 양분이 어떻게 이동하는지 이해할 수 있도록 표현해야 합니다.

분석적 루브릭

항목 수준	역할놀이
잘함	식물의 뿌리, 줄기, 잎이 하는 기능을 이해하기 쉽게 역할놀이로 잘 표현한다.
보통	식물의 뿌리, 줄기, 잎이 하는 기능을 이해하고 역할놀이를 간단하게 표현한다.
노력 요함	식물의 뿌리, 줄기, 잎이 하는 기능을 이해하지 못하거나 역할놀이를 표현하지 못한다.

[표 12] 평가 전후 활용 피드백 활동지

역할놀이를 준비할 때 중요하게 생각했던 식물기관의 관련성은?	
역할놀이에서 내가 맡은 식물기관과 표현 방법은?	
역할놀이를 할 때 아쉬운 점이나 어려웠던 점 또는 잘된 점은?	
선생님 말씀	

이 평가는 역할놀이를 통해 식물기관의 관련성을 이해하는 데 목적이 있다. 따라서 교사는 모둠원끼리 역할을 정하고, 공동체의 역량을 발휘하여 식물기관처럼 서로 유기적인 역할놀이를 할 수 있도록 모둠 활동 시 유의할 점이나 중점 관찰 내용을 미리 안내하는 것이 좋다.

평가를 위한 역할놀이 준비 단계에서 학생들이 어떻게 과제를 수행하는지 그 과정을 면밀히 관찰하여, 준비를 잘 못하거나 모둠원끼리 의견이 맞지 않아 어려움을 겪는 상황이 발생하면 적절히 개입하여 방향을 잡아주고 안내하는 역할을 한다.

평가의 과정에서 〈평가 전후 활용 피드백 활동지〉를 통해 역할놀이를 보고 이해할 수 없었던 부분에 대해 개인별 피드백을 해 준다. 식물기관이 하는 일을 이해하지 못한 학생이나 모둠에게는 보충할 내용을 제공한다. 한편, 역할놀이에서 식물기관의 관련성에 대해 잘 표현한 모둠과 학생들은 식물기관이 하는 일에 대한 설명을 해주는 또래 교사로 활동할 기회를 제공한다.

물질

'2단원. 산과 염기'의 성취기준은 '[6과08-02] 지시약을 이용해 여러 가지 용액을 산성 용액과 염기성 용액으로 분류할 수 있다.' 와 '〈탐구 활동〉 지시약을 만들어 산성 용액과 염기성 용액 구분하기'이다. 이 단원의 평가를 위해 중요하게 생각해야 할 것은 학생들이 산성 용액과 염기성 용액의 성질을 이용하여 용액을 산과 염기로 분류할 수 있음을 이해하도록 하는 것이다. 붉은 양배추는 우리 주변에서 쉽게 접할 수 있어 학생들의 관심과 흥미를 불러일으키기에 알맞은 소재이다. 이를 이용해 다양한 용액을 분류하는 실험은 과학적 사고력과 문제해결 능력을 계발시키는 데 도움이 될 수 있다.

붉은 양배추를 물에 넣고 끓여 천연 지시약을 만든다. 이것을 산성 용액과 염기성 용액에 떨어뜨리면 용액마다 다양한 색깔이 나타난다. 이 과정을 탐구하며 붉은 양배추에 어떤 성분이 들어 있는지 스스로 탐구하고 질문하는 과정 중에 이 색소가 들어 있는 다른 식물은 없을지 찾아보는 연계적 학습이 가능하다. 이러한 평가를 위한 차시는 '지시약을 만들어 용액을 분류하여 볼까요?' 로 정하였다. 학습목표는 '붉은 양배추 지시약을 이용하여 산성 용액과 염기성 용액으로 분류할 수 있다.'라고 정하였다.

도입 단계에서는 식초에 의한 붉은 양배추의 변화를 교사의 대표 실험으로 관찰하게 한다. 이 실험에서 학생들은 붉은 양배추가 용액을 분류할 수 있는 특별한 성분을 가지고 있음을 유추하는 탐구 과정을 거치게 한다.

전개 단계에선 수행 과제에 대해 안내한다. 붉은 양배추 지시약을 만들어 여러 가지 용액의 성질이 궁금한 친구들에게 분류하는 실험을 보여주고 실험 결과를 보고서로 정리해야 함을 안내한다. 안내를 받은 학생들은 교과서를 참고하여 붉은 양배추 지시약을 만들고 여러 가지 용액을 분류한다. 그리고 붉은 양배추 지시약으로 용액을 분류한 결과와 다른 지시약으로 용액을 분류한 결과를 비교하여 실험 관찰을 활용하여 정리하거나 교사가 제공한 활동지에 정리하도록 한다. 정리 단계에서는 실험을 통해 알게 된 사실을 친구들에게 서로 설명해주는 멘티-멘토로서 짝 활동을 하게 한다.

[표 13] 5-2 '물질의 성질' 영역의 GRASPS 수행 과제

학년-학기	영역	단원	교과서 (실험관찰)
5-2	물질의 성질	2. 산과 염기	과학 58~60쪽 (실험관찰 38쪽)
성취기준			
평가대상	개인·모둠	평가 유형	실험 보고서

학년-학기	영역	단원	교과서 (실험관찰)
5-2	물질의 성질	2. 산과 염기	과학 58~60쪽 (실험관찰 38쪽)
성취기준	[6과08-02] 지시약을 이용하여 여러 가지 용액을 산성 용액과 염기성 용액으로 분류할 수 있다. 〈탐구 활동〉 지시약을 만들어 산성용액과 염기성 용액 구분하기		
평가대상	개인·모둠	평가 유형	실험 보고서
GRASPS를 활용하여 수행 과제 계획하기			
구분	내용		
목표(G) goal	• 붉은 양배추를 이용해 지시약을 만들고 여러 가지 용액을 산성용액과 염기성 용액으로 분류해야 합니다.		
역할(R) role	• 당신은 연금술사입니다.		
대상(A) audience	• 여러 가지 용액을 분류하고 싶어 하는 친구들		
상황(S) situation	• 여러 가지 용액을 산성과 염기성 용액으로 분류하고 싶은 친구들에게 붉은 양배추 지시약을 만들어 산성 용액과 염기성 용액으로 분류해줘야 합니다.		
수행(P) performance	• 붉은 양배추 지시약을 만들어 여러 가지 용액의 성질이 궁금한 친구들에게 분류하는 실험을 보여주고 실험 결과를 보고서로 정리해야 합니다.		
기준(S) standard	• 붉은 양배추 지시약으로 용액을 분류하기 위해서는 다음과 같은 것이 포함되어야 합니다. → 붉은 양배추를 지시약으로 만드는 과정을 보여줘야 한다. → 산성 용액과 염기성 용액 몇 가지만 골라 붉은 양배추 지시약을 떨어뜨렸을 때의 색깔 변화를 관찰하여 규칙성을 찾아야 한다. → 다른 지시약과 비교해 붉은 양배추 지시약의 특징을 보고 정리할 수 있어야 한다.		

수행 과제	
당신은 연금술사로서 붉은 양배추 지시약을 만드는 실험을 수행합니다. 붉은 양배추 지시약을 이용해 기존에 알고 있는 산성 용액과 염기성 용액에 떨어뜨려 변화를 관찰하고 그 변화를 다른 지시약과 비교하여 보고서로 정리해야 합니다.	

분석적 루브릭		
항목 수준	실험 실기	실험 관찰 정리
가중치	70%	30%
잘함	붉은 양배추 지시약을 만드는 실험을 잘 수행하고 붉은 양배추 지시약으로 산성 용액과 염기성 용액의 변화를 관찰한다.	붉은 양배추 지시약을 만드는 과정, 붉은 양배추 지시약을 떨어뜨려 나타난 색깔 변화와 다른 지시약으로 분류한 결과를 보고서에 상세하게 정리한다.
보통	붉은 양배추 지시약을 만드는 실험 과정 또는 붉은 양배추 지시약으로 산성 용액과 염기성 용액의 변화를 관찰하는 데 미흡한 점이 있다.	붉은 양배추 지시약을 떨어뜨려 나타난 색깔 변화와 다른 지시약으로 분류한 결과를 비교하여 정리한다.
노력 요함	붉은 양배추 지시약을 만드는 실험을 수행하지 못하거나 붉은 양배추 지시약으로 산성 용액과 염기성 용액의 변화를 관찰할 수 없다.	붉은 양배추 지시약을 떨어뜨려 나타난 색깔 변화를 다르게 정리하거나 다른 지시약으로 분류한 결과를 비교하지 못한다.

평가 후 학생들의 수준을 파악하여 붉은 양배추 지시약을 만들지 못한 학생은 추후 실험 과정에서 잘못된 점을 알려주며 붉은 양배추 지시약을 다시 만들어보는 기회를 준다. 또 붉은 양배추 지시약을 성공적으로 만들어 산성 용액과 염기성 용액에 나타나는 변화를 관찰한 학생은 다른 물질로 지시약을 만들 수 없는지 생각해보게 한다. 그리고 붉은 양배추의 어떤 성분 때문에 이와 같은 특징이 나타나는지 알 수 있도록 교과서의 과학 이야기를 읽도록 안내한다. 호기심이 강해 다른 식물로 지시약을 만들어보고

싶은 학생들은 붉은 양배추 지시약을 만드는 과정을 집 또는 학교에서 할 수 있도록 조언한다.

가정에 통지할 때는 나이스나 평가지에 학생의 현재 수준을 잘 담고 학생의 능력 향상을 위해 앞으로 무엇을 해야 하는지 교사의 관점에서 조언을 해주면 좋을 것이다.

지구와 우주

'1단원. 지구와 달의 운동'의 성취기준은 '[6과09-01] 하루 동안 태양과 달의 위치가 달라지는 것을 지구의 자전으로 설명할 수 있다.'와 '〈탐구 활동〉 하루 동안 태양과 달의 위치 변화 관찰하기'이다. 이 단원의 평가를 위해 학생들은 지구의 자전이라는 개념을 먼저 떠올려야 한다. 이를 바탕으로 지구의 자전이 느려진다면 어떤 현상이 일어날지 상상하여 지구의 자전에 대한 개념을 정확히 이해했는지 알아보는 것이 평가의 방향이다. 따라서 학생들은 이전 차시에서 배운 내용을 바탕으로 지구의 자전으로 생기는 하루 동안의 변화와 관련하여 과학적 상상을 할 수 있어야 한다. 이러한 평가에 적합한 차시는 지구와 달의 운동을 다 배웠을 때인 '지구와 달의 운동에 대하여 정리해볼까요?'이다.

도입 부분에서는 지구와 달의 운동에 대한 개념을 충분히 정리해준다. 또는 지구의 자전으로 우리의 생활에 어떤 변화가 있는

지 생각해보도록 한다. 더 나아가 수행 과제와 관련하여 지구의
자전이 느려지거나 빨라진다면 하루의 시간은 어떻게 되는지 이
야기를 나누도록 한다. 학생의 과학적 상상력을 불러일으키는 과
정이 충분히 끝났으면 수행 과제인 '미래의 하루 상상하는 글쓰
기-지구의 자전이 느려져 하루의 길이가 길어졌을 때 우리 생활에
어떤 변화가 있는지 상상하여 글을 쓴다.'에 대해서 자세히 안내
한다. 안내가 끝나면 앞서 했던 과학적 상상을 정리하여 글쓰기
에 반영하도록 지도한다. 학생들의 글쓰기가 끝나면 단원의 정리
활동으로 개념 정리 퀴즈를 함께 풀어본다.

[표 14] 6-1 '우주' 영역의 GRASPS 활용 수행 과제

학년-학기	영역	단원	교과서 (실험관찰)
6-1	우주	지구와 달의 운동	46~49쪽 (25~27쪽)
성취기준	[6과09-01] 하루 동안 태양과 달의 위치가 달라지는 것을 지구의 자전 으로 설명할 수 있다. 〈탐구 활동〉 하루 동안 태양과 달의 위치 변화 관찰하기		
평가대상	개인	평가 유형	서술
GRASPS를 활용하여 수행 과제 계획하기			
구분	내용		
목표(G) goal	• 지구의 자전이 느려진다면 어떤 현상이 일어날지 상상하 여 글을 써야 합니다.		
역할(R) role	• 당신은 미래에서 온 학생입니다.		

대상(A) audience	• 우리 반 친구들
상황(S) situation	• 당신은 미래에서 우리 반으로 전학 온 학생입니다. 당신이 살았던 미래는 지금의 지구보다 자전이 느린 곳으로 친구들에게 그곳을 설명해줘야 합니다.
수행(P) performance	• 당신이 살았던 곳은 지금보다 자전이 느린 지구로, 친구들은 당신이 살았던 미래의 지구에 대해 궁금해합니다. 친구들에게 글을 써서 자전이 느린 지구에 관해 설명해줘야 합니다.
기준(S) standard	• 미래의 하루에 대해 상상하는 글쓰기를 할 때 다음과 같은 것을 수행해야 합니다. → 하루의 길이가 길어진다면 우리 생활에는 어떤 변화가 있을지 상상하여 글을 쓴다. → 학생으로서 달라진 당신의 모습이 중심이 되게 글을 쓴다.

수행 과제
당신은 미래에서 우리 반으로 전학 온 학생입니다. 당신이 살았던 곳은 지금보다 자전이 느린 미래의 지구로, 당신이 살았던 곳에 대해 궁금해하는 친구들에게 글을 써서 자전이 느린 지구에 대해 설명해줘야 합니다.지금의 생활 모습과 비교하여 그곳이 어떻게 다른지 구체적으로 설명해야 합니다.

분석적 루브릭	
항목 수준	미래의 하루 상상하기
잘함	지구의 자전이 느려져 하루의 길이가 길어지는 만큼 달라지는 낮과 밤의 생활 모습을 현재와 비교하여 구체적으로 글을 쓴다.
보통	지구의 자전이 느려지면 하루의 길이가 길어지는 것은 알고 있으나 달라지는 생활 모습은 비교적 간단하게 쓴다.
노력 요함	지구의 자전이 느려지면 하루의 길이가 짧아지는 것으로 알고 있으며, 달라지는 생활 모습도 비교적 간단하게 쓴다.

이 평가는 과학적 글쓰기를 통해 지구의 자전이 느려지면 하루의 길이가 길어지는 과학적 지식을 알고, 우리의 생활이 어떻게 바뀌는지 과학적 상상을 할 수 있는가를 평가에 반영하였다. 하루의 시간이 길어진다면 생활 모습이 어떻게 달라지는지 상상하는 능력은 학생마다 다르다. 내용을 평가한 후 잘못된 지식으로 글을 쓴 학생에게는 지구의 자전 속도와 관련된 보충 내용을 지도해준다. 한편, 지구의 자전이 느려지면 하루의 길이가 길어진다는 사실을 알고 현재와 비교하여 구체적으로 글을 쓴 학생에게는 지구의 자전이 빨라진다면 어떻게 생활 모습이 달라질지도 생각해보는 글을 쓸 수 있도록 해본다.

평가 후 학생들이 쓴 글을 전시하고, 이야기를 나누는 활동을 하면 좋을 것이다. 상상력을 바탕으로 한 이야기는 학생들의 창의력을 키울 수 있는 좋은 자료이기 때문에 과학적 탐구 역량이 더 성장할 것으로 기대한다.

운동과 에너지

'2단원. 전기의 작용'의 성취기준은 '[6과13-01] 전지와 전구, 전선을 연결하여 전구에 불이 켜지는 조건을 찾아 설명할 수 있다.'와 '〈탐구 활동〉 전구에 불 켜기'이다. 이를 기반으로 전지, 전구, 전선을 연결하여 전구에 불을 켜는 활동을 통해 전구에 불이 켜지는 조건을 탐구하여 실험하는 것을 평가하는 데 중점을 두었다. 이런 평가 방향에 맞춰 차시는 '전지, 전구, 전선을 어떻게 연결하여야 전구에 불이 켜질까요?'로 정하고 학습목표는 '전구에 불이 켜지는 전기 회로를 꾸밀 수 있다.'라고 정하였다.

이 단원의 평가에 앞서 수업을 위해 준비해야 할 것은 실험 전에 전선 피복 제거기 등을 사용하여 피복 전선의 양 끝을 2cm 정도 벗겨놓고, 전지와 전구는 검사하여 이상은 없는지 확인한 다음 사용하도록 한다.

수업의 도입 단계에서 교사는 도체와 부도체에 대한 질문으로 시작하여 학생이 알고 있는 과학적 지식을 끌어낸다. 또는 도체와 부도체와 관련된 간단한 실험을 보여준다. 이후 학생들에게 자신이 전기박사로서 어두운 방에 혼자 있는 친구를 위해 전지, 전구, 전선 등으로 전구에 불을 켜는 방법을 알려주고, 전기회로를 만들어 전구에 불이 켜지는 수행 과제를 직접 확인시켜줘야 하는 수행 과제를 안내한다. 학생이 전지, 전구, 전선을 연결하는 데 두려움을 느낀다면 절연 테이프를 사용해 연결하도록 한다. 전기를 느끼는 학생은 장갑을 착용하고 실험할 수 있도록 지도한다. 안내가 끝나면 학생들은 주어진 전기 재료를 사용하여 수행 과제를 해결한다. 교사는 이 과정에서 일대일 면담과 관찰을 통해 수행 과제에 대해서 평가한다. 전구에 불이 켜지는 과정을 말로 설명하기 어려운 학생은 글과 그림으로 표현할 수 있도록 다양한 방법을 알려준다.

[표 15] 6-2 '전기와 자기' 영역의 GRASPS 활용 수행 과제

학년-학기	영역	단원	교과서 (실험관찰)
6-2	전기와 자기	2. 전기의 작용	48~50쪽 (34~35쪽)
성취기준	[6과13-01] 전지와 전구, 전선을 연결하여 전구에 불이 켜지는 조건을 찾아 설명할 수 있다. 〈탐구 활동〉 전구에 불 켜기		
평가대상	개인	평가 유형	실험 실기·구술평가

GRASPS를 활용하여 수행 과제 계획하기	
구분	내용
목표(G) goal	•전지, 전구, 전선을 사용하여 전기 회로를 만들어 불을 켜 야 합니다.
역할(R) role	•당신은 전기박사입니다.
대상(A) audience	•전깃불이 필요한 친구들
상황(S) situation	•친구가 어두운 방에 있어 전깃불이 필요한 상황입니다.
수행(P) performance	•당신은 전기박사입니다. 어두운 방에 있는 친구를 위해 전지, 전구, 전선 등을 사용하여 전기회로를 만들어 전구에 불을 켜는 방법을 설명해줘야 합니다.
기준(S) standard	•전기회로를 만들 때는 다음과 같은 것을 수행해야 합니 다. → 전기회로의 불이 켜지는 조건을 친구에게 설명해준다. → 전기회로를 만들고 불이 켜지도록 연결해야 한다.

수행 과제		
당신은 전기박사입니다. 어두운 방에 혼자 있는 친구를 위해 전지, 전구, 전선 등을 사용해 전구에 불을 켜는 방법을 알려주고, 전기회로를 만들어 불이 켜지는 것을 직접 확인시켜줘야 합니다.		
분석적 루브릭		
항목 수준	전기 회로 만들기	설명하기
가중치	50%	50%
잘함	전지, 전구, 전선을 연결하여 전구에 불을 켜는 전기회로를 창의적으로 만든다.	전지의 극과 전구, 전선을 연결하고 불이 켜지는 과정을 자세히 설명한다.
보통	전지, 전구, 전선을 연결하여 불을 켤 수 있다.	전지, 전구, 전선을 연결하여 불이 켜지는 과정을 간단히 설명한다.
노력 요함	전지, 전구, 전선을 연결하지 못한다.	전구에 불이 켜지는 과정을 설명하지 못한다.

평가 후 학생들의 수준을 파악하여 전기에 대한 용어를 활용하지 못한 학생들은 추후 보충 시간을 마련하여 스스로 몰랐던 내용을 정리할 수 있도록 한다. 전기회로 만들기에 어려움을 느끼는 학생에게는 전지, 전구, 전선을 연결하는 방법을 다시 알려주고 전기회로를 만들 수 있도록 한다. 또한 전지의 극과 전구, 전선의 연결과 관련하여 불이 켜지는 전기회로도를 만들고 설명까지 잘하는 학생들은 전구의 불빛을 약하게 하거나 더 세게 하려면 전지, 전구, 전선을 어떻게 연결하면 좋을지 생각하여 새로운 전기

회로도를 만들어보게 한다. 자신이 생각했던 방향을 점검하며 더 알고 싶은 내용이 있다면 참고할 만한 책과 유용한 자료를 안내해주면 좋을 것이다. 또한 학생들이 서로 도움을 주고받을 수 있도록 자신이 깨달은 것을 서로 나누는 시간도 마련해준다.

에필로그

초등학교에서의 평가가 선발적 교육관에서 벗어나 발달적 교육관에 바탕을 두고 있음은 이제 의심의 여지가 없습니다. 단지 학생의 성취도를 측정하는 것에서 벗어나 성장과 발전을 도모하고, 성취수준을 보면서 수업 목표의 도달 정도를 파악하며, 교수·학습의 오류를 찾고, 수업의 질을 성찰하게 됩니다. 즉, 평가는 학생과 교사 모두의 변화와 발전을 도모하는 것으로 학생과 교사의 교육활동을 평가하는 것입니다. 초등학교에서의 학생 평가는 '교육평가'로서

교육 속에서(In education)

교육을 위해(For education)

교육적으로 이루어지는 교육의 과정(過程)이며 학습을 돕는 평가, 학습으로서의 평가입니다.

평가를 할 때 고려해야 할 사항은 무엇일까요?

왜(Why) 평가하는가?, 무엇(What)을 평가해야 하는가?, 어떻게 (How) 평가할 것인가? 등입니다. 이러한 질문에 하나씩 접근해

나갈 때 평가의 패러다임이 과정 중심 평가로 변하게 되었음을 인식할 수 있습니다. 다만 이 책은 초등학교에서의 학생 평가에 대해 포괄적으로 접근했기 때문에 굳이 과정 중심 평가라는 용어를 사용하지 않았습니다. 그러나 2015 개정 교육과정의 평가 정책은 '과정 중심 평가'라고 해도 무방할 것입니다. 2015 개정 교육과정의 평가 정책은 크게 3가지에 접근하고 있습니다.

첫째, 왜 평가하는가? 학생의 교육목표 도달을 확인하고 교수·학습의 질을 개선하기 위해서입니다. 규준 지향의 평가에서 벗어나 준거 지향의 평가를 통해 학생들 개개인이 학습목표에 도달할 수 있도록 합니다. 그리고 교사의 입장에서는 교육 활동을 개선하는 데 있습니다.

둘째, 무엇을 평가하는가? 성취기준에 근거하며 정의적 영역과 인지적 영역의 균형을 이루고, 학습의 결과뿐 아니라 학습 과정도 평가합니다.

셋째, 어떻게 평가하는가? 교과의 성격과 특성에 적합하게 평가하되 서술형, 논술형 평가 및 수행평가의 비중을 높임으로써 문제해결 능력과 창의적 사고력, 정의적 인성 교육 등을 함양할 수 있도록 합니다.

오늘날 학교 현장에서는 교사들이 학교 교육과정 개발의 주체임과 동시에 평가 관련의 '변화의 주체(agent of change)'로 요구 받으며 실천하고자 노력하고 있습니다. 초등학교의 학생 평가에 대하여 이 책의 집필 교사들은 어떻게 인식하고 있는지 다음과 같이 탐색해보았습니다.

> 지금 수업의 모습은 학습자 중심으로 많이 바뀌었으나 평가에
> 서는 교사 중심, 평가의 결과에 초점을 두는 경향이 아직도 남
> 아 있음을 부인하기 어렵다. 학습자의 배움이 일어나도록 다양
> 한 평가 방법을 적용하고, 더 나아가 학습자의 요구가 반영된
> 루브릭을 활용하며 동료평가나 자기평가 등을 통하여 수행 과
> 제의 과정까지 평가할 수 있기를 바란다.[1]

아직도 평가가 교사 중심으로 이루어지고 있다고 보며, 다양한
평가 방법을 적용할 필요가 있다고 인식했습니다. 평가 방법의
다양성을 생각할 때 수행평가와 지필평가의 관련성을 어떻게 보
아야 할까요? 수업이 이루어지는 실제적인 상황에서 학생의 수행
능력을 평가할 때 인지적 영역은 지필평가로 많이 이뤄집니다.
평가 후 결과와 과정에 대한 피드백을 적절하게 제공한다면 인지
적 영역의 지필평가는 학생의 성장과 발전을 도모하는 평가로서
역할을 다할 수 있을 것입니다. 다만, 교사의 학생 관찰, 인터뷰
등의 실제적인 평가 결과를 해석할 수 있는 전문성을 함양하기 위
한 노력이 필요할 것입니다.

평가의 진정한 목적과 기능의 회복과 실천은 교실에서부터 이

---

1. 이루다

루어져야 한다. 각종 공개수업이나 수업 나눔을 보더라도 아직
까지는 수업 목표를 정하고 이에 대한 활동을 계획하여 실행하
는 데 방점을 두고 있다. 학습 정리 부분에서 학생의 배움에 대
한 결과 확인은 일제식 질문과 답변 혹은 몇몇 학생의 발표로
끝나는 경우가 많다. 배움에 대한 정도와 가치를 평가하고 학
생의 발달에 도움이 되는 피드백을 수업 과정 중에 충실히 제공
하는 수업은 찾아보기 어려운 현실이다. 형성평가, 수행평가 등
많은 형태의 평가들은 계획서 안에만 존재할 뿐, 수업 속에서
본래의 의미와 목적을 다하고 있지 못하다. 이러한 현실을 종합
할 때, 평가에 대한 논란과 유형들은 넘쳐나지만 진정한 평가는
없다는 결론에 이른다. 초등학생에게 평가가 학생의 성장과 발
달을 도와주는 먹이(피드백)가 되기를 바란다.[2]

교수·학습 과정 중에 평가가 이루어져 교사와 학생의 변화와
발달을 도모하는 것에 초점을 두어야 하지만 학교 현장에서는 아
직까지도 수업의 정리 단계에서 일제식 질문과 답변으로 평가가
이루어지고 있다는 솔직한 고백입니다. 교수·학습 과정안과 학기
별로 제출하는 수행평가 계획서 안에만 존재하는 많은 평가들은
아직도 수업의 과정 안에서 벗어나 있으며 학생 간 개인차를 고려
하지 않고 있습니다.

그러나 2015 개정 교육과정에서 추구하는 평가 정책은 현장 교
사들로 하여금 평가 계획의 간략화를 유도하고, 수업 중 교과서와

---

2. 윤지영

다양한 산출물 등을 통한 평가 채점으로 시간 등의 요소를 효율화하고 평가의 용이성과 학생 발전을 도모하는 평가 실행의 가능성을 크게 열어주고 있습니다.

> 초등학교 현장에서 과거의 중간, 기말고사를 찾아보기 힘들다. 아이들을 점수에 따라 경쟁하고 줄 세우는 교육이 사라지고 있다. 중간, 기말고사가 사라졌다고 해서 평가를 하지 않는 것일까? 아니다. 평가의 성격이 달라진 것이다. 현재 평가는 교수·학습 과정 중에 평가를 실시하여 학생들이 더 '잘' 배울 수 있도록 돕는 방식을 따르고 있다. 이러한 평가는 수업을 이해하는 정도, 과제 수행력, 태도 등을 평가하는 것으로 2015 개정 교육과정의 방향과 일치하며, 단순히 지식을 암기하는 데에서 벗어나 지식과 기능, 가치, 태도를 통합적으로 평가하는 것과 맥을 같이한다.
> 이제 평가의 목적은 학생을 줄 세우고 분류하기 위한 것이 아니라 성장과 발달을 돕는 데 있다. 초등학교에서의 평가란 '석차, 서열, 성적'이 아니고 학생들의 성장과 발달을 돕기 위해 '진단, 소통, 지원'하는 것이다. 교사는 수업 과정 속에서 학생들의 성장과 발달 과정을 확인하고 지원해주는 조력자이다.[3]

기존의 평가는 수행평가와 아울러 중간고사, 기말고사 등을 통해 학생들을 상대적으로 비교하며 한 학생이 다른 학생에 비해 얼

---

3. 정영찬

마나 '잘'했느냐에 관심을 두었습니다. 그러나 오늘날의 평가는 학생과 학생의 비교를 벗어나 한 개인으로서의 학생이 '잘' 배우도록, 학생의 능력 안에서 성취기준에 도달할 수 있도록 지원하는 역할로 자리매김하고 있습니다. 교사는 학생이 성취기준에 도달할 수 있도록 피드백을 제공하고, 동일한 성취기준에 재도전할 기회를 부여합니다. 또한 평가에 따른 학생의 반응을 보면서 수업의 흐름에 변화를 주는 등 학생의 발전을 위해 지원자로서의 역할을 하고 있습니다.

평가를 하고 나면 학생들은 으레 "선생님, 저 다 맞았어요?" 또는 "선생님, 저 잘했어요?"라고 되묻는 경우가 많다. 이런 물음 속에 담긴 학생의 마음은 자신의 앎에 대한 두려움, 타인으로부터 인정받고 싶은 마음이 담겨 있다. 하지만 이 물음 속에는 평가가 학생보다 교사 주도로 이루어지며, 학생의 성장에 도움을 주기보다 여전히 잘하고 못하는 선별적 도구로 쓰이고 있다는 것을 반증하고 있다.

배움의 주체는 학생이다. 평가는 학생에게 새로운 배움의 기회가 되고, 서로 알고 있는 것을 나눌 수 있는 교육의 과정(過程)이 되어야 한다. 이런 평가를 위해 교사는 학생과 끊임없이 소통하고 학생 개개인의 특성을 고려할 수 있어야 한다.

하나의 평가로 학생의 잠재된 역량이나 가치, 교육의 결과를 대변할 수는 없다. 다만 학생의 입장에서는 평가를 통해 자신이 가진 역량을 쏟을 수 있다는 것이며, 교사는 평가를 통해 자신의 교육의 일체 행위를 성찰해볼 수 있다는 것이다. 따라서 평가가 교사와 학생 모두에게 가치 있는 그 무엇으로 정착하려면 서로 최선을 다하며 도울 수 있는 그 이상이 되어야 한다.[4]

교사 주도의 평가에서 벗어나 교사와 학생 모두가 평가의 주체가 되어야 함을 인식하고 있습니다. 자기평가와 동료평가는 학생이 평가의 주체로서 평가 과정에 참여하여 현재의 성과를 점검하고, 스스로 발전하기 위한 노력을 경주하는 데 기반이 될 수 있습니다. 자기평가와 동료평가를 함으로써 학습의 능동적인 참여자가 될 수 있으며 교사와 학생, 학생과 학생의 상호 작용의 기회를 증진시킬 수 있습니다. 또한 교사 평가로 미처 알지 못했던 학습 결과에 대한 정보를 얻을 수도 있게 됩니다.

이상에서 탐색해본 결과를 토대로 다음과 같은 공통된 인식을 살펴볼 수 있습니다. 교수·학습 과정 중에 평가가 이루어지기, 평가의 제 역할로 학생의 성장과 발전 지원하기, 교사의 수업 성찰로 연결되어 수업 전문성 제고하기, 다양한 평가 방법 적용하기 등입니다. 이제 평가는 교수·학습의 결과뿐 아니라 학습의 과정을 중시하는 평가로 나아가고 있습니다. 그런데 이는 결과를 소홀히 하고 학습의 과정만 중시하는 것이 아니라, 결과도 중시하고 학습의 과정도 중시하는 병렬 체제로서의 이해와 포용이 필요합니다.

또한 NEIS에 입력하기 위한 평가와 학생의 성장과 발달을 위한

---

4. 이성국

과정 중심의 평가와의 차이를 인정해야 하겠습니다. 전자는 공식적인 평가로, 후자는 비공식적인 평가로 명명하고, 두 평가 모두 궁극적 지향점이 학생의 성장과 발전에 있다고 볼 때 더 이상 평가가 업무의 가중을 가져왔다고 여기지 말아야 할 것으로 생각됩니다. 물론 NEIS의 체제를 정비할 필요가 있습니다. 학생들의 성장과 발전을 위한 과정 중심 평가가 비형식적으로, 비공식적으로 많이 이루어지고 있습니다. 그리고 누가적 기록 또한 교사 개개인이 지혜를 발휘하고 있습니다. 이는 교사의 자율적 의지의 반영이며 학생의 성장을 위한 교육적 배려입니다. 따라서 획일적인 누가 기록 방안과 통지 방식을 강요해서는 안 됩니다. 이것이야말로 교사 개인의 평가 전문성과 자율적 의지, 성찰 등을 훼손하기 때문입니다. 이제 교사는 교육과정의 전문가를 넘어서 학생평가의 전문가로서 새롭게 발돋움하며 학생들의 성장을 견인하는 적극적인 지원자가 되어야 하겠습니다.

강승호·김명숙·김정환·남현우·허숙, 《현대 교육평가의 이론과 실제》, 양서원, 2000

김대현·김석우, 《교육과정 및 교육평가》, 학지사, 2011

김석우·박상욱·김윤용·장재혁, 〈중등교사 평가 전문성 제고 방안: 서술형 평가 및 수행평가 중심으로. 수탁연구〉, CR 2015-24, 한국교육개발원, 2015

김진규, 《형성평가 101가지 기법》, 교육과학사, 2016

김진규·윤길근, 《교육평가의 탐구》, 동문사, 2014

박도순·홍후조, 《교육과정과 교육평가》, 문음사, 2005

신동로, 《교육과정 및 교육평가》, 형설출판사, 2008

정문성, 《토의·토론 수업 방법》, 교육과학사, 2015

황정규, 《학교학습과 교육평가》, 교육과학사. 2005

교육부, 〈초·중등학교 교육과정 총론〉 교육부 고시 제2015-74호[별책 1], 2015

교육부, 〈초등학교 교육과정〉 교육부 고시 제2015-80호[별책 2], 2015

교육과학기술부, 〈초·중등학교 교육과정 총론〉 교육과학기술부 고시 제2009-41호[별책 1], 2009

교육인적자원부, 〈초등학교 교육과정〉, 교육인적자원부 고시

제2007-79호[별책 2], 2007

기초학력향상지원 사이트 꾸꾸(www.basics.re.kr)

학생평가지원포털(http://stassess.kice.re.kr)

삶과 교육을 바꾸는
맘에드림 출판사 교육 도서

나는 혁신학교에 간다

경태영 지음 / 값 14,000원

공교육을 바꾸겠다는 거대한 희망을 품고 시작된 '혁신학교'. 이 책은 일곱 개 혁신학교의 이야기를 담고 있다. 지금 우리 교육이 변화하는 생생한 현장의 모습과 아이들이 꿈을 키우고 행복하게 공부하는 희망의 터로 새롭게 자리매김하는 학교들을 이 책에서 만날 수 있다.

혁신학교란 무엇인가

김성천 지음 / 값 15,000원

교육공동체가 만들어내는 우리 시대 혁신학교 들여다보기. 혁신학교 전반에 관한 이야기를 다루고 있는 책으로, 공교육 안에서 혁신학교가 생기게 된 역사에서부터 혁신학교의 핵심 가치, 이론적 토대, 원리와 원칙, 성공적인 혁신학교의 모습을 보이고 있는 단위학교의 모습까지 담아냈다.

학부모가 알아야 할 혁신학교의 모든 것

김성천·오재길 지음 / 값 15,000원

학부모들을 위한 혁신학교 지침서!
'혁신학교에서는 무엇을, 어떻게 가르치고 있는지, 교사·학생·학부모는 어떻게 만나서 대화하고 관계를 맺어가는지, 어떤 교육 목표를 지향하고 있는지 등 이 책은 대한민국 학부모들의 궁금증에 친절하게 답을 한다.

덕양중학교 혁신학교 도전기

김삼진 외 지음 / 값 14,500원

이 책의 1부는 지난 4년 동안 덕양중학교가 시도한 혁신과 도전, 성장을 사실과 경험에 기반한 스토리텔링 방식의 성장기로 전개하고 있다. 그리고 2부는 지역사회와 협력하여 펼치고 있는 교육 프로그램, 배움의 공동체 수업 등을 현장 사례 중심의 교육적 에세이 형태로 담고 있다.

학교 바꾸기 그 후 12년
권새봄 외 지음 / 값 14,500원

MBC 〈PD 수첩〉에 방영되어 화제가 되었던 남한산초등학교.
아이들이 모두 행복하고, 얼굴 표정이 밝은 아이들. 학교 가는
것을 무엇보다 좋아하고, 방학을 싫어하는 아이들. 수업과 발표
를 즐겼던 이 학교를 졸업한 아이들이 그 후 12년의 삶을 세상에
이야기한다.

교사는 수업으로 성장한다
박현숙 지음 / 값 12,000원

그동안 교사는 수업에서 아이들을 만나지 못해왔다. 관계와
만남이 없는 성장의 결손을 낳았다. 그리하여 우리 아이들과
교사들은 모두 참 아프고 외로웠다. 이 책에서는 교사, 학생,
학부모, 지역사회가 공동체로서 서로 관계를 맺을 때에만
배움은 즐거운 활동으로서 모두가 성장하는 삶의 일부가 될 수
있음을 보여준다.

교사와 학부모가 함께 읽는 주제 통합 수업
김정안 외 지음 / 값 15,000원

'서울형 혁신학교'로 지정된 일곱 개 혁신학교들이 지난 1~2년
동안 운영한 주제 중심 통합 교육 과정과 수업 사례를 소개한
책이다. 이 학교들의 교육과정은 전국적으로 이루어지는 혁신
학교들의 성과를 반영하였고, 자신의 지역사회의 실제 환경과
경험을 살려 실제 수업에 적용한 것이다.

혁신교육 미래를 말한다
서용선 외 지음 / 값 14,000원

혁신교육은 2009년 이후 공교육 되살리기의 새로운 희망이
되어왔다. 이러한 정책을 입안하고 추진하는 데 기여해왔던
6명의 교사 출신 연구자들이 혁신교육 발전에 필요한 정책
과제들을 모아 하나의 책으로 제시한다. 이 책은 교육철학,
교육과정, 교육행정과 학교 운영(거버넌스) 등에서 주요
이슈들을 정리하고 혁신교육의 성과와 과제가 무엇인가를
보여준다.

수업을 살리는 교육과정

서우철 외 지음 / 값 16,500원

최근 교육과정을 재구성하는 논의가 활발한 가운데, 이 책에서는 개별 교과목과 교과서의 형식에 얽매이지 않고 아이들의 발달을 고려하여 주제를 중심으로 교육과정을 재구성하여 통합적으로 운영하는 방법과 구체적인 실천 사례를 설명하고 있다. 이러한 과정은 같은 학년을 맡고 있는 교사들의 토론과 협력을 통해서 이루어진 것임을 이야기한다.

수업 딜레마

이규철 지음 / 값 14,000원

이 책을 관통하는 키워드는 '사람'이다. 저자의 노하우를 전수하는 것이 아니라, 수업 속에서 딜레마에 맞닥뜨려 고통받고 있는 선생님들의 고민을 담고, 신념을 담고, 그것을 이겨내기 위한 한 분 한 분의 마음을 담고 있다. 이런 고민 속에 이 책을 집어든 나를 귀하게 여기며, 다시 한 번 교사로 잘 살아보고 싶은 도전을 하게 한다.

좋은 엄마가 스마트폰을 이긴다

깨끗한미디어를위한교사운동 지음 / 값 13,500원

스마트폰에 대한 아이들의 집착은 대단하다. 스마트폰은 '재미있고 편리하다'. 그러나 스마트폰 때문에 아이들은 시간을 빼앗기고, 건강이 나빠지고, 대화가 사라지며, 공부와 휴식, 수면마저 방해를 받는다. 이 책은 이러한 사례들을 생생하게 소개하고 부모들에게 아이들의 스마트폰 사용에 어떻게 대응해야 하는지 대안을 제시한다.

엄선생의 학급운영 레시피

엄은남 지음 / 값 14,000원

34년 경력의 현직 교사가 쓴 생동감 넘치는 학급운영 지침서. 초등학교에서 아이들은 문자와 숫자를 익히는 것보다 학교와 교실에서 낯설고 모험적인 사건을 겪으면서 더 많은 것을 배운다. 이 책은 초등학교에서 교과서 지식보다 더 중요한 학교생활과 학급문화를 만드는 담임교사의 역할을 다룬다. 교사와 아이들이 서로 존중하고 신뢰하는 관계를 어떻게 만들어야 하는지 구체적인 경험과 사례로 설명해준다.

진짜 공부

김지수 외 지음 / 값 15,000원

혁신학교가 추구하는 '진짜 공부'와 '진짜 스펙'이 무엇인지 보여주는, 졸업생들의 생동감 넘치는 경험담. 12명의 졸업생들은 학교에서 탐방, 글쓰기, 독서, 발표, 토론, 연구, 동아리, 학생회 활동을 통해 자신들이 생각하지도 못한 진짜 공부를 경험했음을 보여준다. 이 책을 통해 수능이 아니라 정말로 청소년 스스로 하고 싶은 것을 즐기면서 성장하는 일이 우리 사회에 필요한 것임을 새삼 느낄 수 있다.

수업 디자인

남경운 · 서동석 · 이경은 지음 / 값 15,000원

서울형 혁신학교의 대표적인 수업 혁신을 담은 이야기. 아이들이 서로 협력하면서 배우는 수업을 목표로 삼은 저자들은 범교과 수업모임을 통한 공동 수업설계를 대안으로 제시한다. 아이들은 교사의 설명을 통해 배우는 것이 아니라 서로 '옥신각신'하며 함께 문제에 도전할 때 수업에 몰입하고 배우게 된다. 이 책은 이러한 수업을 위해서 교사들이 교과를 넘어 어떻게 협력하고 수업을 연구해야 하는지 잘 보여준다.

아이들이 가진 생각의 힘

데보라 마이어 지음 / 정훈 옮김 / 값 15,000원

미국 공교육 개혁의 전설적 인물 데보라 마이어가 전하는 교육 개혁에 대한 경이롭고도 신선한 저이 책은 학교 혁신의 생생한 기록을 통해 우리가 학교에서 무엇을, 왜 가르치고, 배워야 하는지에 대한 근원적인 성찰을 담고 있다. 아이들이 지성적으로 생각하는 마음의 습관을 배우는 것이 얼마나 중요하고, 그것을 위해 학교가 무엇을 해야 하는지를 일깨워준다.

어! 교육과정? 아하! 교육과정 재구성!

박현숙 · 이경숙 지음 / 값 16,500원

교육과정 재구성을 고민하는 교사를 위한 현장 지침서. 이 책은 저자들이 학교현장에서 교육과정 재구성이라는 화두를 고민하고, 실행한 사례들이 담겨져 있다. 책의 내용은 주제통합수업, 교과 통합수업, 범교과 주제 학습, 교과 체험학습, 프로젝트 수업 등 학교현장에서 적용해 큰 성과를 본 것들을 세밀하게 소개하면서 교육과정 재구성 작업의 노하우를 펼쳐 보인다.

행복한 나는 혁신학교 학부모입니다

서울형 혁신학교학부모네트워크 지음 / 값 16,000원

이 책은 학부모가 자신의 눈높이에서 일러주는 아이들의 혁신학교 적응기일 뿐만 아니라, 학부모 역시 학교를 통해 자신의 삶을 고양시켜가는 부모 성장기라는 점에서 대한민국의 모든 학부모들에게 건네는 희망 보고서이기도 하다. 혁신학교가 궁금한 모든 학부모들이 이 책을 통해 혁신학교 학부모로서의 체험을 미리 하는 데 부족함이 없을 것이다.

일반고 리모델링 혁신고가 정답이다

김인호 · 오안근 지음 / 값 15,000원

교육 환경이 열악한 지역에 있던, 서울의 한 일반계 고등학교가 혁신학교로서 4년간 도전과 변화를 겪으면서 쌓은 진로, 진학의 비결을 우리 사회 모든 학생, 학부모, 교사, 시민 등에게 낱낱이 소개해주는 책. 무엇보다 '혁신학교는 대학 입시에 도움이 안 된다'는 세간의 편견을 말끔히 떨어 없앤다. 저자들은 '결과' 중심 교육과정을 '과정' 중심으로 바꾸고, 교내 대회와 동아리 활동, 봉사 활동을 장려함으로써 대학 진학이란 놀라운 결과가 어떻게 이루어질 수 있었는지 보여주고 있다.

우리가 신뢰하는 학교, 어떻게 만들 것인가?

데보라 마이어 지음 / 서용선 옮김 / 값 15,000원

이 책의 저자인 데보라 마이어는 보수와 진보를 막론하고 미국 공교육 개혁 분야에서 가장 신뢰받는 실천가이자 이론가로 평가받는다. 학교 안에서 '신뢰의 붕괴'를 오늘날 공교육이 직면한 가장 큰 도전으로 인식한다. 이 책의 원제 〈In Schools We Trust〉에서 나타나듯, 저자는 신뢰할 수 있는 공교육의 조건이 무엇인지 자신의 경험 속에서 제안하고, 탐색하고, 성찰한다.

교사, 어떻게 살아야 하는가

김성천 외 지음 / 값 15,000원

오랫동안 교육현장에서 교육과 연구를 병행해온 저자 5인이 쓴 '신규 교사를 위한 이 시대의 교사론'. 이 책은 학교구성원과의 관계 맺기부터 학교현장에서 맞닥뜨리게 되는 여러 가지 문제들과 극복 방법, 교육 개혁에 어떻게 주체로 설 수 있는지, 어떤 과정을 통해 개인의 성장을 도모해야 하는지 등 신규 교사의 궁금점에 대해 두루 답하고 있다.

리셋, 교육과정 재구성

서울신은초등학교 교육과정연구회 모임 지음 / 값 16,000원

서울형 혁신학교인 서울신은초등학교 교사들이 1학년부터 6학년까지 모든 학년의 교육과정을 재구성하고 실천한 경험을 모두 담았다. 이 책에 소개된 혁신학교 4년의 경험은 진정한 학습이란 몸과 마음을 통해 경험함으로써, 생각이나 감정을 다른 사람과 주고받음으로써, 과거 경험을 새로운 지식으로 다시 생각함으로써 실현된다는 점을 잘 보여주고 있다.

다섯 빛깔 교육이야기

이상님 지음 / 값 16,000원

충북 혁신학교(행복씨앗학교)인 청주 동화초등학교의 동화 작가 출신 선생님이 아이들과 함께 보낸 한해살이 이야기다. 이오덕 선생의 '아이들의 삶을 가꾸는 교육'을 고민하던 저자가 동화초 아이들을 만나면서 초등학생의 특성에 맞도록 활동 중심의 교육과정을 재구성하는 한편, 표현 위주의 교육을 위한 생활 글쓰기 교육을 실천하면서, 학교교육을 아이들의 놀이와 생활, 삶과 연결시키고자 노력한 교단 일지를 바탕으로 구성되었다.

만들자, 학교협동조합

박주희·주수원 지음 / 값 14,500원

이 책은 학교협동조합이 무엇인지, 어떤 유형의 학교협동조합이 가능한지, 전국적으로 현재 학교협동조합의 추진 상황은 어떠한지 국내외 사례를 통해 소개하고 안내하는 한편, 학교협동조합을 운영하는 원리와 구체적인 교육 방법을 상세하게 풀어놓고 있다. 저자들의 실천적 지침들을 따라가다 보면 학교협동조합은 더 이상 상상이 아니라 학교구성원의 필요와 의지, 실천으로 극복할 수 있는 실현 가능한 미래라는 점을 알게 된다.

땀샘 최진수의 초등 수업 백과

최진수 지음 / 값 21,000원

초등학교에서 20여 년간 아이들을 가르쳐온 저자가 초등학교 수업에 대해서 기록하고 연구하고 실천하며 쌓아온 경험을 바탕으로 초등학생들과 수업을 함께하는 방법을 담고 있다. 아이들의 학습 동기, 아이들이 수업에 참여하는 방법, 칠판과 공책을 사용하는 방법, 모둠 활동, 교과별 수업, 조사와 발표 등 초등학교 교사가 아이들을 가르칠 때 알아야 할 가장 기본적이면서도 가장 중요한 모든 것을 다루고 있다.

혁신 교육 내비게이터 곽노현입니다

곽노현 편저 · 해제 / 값 17,000원

서울시 18대 교육감이자 첫 번째 진보 교육감으로서 혁신 교육을 펼쳤던 곽노현은, 우리 사회 전반을 아우르는 주요 교육 현안들을 이 책에서 포괄적으로 다루고 있다. 2014년 3월부터 1년간 방송된 교육 전문 팟캐스트 '나비 프로젝트' 인터뷰에 출연한 전문가들과 나눈 대화와 그에 대한 성찰적 후기를 담고 있다. 이 책은 그야말로 우리가 '지금 알아야 할 최소한의 교육 이야기'를 포괄하고 있다.

무엇이 학교 혁신을 지속가능하게 하는가

권성호 · 김현철 · 유병규 · 정진헌 · 정훈 지음 / 값 14,500원

독일 '괴팅겐 통합학교', 미국 '센트럴파크이스트 중등학교', 한국 혁신학교의 사례들을 통해 성공적인 학교 혁신의 공통점을 찾아내고 그것을 지속가능하도록 만들기 위해서 필요한 것은 무엇인지를 보여준다. 독자들은 이 책에서 괴팅겐 통합학교의 볼프강 교장이 말한 것처럼 '좋은 학교'를 만들기 위한 학교 혁신에 세계적으로 보편적이라고 할 만한 공통점을 찾을 수 있다.

교과를 꽃피게 하는 독서 수업

시흥 혁신교육지구 중등 독서교육 연구회 지음 / 값 16,500원

이 책은 지난 5년 동안 진행된 혁신교육지구 사업의 일환으로 학교에서 고군분투하며 독서교육을 이끌어왔던 독서지도사들이 실천 경험을 엮어낸 것으로 청소년기 학생들에게 장래 진로, 사랑, 우정, 삶의 지혜를 찾는 데 도움을 주는 독서교육을 잘 보여주고 있다. 특히 이 책에 소개된 국어, 수학, 과학, 사회, 도덕, 미술, 역사 등 다양한 교과와 연계한 협력수업은 독서교육의 새로운 전망을 보여주는 결실이다.

혁신학교의 거의 모든 것

김성천 · 서용선 · 홍섭근 지음 / 값 15,000원

이 책은 혁신학교에 대한 100가지 질문에 답하면서 혁신학교의 역사, 배경, 현황, 평가와 전망을 구체적인 증거를 통해 설명하고 있다. 이 책에 서술된 혁신학교에 관한 100문 100답을 통하여 우리 사회에 필요한 교육은 무엇인지, 교사와 학생들이 더 즐겁게 가르치고 배우면서 성장할 수 있는 교육을 위해 필요한 것이 무엇인지, 그것을 위해서 우리 사회 시민 각자가 자신의 위치에서 무엇을 하면 좋은가를 더 깊이 생각해볼 기회를 얻을 것이다.

교실 속 비주얼씽킹

김해동 지음 / 값 14,500원

이 책은 비주얼씽킹 기본기부터 시작하여 교과별 수업, 생활교육, 학급운영 등에 비주얼씽킹을 응용하는 방법을 설명하고 있다. 특히 교사들이 초등학교 1학년부터 고등학교 3학년까지 국어, 수학, 영어, 과학, 사회 등 모든 교과 수업에 비주얼씽킹을 활용할 수 있도록 수업 지도안을 상세하면서도 간결하게 제시하고 있다. 또한 독자들이 책 내용에 대해 더욱 풍부한 이미지와 자료를 접할 수 있도록 저자의 블로그로 연결되는 QR코드를 담고 있다.

교육과정-수업-평가 어떻게 혁신할 것인가

이형빈 지음 / 값 15,500원

이 책은 교육과정 사회학자 번스타인(Basil Bernstein)이 제시한 '재맥락화(recontextualized)'의 관점에 따라 저자가 장기간에 걸쳐 일반 학교 한 곳과 혁신학교 두 곳의 수업을 현장에서 면밀하게 관찰하고 심층 인터뷰와 설문조사를 통한 연구를 바탕으로 무기력과 불평등을 재생산하는 교실을 민주적이고 평등한 구조로 바꾸기 위해 교육과정-수업-평가를 어떻게 혁신해야 하는지 제안하는 내용을 담고 있다.

혁신학교 효과

한희정 지음 / 값 15,000원

이 책에서 저자는 혁신학교 효과를 살펴보기 위해 혁신학교가 OECD DeSeCo 프로젝트에 제시된 '핵심 역량'을 가르치고 있는지, 학생·학부모·교사가 서로 배우는 교육공동체를 이루고 있는지, 학생의 발달을 위한 다양한 교육과정을 운영하고 있는지, 교사의 자율성과 전문성을 강화하고 있는지, 자치적이고 민주적인 학교문화를 가지고 있는지, 지역사회와 협력하고 있는지를 다른 일반 학교와 비교하여 설명한다.

교실 속 생태 환경 이야기

김광철 지음 / 값 15,000원

아이들이 자연과 친해지고 즐길 수 있도록 교육하는 것은 쉬운 일이 아니다. 특히 도시에서는 더욱 어렵다. 그래서 이 책은 도시 지역 학교에서도 쉽게 실천에 옮길 수 있는 다양한 생태·환경교육을 폭넓게 다루고 있다. 이 책에서 저자는 계절에 따라 할 수 있는 20가지 환경교육 프로그램을 제시하고, 방법과 순서, 재료 등을 상세히 설명해준다.

이제는 깊이 읽기

양효준 지음 / 값 15,000원

교과서에는 수많은 예화와 발췌문이 들어가 있다. 이런 자료들은 교육부가 교육과정에서 요구하는 기준에 맞춰 어떤 이야기, 소설, 수필, 논픽션 등에서 일부만 가져온 토막글이다. 아이들은 교과서에 수록된 작품이나 이야기 전체를 읽지 못한 상태에서 단편적인 지문만 읽고 이해를 해야 하기 때문에 책을 읽으면서 생각하고 공감할 수 있는 기회와 흥미를 찾을 수 없게 된다. 이 책은 이러한 문제를 개선하기 위해서 한 권이라도 책 전체를 꾸준히 읽어가는 방법인 '깊이 읽기'를 대안으로 소개하고 있다.

인성의 기초가 되는 초등 인문학 수업

정철희 지음 / 값 15,500원

이 책은 아이들의 올바른 인성교육을 위한 새로운 방법으로써 인문학 수업을 제시하고 있다. 이 책에서 설명하고 있는 인문학 수업은 교사가 신화, 문학, 영화, 그림, 역사적 인물의 일대기 등에서 이야기를 찾아 아이들에게 제시하고, 아이들이 그 이야기에 나오는 여러 문제와 인물 등에 대해 자신의 감정을 스스로 공책에 기록하고 일상의 경험과 비교하고 토의와 토론을 통해 자신의 생각을 발전시키는 수업이다.

수업, 놀이로 날개를 달다

박현숙 · 이응희 지음 / 값 13,500원

교육계에서 최근 가장 중요한 과제로 삼고 있는, OECD의 여덟 가지 핵심 역량(DeSeCo)에 따라 여러 놀이들을 분류해서 설명하고 있다. "놀이에 내재된 긴장의 요소는 사람의 심성, 용기, 지구력, 총명함, 공정함 등을 시험하는 수단이 되므로" 그것은 학생들의 역량을 키우는 수단이 된다. 이 책의 저자들은 수업이 놀이를 만났을 때 어떻게 핵심 역량이 강화되는지 이야기하고 있다.

더불어 읽기

한현미 지음 / 값 13,500원

이 책은 교사들이 학습공동체를 통해 교직의 전문성과 자율성을 새롭게 발견하며 성장하는 이야기를 다룬다. 우리 사회의 기존 교육 제도는 효율성이라는 명분으로 아이들에게 경쟁을 강요하면서 교사들 역시 서로 경쟁하도록 만드는 시스템으로 이루어져 있다. 이 책에서 저자는 이러한 비인격적인 제도와 환경 아래서 교사들이 행복을 되찾기 위해서는 서로 협력하며 같이 배우면서 아이들과 함께 성장할 수 있어야 한다고 말한다.

땀샘 최진수의 초등 글쓰기

최진수 지음 / 값 17,000원

글쓰기가 아이들에게 필요한 중요한 것이 되려면 먼저 솔직하게 써야 한다. 모르는 것은 '모른다', 잘못은 '잘못이다', 싫은 것은 '싫다'고 솔직하게 드러낼 때 글쓰기는 아이가 성장하는 디딤돌이 될 수 있다. 그리고 이것은 가르치는 교사에게도 적용된다. 지도하는 사람과 지도받는 사람이 따로 있는 것이 아니라 함께 쓰고, 함께 나누면서 서로 성장을 돕는 것이다.

성장과 발달을 돕는 초등 평가 혁신

김해경 · 손유미 · 신은희 · 오정희,
이선애 · 최혜영 · 한희정 · 홍순희 지음 / 값 15,500원

이 책은 교육적 대안을 마련하기 위해 혁신학교에서 지난 5~6년 동안 초등학생의 성장과 발달을 돕는 평가를 실천해온, 현장 교사 8명이 자신들의 지혜와 경험을 모아놓은 최초의 결실을 담고 있다. 독자들은 이 책을 통해 평가는 시험이 아니며 교육과정과 수업의 연장으로서 아이들의 잠재력을 측정하고 적절한 조언을 제공한다는 원래의 목표를 되살리는 첫걸음을 찾을 수 있다.

수업 코칭

이규철 지음 / 값 15,500원

가르치는 일을 함으로써 학생들의 배움을 돕는 교사들에게 수업은 시간적으로도, 공간적으로도 학교에서 자신이 하는 일의 중심을 이룬다. 그래서 수업에 관한 고민은 교과를 가리지 않고 교사들에게 일반적으로 드러난다. 교사들은 공통의 문제로 씨름하게 된다. 최근에 그 공통의 문제를 교사들이 함께 풀어 나가자는 흐름이 곳곳에서 일어나고 있다. 이 책은 그중에서도 '수업 코칭'이라는 하나의 흐름을 다룬다.

교사들이 함께 성장하는 수업

서동석 · 남경운 · 박미경 · 서은지,
이경은 · 전경아 · 조윤성 지음 / 값 15,000원

이 책은 아이들의 배움에 중점을 둔 수업을 위해 구성한 교사 학습공동체로서, 서로 다른 여러 교과 교사들이 수업을 디자인하고 연구하는 '수업 모임'에 관해 다룬다. 수업 모임 교사들은 공동으로 교과 수업을 디자인하고, 참관하고, 발견한 내용을 공유하고 평가하는 피드백을 통해 수업을 개선해간다. 그리고 이러한 실천이 쌓여가면서 공개수업을 준비하는 방법과 절차는 더욱 명료해지고, 수업설계는 더욱 정교해진다.

땀샘 최진수의 초등 학급 운영

최진수 지음 / 값 19,000원

이 책의 저자는 학급운영의 출발은 아이들을 '가르치는 대상'에서 '존중받는 존재'로 바라보는 것에서 시작해야 한다고 이야기한다. 또한 아이들과 함께하면서 교사는 성장한다. 이러한 성장은 시간이 흐르고 경력이 쌓인다고 이뤄지는 것이 아니라 여러 가지 어려운 문제를 헤쳐 나가며 교사 스스로 자신을 되돌아보고 성찰할 때 비로소 아이들과 함께하는 올바른 학급운영이 이루어진다고 말한다.

당신의 교육과정-수업-평가를 응원합니다

천정은 지음 / 값 14,500원

이 책은 빛고을혁신학교인 신가중학교에서 펼쳐진, 학교교육 혁신 과정과 여전히 완성되지 않은 그 결과를 다루고 있다. 드라마 〈대장금〉에 나오는 '신비'의 메모가 보여준 것과 같이 교육 문제를 여전히 아리송한 것처럼 적고, 묻고, 적기를 반복하며 다가가는 것이다. 저자인 천정은 선생님은 이 책을 통해 자신의 수업이 앞으로도 교육의 본질에 더 가깝게 계속 혁신되기를 바라고 있다.

에코 산책 생태 교육

안만홍 지음 / 값 16,500원

오늘날 인류에게는 에너지와 자원을 대량으로 소비하는 생활양식이 보편화되어 있다. 이러한 생활양식은 자연을 파괴하고 수많은 환경 문제를 야기하고 있다. 이 책은 그러한 생태 교육을 위해 필요한 내용을 다루고 있다. 아이들이 지구 환경을 다시 복원하기 위해서 갖춰야 할 것은 관찰하고 기록하고 어떤 과학적 추론을 이끌어내는 능력이 아니라, 오감을 통해 스스로 자연을 느끼고, 자연의 소중함을 배우는 것이다.

I Love 학교협동조합

박선하 외 지음 / 값 13,000원

학교에 협동조합을 만드는 일에 참여했던 학생들의 협동조합 활동과 더불어 자신과 친구들이 어떻게 성장했는지를 이야기한다. 글쓴이 중에는 중학교 1학년 때부터 사회복지사라는 장래 희망을 가지고 학교협동조합에 참여한 학생도 있고, 고등학교 3학년 때 참여하기 시작한 학생도 있다. '뭔가 재밌을 것 같다'는 호기심을 가지고 시작한 학생이 있는가 하면, 어떤 학생은 자의 반 타의 반으로 학교협동조합에 참여했다.

얘들아, 하브루타로 수업하자!
이성일 지음 / 값 13,500원

최근에는 공부 방식이 외우는 것에서 생각하는 것으로, 수업 방식은 교사 위주의 강의 수업에서 학생 위주의 참여 수업으로 많은 변화가 이루어지고 있다. 이는 4차 산업혁명 시대를 살아가야 할 학생들을 위해서는 당연한 것이다. 학교 교실에서 실제로 질문하고, 토론하는 하브루타 참여 수업의 성과를 담은 이 책은 하브루타 수업을 통하여 점점 성장해가는 아이들의 모습을 보여준다.

내면 아이
이준원 · 김은정 지음 / 값 15,500원

그동안의 상담 사례를 모아 부모 · 교사의 마음속에 숨어 있는 완벽주의, 억압, 방치, 거절, 징벌, 충동성, 과잉보호 등의 '내면 아이'가 자녀/학생과의 관계에서 어떠한 영향력을 행사하는지, 어떻게 갈등을 일으키는지 볼 수 있게 한다. 그 뿌리를 찾아 근원부터 치유하는 방법들은 필자의 경험을 바탕으로 종합한 것이다. 또한 임상 경험을 아주 쉽게 소개하여 스스로 자신의 '내면 아이'를 만나고 치유할 수 있도록 하는 데 중점을 두었다.

핵심 역량을 키우는 수업 놀이
나승빈 지음 / 값 21,000원

이 책은 [월간 나승빈]으로 유명한 나승빈 선생님의 스타일이 융합된 놀이책이다. 놀이 백과사전이라고 불러도 될 만한 이 책은 교실에 갇혀 넘치는 에너지를 발산하지 못하는 아이들과, 단순한 재미를 뛰어넘어 배움이 있는 수업을 고민하는 선생님을 위한 것이다. 본문에서는 수업 속에서 실천이 가능한 다양한 놀이를 제시하고 있다. 각각의 놀이들을 수업과 어떻게 연계할 수 있으며, 수업 놀이를 통해 어떤 역량을 키울 수 있는지 이야기한다.

교실 속 비주얼 씽킹 (실전편)
김해동 · 김화정 · 김영진 · 최시강,
노해은 · 임진묵 · 공세환 지음 / 값 17,500원

전 편이 교과별 수업, 생활교육, 학급운영 등에 비주얼씽킹을 응용하는 방법을 이론적으로 설명했다면, 《교실 속 비주얼씽킹 실전편》은 실제 초 · 중 · 고 학생을 대상으로 수업을 진행한 교사들의 활동지를 담았다.

수업 고민, 비우고 담다
김명숙 · 송주희 · 이소영 지음 / 값 15,500원

이 책은 수업하기의 열정을 잃지 않고 수업 보기를 드라마 보는 것만큼 재미있어 하는 3명의 교사가 수업 연구에 대한 이론적 체계가 아닌, 현장에서의 진솔한 실천 과정을 순도 높게 녹여낸 책이다. 이 속에는 수업에서 실패를 두려워하지 않는, 발랄한 아이들과 함께한 자신의 교실을 용기 있게 들여다보며 묵묵히 실천적 연구자로 살아가는 선생님들의 고민과 성장이 담겨 있다.

뮤지컬 씨, 학교는 처음이시죠?
박찬수 · 김준성 지음 / 값 12,000원

각고의 노력으로 학교 뮤지컬을 개척한 경험과 노하우를 소개한 책. 뮤지컬은 학생들의 삶을 보다 풍요롭게 만듦으로써 학교교육 위기의 대안으로 크게 주목받고 있다. 현장에서 바로 적용하고 고민할 수 있는 현재진행형의 살아 있는 지식이 담겨 있다.

어서 와, 학부모회는 처음이지?
조용미 지음 / 값 15,000원

두 아이의 엄마인 저자가 다년간 학부모회 활동을 하면서 알게 된 노하우와 그간의 이야기들을 담은 책. 학부모회 활동을 처음 시작하는 이들이나, 이미 학부모회에서 활동 중이지만 학교라는 높은 벽에 부딪혀 방향성을 고민 중인 이들에게 권한다.

학교협동조합 A to Z
주수원·박주희 지음 / 값 11,500원

'학교협동조합'의 설립 및 운영과 관련해 학생, 학부모, 교사들이 궁금해할 만한 이야기들을 질문과 답변 형식으로 풀어냈다. 강의와 상담을 통해 자주 접하는 질문들로 구성했으며, 학교협동조합과 관련된 개념들을 좀 더 쉽고 빠르게 이해하는 데 중점을 두었다.

색카드 놀이 수학

정경혜 지음 / 값 16,500원

몸짓과 색카드로 초등학교 1학년부터 6학년까지 배우는 수와
연산을 익힐 수 있도록 가르치는 방법을 다룬다. 즉, 색카드, 수
놀이, 수 맵, 몸짓 춤, 스토리텔링, 놀이가 결합되어 아이들이 다양한
감각을 통해 몸으로 수학의 개념과 원리를 터득하게 하는 것이다.
놀이처럼 수학을 익히면서 개념과 원리를 터득해나갈 수 있다.

교육을 교육답게 우리교육 다시 세우기

최승복 지음 / 값 16,000원

20여 년간 교육부 공무원으로 정책을 연구하고 입안해온 저자가 우리
사회가 당면한 교육 문제의 본질과 대안을 명확하게 정리한 책. 저자는
표준화된 교육과정과 평가에 따라 학생들에게 획일성과 경쟁만
강조해왔던 과거의 교육을 단호히 비판하고 학생 개개인에게 맞는
개별화 교육이 필요하다고 주장한다.

혁신교육 정책피디아

한기현 지음 / 값 15,000원

이 책의 저자는 교육 현장은 물론, 행정 프로세스에 대한 경험을 모두
갖춘 만큼 교원 업무 정상화, 학폭법의 개정, 상향식 평가, 교사 인권
보호, 교육청 인사, 교원연수 등과 관련해 교육 현장의 가려운 곳을
제대로 짚어 긁어주면서도 현실성 높은 다양한 정책들을 제안한다.

영화 만들기로 창의융합 수업하기

박현숙·고들풀 지음 / 값 13,000원

창의융합 수업의 좋은 사례로서 아이들과 영화를 만든 이야기를
담았다. 시나리오, 콘티, 촬영, 편집과 상영까지 교과의 경계를 넘나
드는 영화 만들기 수업 속에서 아이들은 다양한 역량을 발휘하며
훌쩍 성장한다. 학생들과 영화 동아리를 운영한 사례들도 담겨 더
욱 깊이 있는 노하우를 얻을 수 있다.

혁신교육지구란 무엇인가?
강민정·안선영·박동국 지음 / 값 16,000원

이 책은 혁신교육지구에 관한 거의 모든 것을 아우른다. 시흥시와 도봉구의 실제 운영 사례와 향후 과제는 물론 정책 제안까지 담고 있어, 혁신교육지구에 관심을 가진 사람들뿐만 아니라 혁신교육지구와 관련된 업무를 담당하고 있는 현장의 전문가 및 정책 입안자들에게도 큰 도움이 될 것이다.

주제와 감수성이 살아나는 공감 수업
김홍탁·강영아 지음 / 값 16,000원

교육의 본질은 수업이며, 학생들은 수업에서 삶을 배워야 한다. 저자들은 그 연결 고리를 '공감'으로부터 찾아냈다. 역사와 정치, 민주주의를 관통하는 주제가 살아 있는 수업, 타인과 사회를 공감하는 수업을 통해 아이들은 성숙한 민주시민으로 성장해나갈 것이다.

톡?톡! 프로젝트 학습으로 배움을 두드리다
최미리나, 이성준, 김지원, 조수지, 심혜민 지음 / 값 19,500원

이 책은 학생들이 흥미를 느끼는 주제로 탐구 활동을 진행해 배움의 진정한 즐거움을 발견하고, 나아가 한층 더 깊은 탐구로 이어지는 선순환이 가능한 프로젝트 수업을 위한 거의 모든 것을 다룬다. 이 책을 통해 의미 있는 프로젝트 수업을 만들어갈 수 있는 다양한 아이디어를 얻을 수 있을 것이다.

나쌤의 재미와 의미가 있는 수업
나승빈 지음 / 값 21,000원

이 책의 저자는 '재미'와 '의미'를 길잡이 삼아 수업의 길을 뚜벅뚜벅 걸어가고 있다. 책 속에서 제안하는 다양한 재미있는 활동들을 통해 학생들을 좀 더 적극적으로 배움의 세계로 초대하고, 학생들은 자유롭게 생각을 펼쳐나갈 것이다. 아울러 그러한 생각들은 깊이 있는 토론을 통해 의미 있게 확장해나갈 것이다.

수업심리학을 만나다

윤상준 지음 / 값 15,000원

이 책은 학생 중심 수업을 만들어갈 때 학생들 각자의 내면, 즉
심리적 특성을 고려하지 않으면 절반의 성공밖에 거둘 수 없음을
조언한다. 아울러 교사들이 수업심리학의 관점에서 교육과정과
수업, 평가를 바라봄으로써 진정한 의미의 학생 중심 수업을
실현할 수 있도록 열린 시각을 갖게 해줄 것이다.

초등 상담 새로 고침

심경섭 · 김태승 · 박수진 · 손희정 · 김성희 ·
김진희 · 남민정 · 박창열 지음 / 값 16,000원

학교 현장에서 아이들의 부적응이나 문제행동을 고민하지 않는
교사는 거의 없다. 이 책은 이러한 문제에 대한 해결책을 찾는
교사의 상담 지혜를 다룬다. 특히 문제 상황에 따른 원인을
분석하고 명확한 가이드라인을 제시한다. 이는 교실 현장에서
발생하는 거의 모든 문제 상황에 적용될 수 있다.

교사의 말하기

이용환 · 정애순 지음 / 값 15,000원

이 책은 말하기 기술을 연마하기에 앞서 말하고자 하는 상대에
주목해야 함을 강조한다. 그리고 무심코 내뱉은 말 한 마디로
학생들이 얼마나 큰 상처를 입을 수 있는지 경계한다. 아울러
교사의 말이 학생을 성장시키고 나아가 교사 자신까지 성장시키는
엄청난 힘을 발휘한다는 것을 강조한다.

생각하는 교실, 철학하는 아이들

한국 철학적 탐구공동체 연구회 지음 / 값 16,000원

공동체의 유지와 발전을 위해서는 합리적일 뿐만 아니라 합당한
판단을 할 수 있는 시민이 필요하다. 이것은 구성원들의 고차원적
사고와 숙의를 통해서만 달성될 수 있다. 철학함은 생각과 숙의의
기반이 된다. 이 책은 모든 학교 수업을 통해 아이들이 철학하는
역량을 어떻게 키울 수 있는지를 보여준다.

교실 속 유튜브 수업

김해동 · 김수진 · 김병련 지음 / 값 15,500원

교실에서 이뤄지는 유튜브 수업은 학생들을 단지 미디어 수용자에서 참여자로, 소비자에서 생산자로 자리매김할 기회를 준다. 이 책은 이를 위한 충실한 안내자로서 주제, 유튜브, 스토리, 촬영, 편집, 제작, 홍보에 이르기까지 거의 모든 과정을 다룬다.

프로젝트 수업으로 교육과정을 다시 디자인하다

기애경 · 조은아 · 송영범 · 김성일 · 옥진우 · 한난희 지음 / 값 17,000원

이 책은 일회성 이벤트가 아니라 교실에서 항시적으로 실천할 수 있는 지속 가능한 프로젝트 수업 방식을 제안한다. 무엇보다 실제 교육과정에 기반한 프로젝트 수업을 제안하고 있다. 특히 기존 교육과정에서 제안하는 수업 주제를 바탕으로 학생들의 자발적 탐구를 가능케 하는 질문들을 이끌어내는 것에 주목한다.

나의 첫 교육과정 재구성

민수연 지음 / 값 13,500원

1년 동안 아이들과 교사가 함께 행복한 교실을 만들어 나간 기록들이 담겨 있다. 교육의 본질과 교사의 역할, 교육관과 인간 본성에 관한 철학적 고민부터 구체적 방법론, 아이들의 참여와 기쁨에 이르기까지 교육과 관련된 다양한 요소가 버무려져 마치 한 편의 드라마 같다.

독자 여러분의 소중한 원고를 기다립니다

맘에드림 출판사는 독자 여러분의 소중한 원고를 기다리고 있습니다. 원고가 있으신 분은 momdreampub@naver.com으로 원고의 간단한 소개와 연락처를 보내주시면 빠른 시간에 검토해 연락을 드리겠습니다.

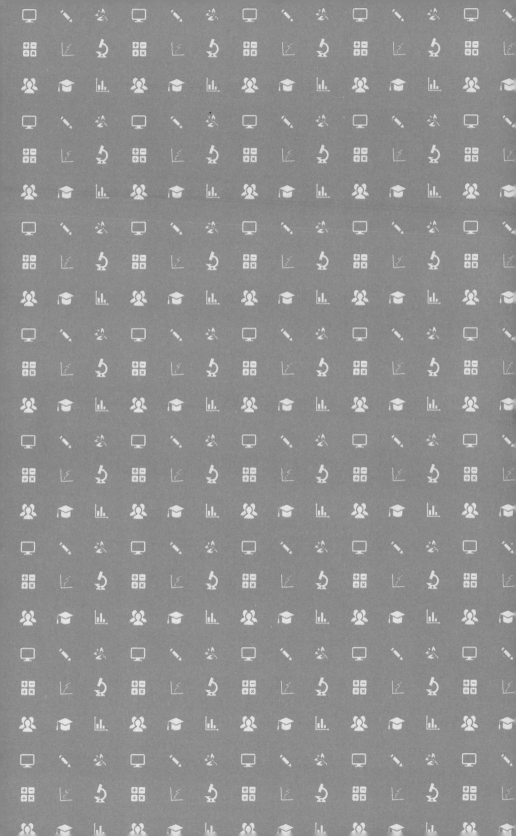

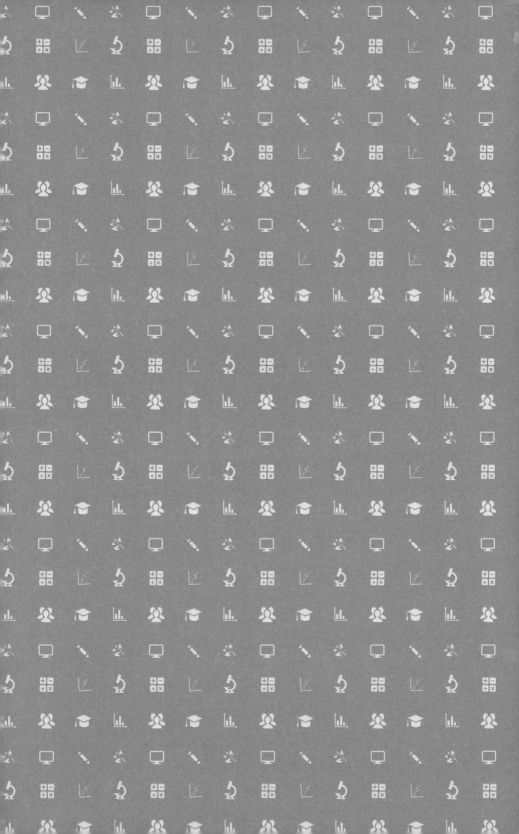